厚黑学看这本就够了

——中国最成功的心理术与处世术

“厚”，不是单纯的厚颜无耻，恬不知耻，而是隐忍、宽厚与醇厚。“黑”，也不是简单的诡计多端、狡诈阴险，它更包容了睿智、谋略与高瞻远瞩的深刻内涵。

西方做人精髓在于宽容
东方做事精华在于厚黑

西方文化大使房龙说：人类的历史就是宽容与不宽容的斗争史，但最终是宽容战胜了一切！

东方厚黑宗师李宗吾说：古来成大事者，不过是厚黑而已。

侯清恒◎著

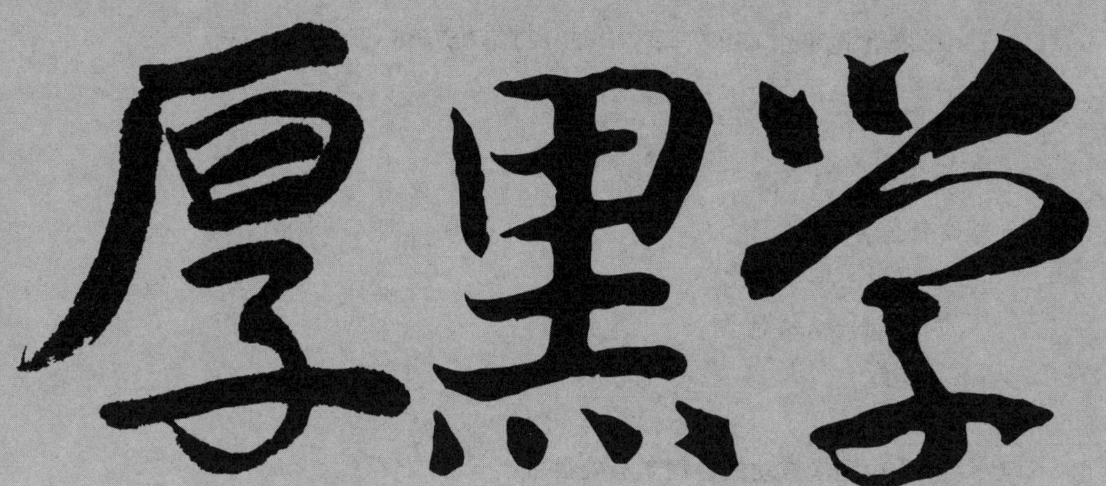

厚黑学看这本就够了

——中国最成功的心理术与处世术

云南出版集团公司
云南人民出版社

图书在版编目(CIP)数据

中国最成功的心理术与处世术 / 侯清恒著. — 昆明：云南人民出版社，2012.4

ISBN 978 - 7 - 222 - 09152 - 8

Ⅰ. ①中… Ⅱ. ①侯… Ⅲ. ①成功心理 - 通俗读物 ②人生哲学 - 通俗读物 Ⅳ. ①B848.4 - 49 ②B821 - 49

中国版本图书馆 CIP 数据核字(2012)第 057436 号

责任编辑:马 清
责任校对:黄河飞
装帧设计:华业文化
责任印制:段金华

书　名	**中国最成功的心理术与处世术**
作　者	**侯清恒　著**
出　版	云南出版集团有限责任公司 云南人民出版社有限责任公司
发　行	云南人民出版社有限责任公司
地　址	昆明市环城西路 609 号
邮　编	650034
网　址	www. ynpph. com. cn
E - mail	rmszbs@ public. km. yn. cn
开　本	787mm × 1092mm　1/16
印　张	22
字　数	300 千
版　次	2012 年 6 月第 1 版第 1 次印刷
印　刷	河北华商印刷有限公司
书　号	ISBN 978 - 7 - 222 - 09152 - 8
定　价	39.80 元

中国式生存第一潜规则

中国是儒学治国的国度，相对于儒家，《厚黑学》就是中国生存的第一潜规则奇书，被誉为“民国第一奇书”，这也成为近年来“成功学”巨著。

翻开二十四史，厚脸皮之人比比皆是，数不胜数。为了个人权力可以认贼为父；为了一官半职可以逢迎拍马；为了蝇头小利可以强作欢笑……所谓儒家的礼义廉耻早已荡然无存，这就是社会千年以来的风气，不因个人意志而转移。厚黑是在人们没有发现它之前就一直在驱动着历史的车轮。这就是《厚黑学》的根基。

《厚黑学》是民国人李宗吾所著。李宗吾（1879～1943年），四川富顺自流井人。其人一生致力于教育，1912年却因一部惊世奇书《厚黑学》而洛阳纸贵，“厚黑教主”是其自号；“厚黑学”虽为一家之言，李宗吾也被誉为“影响中国文化的二十大奇才怪杰”之一。

所谓厚黑，就是厚脸皮黑心肠。厚、黑是神秘的自然法则，它支配和影响着人生成功的要诀。“厚黑学”是生命的智慧和规则，“厚”好像盾，是自我保护的力量:“黑”恰似矛，是自我实现和竞争的方略。

厚黑学绝对不是低级庸俗的“厚脸”与“黑心”，“厚黑学”是没有任何贬义的处世哲学。“厚”，不是单纯的厚颜无耻，恬不知耻，而是隐忍、宽厚与醇厚，“黑”，也不是简单的诡计多端、狡诈阴险，它更包容了睿智、谋略与高瞻远瞩的深刻内涵。

《厚黑学》，一部处世奇书，问世百余年而畅销不衰。其内容涉及哲学、政治、经济学、心理学、社会学等，曾轰动中国思想界。林语堂、柏杨、南怀瑾、李敖等都曾为其作序。

学会容易，学精则难。李宗吾先生曾说过：学过一年才能应用，学过三年才能大成。那些只知厚黑之字而不知厚黑之义的人，必定为厚黑所毁，难成大事。

纵观古今中外，一切成功之士，都绝非平常百姓，更非被愚民之氓。若想出人头地，不能没有一点城府，料事不可不精明，待人不能不讲究一些策略。这是必然之则。

当然，厚黑也会物极必反。

有的人过于迷信谋略，把面厚心黑作为做人做事的圭臬，事事讲心计，处处使手段，对人对事，挟裹恶意，痛下狠手，信奉的是"宁可我负天下人，不叫天下人负我"的狂悖的自私哲学，这种人实则是走火入魔。

"厚黑"者，犹"矛盾"也，其本身并无善恶，不过视操于何人之手而已。只要用之以正道，自可为一己谋成功，为大众谋福利。

厚与黑是坚韧的锻造炉，坚强的性格不是由阳光和玫瑰花铸成的，而是犹如钢一般在烈火之中、在铁锤与铁砧之间锻造而成的。

量小非君子，无毒不丈夫，一切从厚黑开始。

欲做经天纬地之人，欲成惊天动地之功，厚黑学是标准教程。

为了使每一个国人更好地掌握《厚黑学》在人生中的种种妙用，我们编写了本书。

本书从《厚黑学》的核心内容开始，让历史和人生故事现身说法，在鞭辟入里深入浅出的分析中，让厚黑处世之道以点及面触类旁通，从处世、职场、谈话、商场等各个层面讲法，努力一言惊醒梦中人。

厚黑学是枕头书、座右铭，是中国式生存第一潜规则，不可不察，不可不学。

一招厚黑学，走遍全天下。

如是！

目录

COTENTES

第一章　厚黑是一种成功必需

第二章　厚黑是世之轮，无敌兵法

第三章　厚黑霹雳手，百战不殆

第四章　厚黑谈判学，所向披靡

第五章　处世厚黑学，赢得天下

第六章　办事厚黑学，天下无难事

第七章 商战厚黑学，战场论英雄

第八章 管理厚黑学，抱团打天下

·第一章·

厚黑是一种成功必需

厚黑学者，“厚”与“黑”之学也。厚黑教主李宗吾为其宗师，论成功之道与脸厚心黑之关联，再论厚黑实例与厚黑之变招运用。由此观点出发之厚黑学，人或奉之为圭臬，或恶之如寇雠。

厚与黑的解释，人人知道，无须我多言；依《厚黑人生》之见，“厚”可指宽厚、恭敬、亲和、坚定、慷慨、鲜耻、固执等，简直是广义再广义，扩张解释得无所不包；而“黑”除了阴险外，尚有灵活、智巧、奸诈、严峻、创新等，同样涵盖得包山包海。而此二者本身又几近反义，是故无论世上任何策略，在引申后皆入“厚黑”阵营，不但非厚即黑，尚可既厚又黑。反正道德或憨实时即为厚，卑劣或灵巧时即为黑，有时尚且两者兼而有之。

厚黑败在过度的模糊性，欲质疑其价值只消上述简单之二分法；但由“二分法”一词则可证“厚黑”虽是废话，却是有价值之废话。君不见，自孔子以降之儒家（儒家信徒则必把三代也扯进）强调扬善隐恶或扬善斥恶，一切以“止于至善”为依归，其第二交椅孟子更高举性善论；而儒家荀子、法家商鞅以下则主张人性本恶，学说主体乃与恶打交道。此两家皆从单方面解释人性，其完备性或有不足；道家崇尚自然而少论权术，与现实交集略嫌阙如。

马路的十字路口，尽管车很多，可由于行人车辆各行其道，红灯停、绿灯行，穿梭有序，结果是秩序井然，道路畅通无阻。相反，假如没有交通规则，或者说人们都不遵守交通规则，南来北往、东行西去的，各不相让，争抢阻挡，车辆和行人挤在一起，那么，每个人都别想顺利地通行。这都是我们曾经有过的体验，它告诉我们规则在生活中是何等重要。

社会是由生活中的每个人集合而形成的，社会活动是人的活动，人们活动的动机、目的往往都不尽相同，如果没有规则的制约，各行其是，那么社会就会变得混乱不堪，陷入毫无秩序的彼此冲突中。因此，有规矩，懂规矩，守规矩是非常重要的。

无规矩不成方圆。日月星，花鸟虫，因时序，相平衡，循轨道，行车船，有规矩，成方圆。左手厚黑、右手孔孟是世间之钥，拿着它就可能打开人生之门。

姜子牙胸怀经天纬地之才，虽人至暮年，然志在千里，渭河垂钓意在寻找伯乐，文王慧眼识珠，终于共同奠定了周朝八百年的基业；诸葛亮高卧于隆中，然跟随明主积极入世，后来帮助刘备建立蜀国；韩信忍辱钻胯，成为兴汉名将；司马迁虽受腐刑，但忍辱完成《史记》。这些流传千古的人物都是历史上有名的能够掌握厚黑之术与孔孟之德相结合的典范。

厚黑学：两种手段三步走

李宗吾的厚黑学原意如下：

我自读书识字以来，就想为英雄豪杰，求之四书五经，茫无所得，求之诸子百家，与二十四史，仍无所得，以为古之为英雄豪杰者，必有不传之秘，不过吾人生性愚鲁，寻他不出罢了。穷索冥搜，忘寝废食，如是者有年，一旦偶然想起三国时几个人物，不觉恍然大悟曰：得之矣，得之矣，古之为英雄豪杰者，不过面厚心黑而已。

三国英雄，首推曹操，他的特长，全在心黑：他杀吕伯奢，杀孔融，杀杨修，杀董承伏完，又杀皇后皇子，悍然不顾，并且明目张胆地说："宁我负人，毋人负我。"心子之黑，真是达于极点了。有了这样本事，当然称为一世之雄了。

其次要算刘备，他的特长，全在于脸皮厚：他依曹操，依吕布，依刘表，依孙权，依袁绍，东蹿西走，寄人篱下，恬不为耻，而且生平善哭，做三国演义的人，更把他写得惟妙惟肖，遇到不能解决的事情，对人痛哭一场，立即转败为功，所以俗语有云："刘备的江山，是哭出来的。"这也是一个有本事的英雄，他和曹操，可称双绝。当他们煮酒论英雄的时候，一个心子最黑，一个脸皮最厚，一堂晤对，你无奈我何，我无奈你何，环顾袁本初诸人，卑鄙不足道，所以曹操说："天下英雄，惟使君与操耳。"

此外还有一个孙权，他和刘备同盟，并且是郎舅之亲，忽然夺取荆州，把关羽杀了，心之黑，仿佛曹操，无奈黑不到底，跟着向蜀请和，其黑的程度，就要比曹操稍逊一点。他与曹操比肩称雄，不相上下，忽然在曹丕驾下称臣，脸皮之厚，仿佛刘备，无奈厚不到底，跟着与魏绝交，其厚的程度也比刘备稍逊一点。他虽是黑不如操，厚不如备，却是二者兼备，也不能不算是一个英雄。他们三个人，把各人的本事施展开来，你不能征服我，我不能征服你，那时候的天下，就不能不分而为三。

后来曹操、刘备、孙权，相继死了，司马氏父子趁势崛起，他算是受了曹、刘诸人的熏陶，集厚黑学之大成，他能欺人寡妇孤儿，心之黑与曹操一样；能够受巾帼之辱，脸皮之厚，还更甚于刘备。我读史见司马懿受辱巾帼这段事，不禁拍案大叫："天下归司马氏矣！"所以到了这个时候，天下就不得不统一，这都是"事有必至，理有固然"。

诸葛武侯，天下奇才，是三代下第一人，遇到司马懿还是没有办法，他下了"鞠躬尽瘁，死而后已"的决心，终不能取得中原尺寸之地，竟至呕血而死，可见王佐之才，也不是厚黑名家的敌手。

我把这几个人物的事，反复研究，就把这千古不传的秘诀发现出来。一部二十四史，可一以贯之："厚黑而已。"兹再举汉的事来证明一下。

项羽拔山盖世之雄。咽呜叱咤，千人皆废，为什么身死东城，为天下所笑！他失败的原因，韩信所说"妇人之仁，匹夫之勇"两句话，包括尽了。妇人之仁，是心有所不忍，其病根在心子不黑；匹夫之勇，是受不得气，其病根在脸皮不厚。鸿门之宴，项羽和刘邦同坐一席，项庄已经把剑取出来了，只要在刘邦的颈上一划，"太高皇帝"的招牌立刻可以挂出，他偏偏徘徊不忍，竟被刘邦逃走。垓下之败，如果渡过乌江，卷土重来，尚不知鹿死谁手？他偏偏又说："籍与江东子弟八千人，渡江而西，今无一人还，纵江东父兄，怜我念我，我何面目见之。纵彼不言，籍独不愧于心乎？"这些话，真是大错特错！他一则曰："无面见人"；再则曰："有愧于心。"究竟高人的面，是如何长起得，高人的心，是如何生起得？也不略加考察，反说："此天亡我，非战之罪"，恐怕上天不能任咎吧。

我们再拿刘邦的本事研究一下，史记载：项羽问汉王曰："天下匈匈数岁，徒以吾两人耳，愿与汉王挑战决雌雄。"汉王笑谢曰："吾宁斗智不斗力。"请问笑谢二字从何生出？刘邦见郦生时，使两女子洗脚，郦生责他倨见长者，他立刻辍为之谢。还有自己的父亲，身在俎下，他要分一杯羹；亲生儿女，孝惠鲁元，楚兵追至，他能够推他下车；后来又杀韩信，杀彭越，“鸟尽弓藏；兔死狗烹”。请问刘邦的心子，是何状态，岂是那“妇人之仁，匹夫之勇”的项羽，所能梦见？太史公著本纪，只说刘邦隆准龙颜，项羽是重瞳子，独于二人的面皮厚薄，心之黑白，没有一字提及，未免有愧良史。

刘邦的面，刘邦的心，比较别人特别不同，可称天纵之圣。黑之一字，真是“生和安行，从心所欲不逾矩”，至于厚字方面，还加了点学历，他的业师，就是三杰中的张良，张良的业师，是圯上老人，他们的衣钵真传，是彰彰可考的。圯上受书一事，老人种种作用，无非教张良脸皮厚罢了。这个道理，苏东坡的留侯论，说得很明白。张良是有夙根的人，一经指点，言下顿悟，故老人以王者师期之。这种无上妙法，断非钝根的人所能了解，所以《史记》上说：“良为他人言，皆不省，独沛公善之，良曰，沛公殆天授也。”可见这种学问，全是关乎资质，明师固然难得，好徒弟也不容易寻找。韩信求封齐王的时候，刘邦几乎误会，全靠他的业师在旁指点，仿佛现在学校中，教师改正学生习题一般。以刘邦的天资，有时还有错误，这种学问的精深，由此可以想见了。

刘邦天资既高，学历又深，把流俗所传君臣、父子、兄弟、夫妇、朋友五伦一一打破，又把礼义廉耻扫除净尽，所以能够平荡群雄，统一海内，一直经过了四百几十年，他那厚黑的余气方才消灭，汉家的系统才断绝了。

楚汉的时候，有一个人，脸皮最厚，心不黑，终归失败，此人为谁？就是人人知道的韩信。胯下之辱，他能够忍受，厚的程度，不在刘邦之下。无奈对于黑字，欠了研究；他为齐王时，果能听蒯通的话当然贵不可言，他偏偏系念着刘邦解衣推食的恩惠，冒冒昧昧地说：“衣人之衣者，怀人之忧；食人之食者，死人之事。”后来长乐钟室，身首异处，夷及九族，真是咎由自取。他讥诮项羽是妇人之仁，可见心子不黑，做事还是要失败的。这个大原则，他本来也是知道的，但他自己也在这里失败，这也怪韩信不得。

同时又有一个人，心最黑，脸皮不厚，也终归失败，此人也是人人知道的，姓范名增。刘邦破咸阳，系子婴，还军坝上，秋毫无犯，范增千方百计，总想把他置之死地，心子之黑，也同刘邦仿佛；无奈脸皮不厚，受不得气，汉用陈平计，间疏楚君王，增大怒求去，归来至彭城，疽后背死，大凡做大事的人，哪有动辄生气的道理？“增不去，项羽不亡”，他若能隐忍一下，刘邦的破绽很多，随便都可以攻进去。他愤然求去，把自己的老命，把项羽的江山，一齐送掉，因小不忍，坏了大事，苏东坡还称他为人杰，未免过誉。

据上面的研究，厚黑学这种学问，法子很简单，用起来却很神妙，小用小效，大用大效，刘邦、司马懿把它学完，就统一了天下；曹操、刘备各得一偏，也能称孤道寡，割据争雄；韩信、范增，也是各得一偏，不幸生不逢时，偏偏与厚黑兼全的刘邦并世而生，以致同归失败。但是他们在生的时候，凭其一得之长，博取王侯将相，显赫一时，身死之后，史传中也占了一席之地，后人谈到他们的事迹都津津乐道，可见厚黑学终不负人。

上天生人，给我们一张脸，而厚即在其中，给我们一颗心，而黑即在其中。从表面上看去，广不数寸，大不盈掬，好像了无奇异，但若仔细考察，就知道它的厚是无限的，它的黑是无比的，凡人世的功名富贵、宫室妻妾、衣服车马，无一不从这区区之地出来，造物生人的奇妙，真是不可思议。钝根众生，身有至宝，弃而不用，可谓天下之大愚。

厚黑学共分三步功夫，第一步是“厚如城墙，黑如煤炭”。起初的脸皮，好像一张纸，由分而寸，由尺而丈，就厚如城墙了。最初心的颜色，呈乳白状，由乳色而炭色、而青蓝色，再进而就黑如煤炭了。到了这个境界，只能算初步功夫，因为城墙虽厚，轰以大炮，还是有攻破的可能；煤炭虽黑，但颜色讨厌，众人都不愿挨近它。所以只算是初步的功夫。

第二步是“厚而硬，黑而亮”。深于厚学的人，任你如何攻打，他一点不动，刘备就是这类人，连曹操都拿他没办法。深于黑学的人，如退光漆招牌，越是黑，买主越多，曹操就是这类人，他是著名的黑心子，然而中原名流，倾心归服，真可谓“心子漆黑，招牌透亮”。能够到第二步，固然同第一步有天渊之别，但还露了迹象，有形有色，所以曹操的本事，我们一眼就看出来了。

第三步是“厚而无形，黑而无色”。至厚至黑，天上后世，皆以为不厚不黑，这个境界，很不容易达到，只好在古之大圣大贤中去寻求。有人问：“这种学问，哪有这样精深？”我说：“儒家的中庸，要讲到‘无声无臭’方能终止；学佛的人，要讲到‘菩提无树，明镜非台’才算正果；何况厚黑学是千古不传之秘，当然要做到‘无形无色’，才算止境”。

总之，由三代以至于今，王侯将相，豪杰圣贤，不可胜数，苟其事之有成，无一不出于此；书册俱在，事实难诬，读者倘能本我指示的途径，自去搜寻，自然左右逢源，头头是道。

厚黑智慧

厚黑学中的厚与黑肯定了人性的两面，更说明两面的并存和纠结，是较务实的做法；而诸子百家中名声较显者竟难有如此切近现实之主张，仅杨朱利己说与之暗合。凡论点创新而能言之成理之思想，即有其可敬之处；无疑地，厚黑学符合此一要件。

厚黑学在创意及扎实度上皆有一定水平，虽有人反对，乃正常现象；《厚黑人生》所论及之厚黑实务亦多能站得住脚，但强解硬掰之处太多而令人倒胃，对厚黑之过度解释反使其接近“废话”，说其瑕瑜互见并不为过。呜呼！此“末流”乎？

通往厚黑第一步

学者王国维在《人间词话》中认为，做学问有三种境界：刚开始研究学问的时候，是“昨夜西风凋碧树，独上高楼，望尽天涯路”。意思是说，做学问者刚刚入门，路还长得很，看也看不到边际。再往后研究一些，就到了“衣带渐宽终不悔，为伊消得人憔悴”的境界，为了追求学问，废寝忘食，最后心神憔悴。最后一层境界，是“众里寻他千百度，蓦然回首，那人却在灯火阑珊处”，是说研究学问到深处，自己最初追求的目标，早就已经被超越了，回头一看，才知道那只是一个前进道路中的里程碑罢了。

同样道理，研究厚黑学，也有这样三层境界。

第一层境界是最初的时候，人的脸皮薄如纸，后经磨炼，渐渐变得厚如牛皮，最后再变得厚如城墙；人的心肝原是红的，历经沧桑，渐渐变成白色，继而又变灰、变黑，乃至黑如煤炭。我们不妨来看一个例子。

韩信在历史上算得上是一个很有能力的人，可是他年轻时，一文不名，整天就知道在城里游荡。有一天，一个地痞遇到韩信，想当众让他出丑，就对韩信说：“听说你很有胆量，我不服气。今天，你要么从我的裤裆下钻过去，要么就一刀杀了我。”韩信想了想，二话没说，弯下身子，就从地痞的裤裆下钻了过去。

在古代，这算是奇耻大辱，可韩信能忍辱至此，脸皮不可谓不厚。他的道理很简单，自己将来还有很多大事要做，如果轻易地将这个地痞杀了，在秦末严苛的法律之下，相当于用自己的命换了那个地痞的命，这个买卖相当不划算，所以他宁可忍辱负重。

到了后来，韩信果真有所成就。在楚汉相争的时候，天下形势三足鼎立，刘邦与项羽是两个最大的势力，但中间还夹着一个韩信。韩信帮楚则楚赢，帮汉则汉赢。他的谋士蒯通劝他自立为王，争取进一步夺取天下。可这时候，韩信却脸不够厚、心不够黑，没有听从他的建议，而是上书刘邦，请刘邦封他为“齐王”。

若干年后，刘邦一统天下，建立汉朝。天下初定的时候，跟着刘邦打江山的很多将领，都觉得刘邦的待遇不好，纷纷造反。韩信也认为刘邦没有给他应得的待遇，后悔当时没有自立为王，与刘邦争夺天下，但是这个时候，他再想造反，已经错过最佳时机了。结果，韩信造反不成，被萧何设计杀死了。

其实，人一生的机会没有几次，当有改变人生的机会时，就应该毫不犹豫地抓住才是。韩信是有大谋略的人，他能忍受一个地痞的侮辱，然而在关键的时刻，却不能作出对自己有利的选择，理由竟然是“沛公必不负我”，由此也注定了他将来的下场。所以说，韩信只不过到了厚黑的第一层境界而已。

厚黑智慧

研究厚黑有三层境界，第一层境界中人的脸皮薄如纸，渐渐厚如牛皮，最后厚如城墙；人的心肝原是红的，渐渐变白，继而变灰，最终黑如煤炭。

我的人生，我做主

中国人最讲究“脸面”，似乎干什么事都特别在意面子，有时面子要比实惠或者性命都更加重要。相比较而言，西方人就要好很多，他们注重实际的结果，注重最后得到的成绩。中国人虽然也有“十鸟在林，不如一鸟在手”的说法，不过实行起来，还要看过程是否光彩、体面。西楚霸王项羽用外国的标准评价绝对是个失败的军事家，但在中国人看来，他战争的过程十分好看，所以赢得了比刘邦更多的赞赏。

其实，人生的色彩，恰恰是由自己决定的。别人的评价只不过是对你人生画卷的好坏作出赞赏或者是贬低而已，这并不影响你的一生到底要画些什么内容。

如果一个人天生就想做强盗，即使全世界的人都在骂他，他仍然还是个强盗，这并没有什么道理可讲，强盗的工作对他来说，要比其他的都舒适，因此他自己也觉得活得很潇洒。但是这个人如果不是厚黑中人，麻烦可就大了，他要考虑别人的指责，要顾及别人的评价，这样一来，即使他仍然做强盗，也一定是一个不快乐的强盗。他的一生失去了自我，也就失去了作画的权利，成了别人手中的一支笔，画着属于别人的画。

这种对面子的观念，其实就是指其他人怎么看待你，说穿了，在意面子的人，并不是为自己活着的，而是为了别人的评价而奋斗。但是，要想入厚黑之门，第一步就是要扔掉面子，否则就根本无法了解厚黑学。比如说，中国自古就有“忠臣不事二主，好女不嫁二夫”。这就是一句典型的好面子的说法，似乎只有这样做才算是忠臣烈女，即使陪着昏庸无能的皇帝送死也能流芳千古。然而，厚黑学却认为：与其陪着不可救药之人白白送死，倒不如另投明主，毕竟“好死不如赖活着”。

李宗吾说：“依宋儒之意，孩提爱亲，是性命之正，少壮好色，是形气之私。此等说法，真是穿凿附会。其实孩提爱亲，非爱亲也，爱其饮我食我也。孩子生下地，即交乳母抚养，则只爱乳母不爱生母，是其明证。爱乳母，与慕少艾，慕妻子，其心理原是一贯的，无非是为我而已。为我是人类天然现象，不能说他是善，也不能说他是恶，故性无善无不善之说，最为合理。孩提爱亲者，食也，少壮慕少艾慕妻子者，色也。食、色为人类生存所必需，求生存者，人类之天性也。故告子又曰：‘生之谓性’。”

“求生存者人之天性也”，人不为己，天诛地灭。为己，就是自私，从生活到学习，从孩提到成人，这种自私的天性是绝对不可能改变的。既然自私是人的天性，那又为什么不能理直气壮地表现出来？为什么不可以堂而皇之地做出来呢？这就是好面子的心理在作怪。正因如此，有些人虽然以厚黑学为行事处世的准则，但是却满嘴仁义道德，披着道貌岸然的外衣，做着卑鄙龌龊的行径。

尽管不肯承认，厚黑学还是在冥冥之中左右着我们的行为。当你与他人同时落水了，你的首要之务，你的本能反应，除了先救出自己，还有什么？这是人的本性使然。所以，行厚黑的人绝对要先从自己考虑，绝对不会扭曲伺己的本性。

西方有些研究者认为，皮肤厚、对别人的责难和非议无动于衷者为最佳之人。这种思想近乎厚黑学这一观念：一种保护自己的自尊心免受别人恶言恶语伤害的盾牌。

所以说，如果一个人不理睬他人的风言冷语，善于运用厚黑学来保护自己，那么就完全可以塑造出正面的自我形象。所有脸皮薄、心肠软的人，在试图实现任何理想的过程中，总是对这个过程中第三方的评价心存疑虑，因此做事难免缚手缚脚，顾三顾四。这样行动起来，本来可以直接达到目标的路径，也许会因为他人的评说而放弃，因此就平添了很多顾忌与麻烦，反而不易实现自己的理想。精通厚黑学的人就不是这样。他们能够把别人的评价放在一边，拒绝接受任何人试图强加于他头上的道德限制。更重要的是，他们不会因为其他的扰乱因素而改变自己的行动计划，也从不怀疑自己的能力和价值。在这些人的眼里，只有自己才是尽善尽美的人，所以他们往往更容易步入成功人士的行列。历史上赫赫有名的一代女皇武则天就是最好的例证。

公元636年，即唐太宗贞观十年，太宗的皇后长孙氏病逝，第二年，太宗听说武则天美貌出众，操行方正，于是将她召进宫中做了才人，这是级别很低的嫔妃，这时的武则天只有十四岁。

通常，女孩子一旦入宫，就相当于和家人永不见面了，这是一件很值得悲伤的事，但是年纪不大的武则天却把这看成一个出人头地的大好机会。因此，她很高兴地入宫为妃。武则天天资聪慧，爱读史书，精通政事人情，性格刚毅果断，具备了一切厚黑高手的素质。进宫以后，太宗赐给她“武媚”的称号，因此人们都叫她“媚娘”。

但是后宫三千佳丽，尽管太宗知道武则天是个了不起的人物，却还是不能完全俘虏皇帝的心。武则天进宫十二年里，也没有为太宗生育一男半女，才人的称号自然也没有改变、提升。太宗病重时，担心西汉吕雉专权的局面再次出现，便决定把武则天赐死。

一天，太子李治和武则天一起在床前服侍太宗，太宗对武则天说：“我自从得了病以来，医药无效，反而越来越重。你多年服侍我，我不忍心把你扔下，我死之后，你打算怎么办呢？”武则天是厚黑高手，一听这里面话里有话，当时吓出了一身冷汗，但她很快就镇静了下来，对太宗说：“我本来是应该以死来报答皇上的，但您的身体未必不能好，所以我也不能马上就死，我情愿吃斋念佛为皇上祈祷来报答。”

武则天的回答很机智，她选的是一条最好的路，也是唯一一条能活命的路。太宗想了想就答应了她。然而事情总是有所转变的，在太宗在世的时候，武则天便和李治产生了感情。贞观二十二年，也就是公元649年，唐太宗去世了。按照惯例，没有生育过的嫔妃要出家做尼姑，生育过的则要打入冷宫，为死去的皇帝守寡，她们都是皇帝的“东西”，就是皇帝死了，其他任何人也不能动。

武则天虽然到感业寺出家了，却没有安心念佛，而是处心积虑地想东山再起。到了第二年，太宗的忌日，高宗李治到感业寺里来进香，武则天紧紧把握住了这次机会。她使高宗又回忆起了先前的恋情，武则天的美貌加上旧情，促使高宗不再顾忌佛教教规和礼教的约束，将武则天带回了皇宫。

再次进入皇宫时，武则天已经是二十八岁的人了，一般来讲，这个年龄的女子基本上是徐娘半老，毕竟不比十几岁娇艳的女子了。但武则天的厚黑心计不是一般人所能比的，再者，她的美貌也许的确非常出众，另外还有高宗对她的感情做基础，久别重逢，更能抓住高宗的心。

当时，高宗的王皇后为了和萧淑妃争宠，也鼓动高宗接武则天进宫，以便分萧淑妃的权。入宫后，武则天很感激王皇后的照顾，于是对王皇后非常尊敬，侍奉得也很周到，这使高宗也很高兴。皇帝和皇后都高兴了，武则天的嫔妃地位也就很快升到了昭仪，这可是正二品的级别。

自武则天进宫之后，基本上高宗只宠爱她一人。先后生了四男二女，高宗总共才有十二个子女，后边的六个都是武则天生的，由此可见武则天的受宠程度是其他嫔妃无法相比的，就连主张让她进宫的王皇后恐怕也没有料到，结果让自己也吃了大亏。

武则天是厚黑高手，注定了她不甘居人之下，她的最终目标是皇后。

等她的地位稳固之后，便开始有心计地活动了。她在后宫里想方设法笼络太监、宫女，给予一些小恩小惠，让她们注意监视皇后和萧淑妃的行动。

首先，武则天联合王皇后打击萧淑妃，等高宗把萧淑妃废为庶人之后，武则天便又将矛头对准了皇后。武则天生下的第二胎是个非常可爱的女孩儿，王皇后也非常喜欢，经常去看望，等高宗快来的时候就又知趣地先走了。武则天为了争夺皇后之位，利用这种机会对亲生女儿下了毒手。

有一次，武则天刚送走皇后，就将女儿掐死，然后盖好被子，伪装好。高宗来了，假装笑脸相迎。等再看到女儿时，武则天失声痛哭，谁也不会怀疑这是武则天一手策划的阴谋。当高宗听说在女儿死前王皇后来过时，不由得大怒，而且王皇后也一直没有生育，因此高宗便下决心要废掉王皇后。至此，武则天废掉皇后的计划也就实现了。

从武则天入宫，直到她后来当上皇后，可以说一直就没有什么特别好的运气。她之所以获得成功，主要是自己周密策划的结果。在这里面，厚黑学的功夫起了至关重要的作用。为了打击对手王皇后，她甚至不惜将自己的亲生女儿害死嫁祸于人，脸皮之厚、心肠之黑，实在是无与伦比。此外，为了实现她的目的，她几乎用出了自己的全部阴招，毫无顾忌，只要能得到结果，任何不光彩的过程她都不会在乎。

每个人都有决定自己命运色彩的权利，武则天能成为中国历史上唯一的女皇，就是自己改变自己命运的典型。所有生活的权利都掌握在自己手中，但恰恰有一些人由于其他的什么原因，放弃了这些自主的权利。

因此，进入厚黑殿堂的第一步，就是要以自己为中心，一切需求从自己出发。只有这样，别人的评价才不能干扰你的行动，拿起人生的画笔，你才能逐渐厚黑起来，才能自己做自己的主人。

厚黑智慧

要入厚黑之门，第一步就是要扔掉面子，把别人的评价放在一边，绝不怀疑自己的能力和价值，这样才不会因为其他的扰乱因素而改变自己的行动计划，从而步入成功人士的行列。

万丈高楼，平地而起

任何学问，都要由简到繁地研究下去，才能有所成就。比如我们学数学，总要从简单的加减法开始学起，学会了，才能学乘除法，然后再学综合运算。如果一上小学就教你微积分，就算是天才也学不会。这就好像盖房子，总要先打地基，然后在这个基础上建筑房屋。盖越高的房子，地基打得也就越深。有时候，打地基的过程，甚至要长过整个地上建筑的时间。没有飘浮在空中的楼阁，也没有不掌握基础知识就能成为大师的伟人。

研究厚黑学更是这样。基础对立志于厚黑学的人来说尤为重要。厚黑学不同于其他的学问。学习数学，如果基础知识不牢固，顶多学不会高级知识而已，原来的简陋基础还在。厚黑学就不一样了，它是教我们做人做事的学问，不是一个系统的工程，因此，如果基础不牢靠，就比自然科学危险多了。在没有理解和掌握厚黑学最简单的道理之前，贸然应用到实际中去，就有可能产生南辕北辙的现象，不但没有应用厚黑学达到自己的目标，反而将自己原来积累的经验全都打翻了，甚至还不如一点都不懂厚黑学的人厉害。所以李宗吾说："厚黑学这门学问，等于学拳术，要学就要学精，否则不如不学，安分守己，还免得挨打。若仅学得一两手，甚至拳师的门也未拜过，一两手都未学，远远望见有人在习拳术，自己就出手伸脚打人，焉得不为人痛打？"

挖井之时，在未掘到水源之前，不管你挖得多深，终究也只是一口废井。行使厚黑，在未能纯熟之前，不管你行使了多久，终究很难达到自己的目的。虽然说学习犹如逆水行舟，不进则退，然而凡事学艺不精大不了也只是学艺不精而已，唯独厚黑学不同，它犹如走钢丝之人，稍有不慎，就有可能摔得粉身碎骨。如若不信，不妨来看看历史上这些被摔之人。

石达开是太平天国首批“封王”中最年轻的军事将领，太平天国建都南京后，他同杨秀清、韦昌辉等同为洪秀全的重要辅臣。在天京（即南京）事变中，他又支持洪秀全平定叛乱，成为洪秀全的首辅大臣。

之后，洪秀全大肆建造华丽宫殿，隐居深宫夜夜笙歌，将朝政全权委托给无能的洪氏兄弟，以牵制石达开，从此两人矛盾日益激化。从当时的情形看，解决矛盾的最好办法是“诛洪自代”，形势的发展需要石达开那样的新领袖，因为此时曾国藩率领的湘军正以雷霆万钧之势攻打太平军，如果不这样做，太平天国迟早都会断送在洪氏兄弟手里。

但石达开尽管在战场上战无不胜，可是他厚黑学却并不到位，不能从大局出发，反为自己的迂腐所羁绊，害怕落个“弑君”的骂名，这就决定了他不可能帮助太平天国运动扭转不利的形势，不能带领太平军打败曾国藩的湘军，推翻清王朝。

公元1857年6月2日，石达开选择率部出走，认为这样既可继续打着太平天国的旗号从事推翻清朝的活动，又可以避开和洪秀全的矛盾。石达开率大军到安庆后，如果按照他原来“分而不裂”的初衷，本可以安庆作为根据地，向周围扩充，在鄂、皖、赣打出一片天地来。安庆离南京不远，还可以互为声援，减轻清军对天京的压力，又不会失去石达开在天京军民心目中的地位。这是石达开完全可以做得到的。

但是，石达开却没有这样去做，他对天王定都天京之后的腐败享乐一直心有不满，总是希望他能像以前那样在战场上亲冒矢石，在生活上能像以前那样吃苦耐劳。像这样对人近乎完美的要求可能吗？这就让他决定和洪秀全分道扬镳，彻底决裂，此时，石达开才开始了一点厚黑的行动。但是如果想要厚黑，就应该厚黑到底，杀了洪秀全自立为王，天下形势对他来说就一片大好，可是他厚黑的基础不扎实，没有作出这个真正有利的决策，而是舍近而求远，去四川自立门户。

石达开虽然拥有20万大军，英勇转战江西、浙江、福建等12个省，震撼半个中国，历时7年，表现了高度的坚忍性，但最后还是免不了一败涂地。

在李宗吾看来，石达开这种做法不足以为厚黑教徒所效法。这就是厚黑学没有打牢基础，就贸然运用厚黑的结果。初入厚黑之门，一定要从最基础的厚黑方法学起，不可求快，将楼阁建立在空中最后的结果，不但没有成为厚黑中人，反而将自己变成人人喊打的过街老鼠。

厚黑智慧

没有飘浮在空中的楼阁，也没有不掌握基础知识就能成为大师的伟人。研究厚黑学更是如此。厚黑基础没有打牢，就贸然应用，无异于自掘坟墓、自毁前程。

把脸磨厚，将心炼黑

李宗吾在《厚黑丛话》中说："古今够得上称孔子之徒者，孟子一人而已，孔子曰：'我战则克'，孟子则曰：'善战者服上刑。'依孟子的说法，孔子是该处以极刑的。孟子曰：'仲尼之徒，无道桓公之事者。'又把管仲说得极不堪，曰：'功烈如彼其卑也。'而《论语》明载，孔子曰：'齐桓公正而不谲。'又曰：'桓公九合诸侯，不以兵车，管仲之力也。如其仁。'又曰：'管仲相桓公，霸诸侯，一匡天下，民到于今受出赐。徽管仲，吾其被发左衽矣。'孟子的话，岂不显与孔子冲突吗？孔子修《春秋》，以尊周为主，称周王曰'天王'。孟子游说诸侯，一则曰：'地方百里而可以王。'再则曰：'大国五年，小国七年，必为政于天下。'未知置周王于何地，岂非孔教叛徒？而其自称，则曰：'乃所愿则学孔子也。'孟子对于孔子，是脱了奴性的，故可称之曰孔子之徒。汉宋诸儒，皆孔子之奴也。"

按照李宗吾的观点，只有孟子才能称得上孔子的徒弟，他的观点总是与老师相反，其中一部分的语言，已经厚黑得将老师的理念推翻掉了，然后却信誓旦旦地说他最大的希望就是学习孔子的思想。这才是真正厚黑高手的风范：厚得无形，黑得有理。历史上的孟尝君同样是一个如此之人。

战国“四公子”之一的齐国孟尝君田文，门下的一个门客与他的爱姬私通。有人知道后，劝孟尝君杀了此人。孟尝君听后笑着说：“爱美之心人皆有之，异性相见，互相悦其貌，这是人之常情呀！此事以后不要再提了。”孟尝君不但没有责备惩罚那位好色的门客，反而将这名姬妾赐予门客为妻。

人是有感情的动物，孟尝君知道“士为知己者死”的道理，他算准这个人在关键的时刻会报答他。这就是“厚而无形，黑而无色”的功夫。

一年后，孟尝君对那个门客说：“你与我相交已非一日，但没有能封到大官，而给你小官你又不要。我与卫国国君的关系甚好，现在，我给你足够的车、马、布帛、珍玩，希望你从此以后，能跟随卫国国君认真办事。”

那个门客到了卫国，卫国国君对他十分器重。没过多久，齐国和卫国的关系开始恶化，卫国国君想联合天下诸侯军队共同攻打齐国。那个门客听到这一消息后，忙对卫国国君说：“孟尝君宽仁大德，不计臣过。我也曾听说过齐卫两国先君曾经歃血为盟，相约齐卫后廿永无攻伐。现在，国君要联合天下之兵以攻齐，是有悖先王之约而欺孟尝君啊！希望国君您能放弃攻打齐国的主张。如果国君不听我的劝告，认为我是一个不仁不义之人，那我立时撞死在国君面前。”一句话刚说完，那个门客就准备自戕。卫国国君看见这个人如此忠义，就听从了他的劝告，齐国避免了一场灾难。

孟尝君的这些做法，都是厚黑学中最高级的技巧，已经返璞归真、炉火纯青了。不过，在应用这些技巧之前，必须先打好厚黑学的基础，先从将脸磨厚，将心炼黑开始。如果脸不够厚，看见别人当面调戏自己的妻子，恐怕所有的厚黑原则都抛到脑外了，还能谈什么忍让图后报？假如孟尝君没有厚黑学最基础的积淀，只是一味地卖好恩赐，任他有多少家产，也早被施舍一空了。正是他看到了那位门客与众不同的地方，才能作出这样的决定。大家千万要记住：没有利润的买卖，绝对不是厚黑学者的追求目标。

厚黑智慧

一些初涉厚黑学的人，往往认为厚黑就是使坏，越坏就越厚黑。其实不然，“厚”真正的含义是忍耐着等待时机，“黑”是机会出现之后怎么抓住、把握它。这才是厚黑学的要义所在。

信念坚定，厚黑乃成

厚黑大师李宗吾告诫人们：厚黑学的道理，说起来很容易，谁都可以了解；厚黑学的做法，做起来很简单，也是谁都可以实行的。然而，厚黑学的精深奥妙之处，却不是随随便便就能了解和实行的。也就是说，在待人处事中，欲行厚黑之道的人，绝不可将其视作儿戏，须知人上有人，天外有天。因此，学习厚黑学的人，一定要从最开始接触厚黑学的时候，就给自己一个坚定的信念，将一切为人处世的原则用厚黑的理论加以印证，对的就坚持，错的就改正，这样才能有所进步，从而步入厚黑的殿堂。

另外，做厚黑中人，就要像教徒一样，一切用厚黑的原理解释，不可夹杂其他的原则，否则厚黑起来，就背离了正常的轨道，害人害已。厚黑学是包罗万象的学问，这个学问，足以处理我们一生中遇到的所有麻烦，也足以帮助我们走向自己心中的理想，实现我们不同的梦想。所以说，我们只要研究明白这门学问就足够了。反过来，如果初学厚黑的时候，碰到了一些疑惑，自己还没有想清楚就贸然认为厚黑学不起作用了，放弃了去学别的，半途而废，终归要一无所得。这就像一个信奉佛教的教徒，讲经时遇到疑惑，不在释家找原因，却求助于耶稣。耶稣有其独到的世界观，当然不能解决佛经中的问题，于是这个人既没有成为基督教徒，也没有成为佛门弟子，自然就是一个大失败者。同样的道理，在实行厚黑学的过程中，也要坚定厚黑的信念，不可仁慈用事，否则厚黑起来就失去了准则，变得不够厚也不够黑，最终误了自己的事业。

20世纪二三十年代，在天津的商埠土，有两家老字号的药店。它们同处一条街上，一个名字叫济世堂，另一个名字叫万寿堂。本来它们相互之间井水不犯河水，各做各的买卖，相安无事。谁知到了30年代初，刘可发继承父业，做了万寿堂的老板，他的经商思路和其父大相径庭，他看不惯先父那种保守的经商之道，于是从价格、品种等方面对济世堂药店展开了全面的攻势，势在一举击垮济世堂，使万寿堂成为独一无二的垄断药店。

生意世家出身的刘老板毕竟身手不俗，凭着自己年轻、敢想敢干，经营上有世家的功底，出手几招，就把济世堂搞得非常被动。在万寿堂组织的强大攻势下，济世堂经营每况愈下，虽然很快就反应了过来，采取了一些补救措施，但已无法挽回败局，终于宣告停业。

刘老板大获全胜，不肯安分随时，是厚黑中人。厚黑学告诉我们，不能与竞争对手共享天下，在时机成熟的时候，一定要先发制人。但是厚黑学也告诉我们，如果发动战争，就要战斗到底，不要放过自己的竞争对手，否则最后吃亏的就是自己。刘老板信念不够坚定，没有按照这条厚黑原理做事，最后将到手的胜利又拱手让了出去。刘老板得胜后，趾高气扬，打算大干一场，称雄天津卫。不过，他哪里知道，济世堂并未被彻底击败，还没有到非关门不可的地步，凭实力，济世堂也完全可以再与万寿堂较量一番。但济世堂的老板却没有那样做。他不愿直面万寿堂锋芒逼人的挑战，也不愿最终弄个两败俱伤。他避开万寿堂的正面进攻，采取了以退为进的策略迎接挑战。

既然不能与万寿堂同街经营，走远一点总可以吧？不久，济世堂在远离万寿堂的一条街上重新开张了，但铺面已比原来的门面逊色多了，昔日大药店的气派已荡然无存。消息传到万寿堂刘老板的耳朵里，他不禁喜形于色：“济世堂，你已经被我击垮了，再也别想回到这条街上来与我抗衡、争地盘、抢顾客了。”

得意之余的刘老板，心还不够黑，没有进一步施展厚黑杀招，而是放了济世堂一马。过了一些日子，济世堂的又一家分号开业了，仍然是小铺面，也仍然躲着万寿堂。有人把这个消息告诉刘老板：“老板，济世堂又开了一家分号，我看买卖不错，没准是想东山再起，我们不能不防啊！”

但此时的刘老板仍然一副不以为然的样子：“怕什么，那种小药店成不了气候，药店靠的是信誉，大药店才能让顾客放心大胆地买药，我看他们是在一个地方混不下去了，不得已而为之，不用怕。”

往后的很长一段时间内，济世堂频频开了几家类似的小药店，而万寿堂的生意也差不多，两者相安无事，以前抢夺“地盘”的恩怨，似乎已经过去。不曾想，三年之后，济世堂突然一招“回马枪”，将平静的水面搅浑了。

济世堂突然出人意料地宣布，自己将在老店旧址重新开业。此前，他们已暗中从买主手中买回了店址的产权。经过一番维修、装饰，济世堂在鞭炮声中重新杀回了万寿堂的身边。万寿堂的刘老板看见这个景象，惊骇不已，他没想到已经被自己打趴下的济世堂会卷土重来。

刘老板想重新组织力量，再像三年前那样发动一次商战，趁济世堂立足未稳，把它再一次赶出去。可他很快便发现，这已是不可能了。到这时他才真正了解到济世堂在三年中，已经开设了一批分号，形成了一个完整的体系，而在其内部采取统一的经营方针，集中进货，分散经营销售，自然销量大得多。

同时，令刘老板吃惊的是，在自己的周围，早已布满了济世堂的分号，万寿堂已在济世堂的层层包围之中。

自从济世堂总店恢复之后，买卖十分红火，顾客络绎不绝，接踵而至，再加上分号的销售，每年赢利不少。而万寿堂的生意较以前清淡了许多，倒有“门前冷落鞍马稀”之感。

万寿堂药店的刘老板就是一个厚黑信念不够坚定的失败典型，在对手被打倒之后心慈手软，没有紧紧地乘胜追击，痛下杀手，而且对于得到的一些消息，自己也没能正确分析出济世堂新的经营方针，而最终导致自己失利。

正确的厚黑之道告诉我们：兵家们运用“穷寇勿迫”的策略，有时意在假释敌人一条生路，使对手不再抱定决一死战的决心，而使其抱侥幸的心理逃跑，期望不战而胜。当与对手的利益短兵相接时，必须千方百计地用厚黑术迫使对手永远放弃竞争。但是，对于已经被“赶走”的竞争对手，并不是放任不管，而应该紧紧地尾随其后。不过分紧逼的目的是“累其气力，消其斗志”，进而减弱其势，达到最后消灭的目的。如果对已经被“赶走”的竞争对手过于放松，就等于放虎归山，后果将不堪设想，往往其缓过气之后，会反咬一口，而这很可能就是致命的。

在我们的人生中，要懂得凡事只要坚持，就一定会有成功的那一天！一个人想要一步登天是不可能的。干什么都要慢慢来，不可能一口就吃成个胖子，操之过急，只会自毁前程。学习厚黑学也正要经历这样的过程。所以，每一个厚黑者都要坚定自己的信念，不要半途而废，最后学得半厚半黑，什么事情也做不成。

厚黑智慧

给自己一个坚定的信念，将一切为人处世的原则用厚黑的理论加以印证，对的坚持，错的改正，这样才能有所进步，步入厚黑殿堂。

实践与智慧同样重要

世间学问的基本道理大多大同小异，其中一个普遍的规律就是学到深处难，行到深处同样难。也就是说，理论掌握起来不是很容易，可要是把理论与实践结合得天衣无缝，就更是难上加难了。倘若只做一个嘴皮子上头头是道，处处纸上谈兵的白面书生，那就无异于自掘坟墓了，历史上这样的人还真是不少，赵括就是这群人的“领袖”。

公元前264年，秦昭襄王派大将王龁攻击赵国。赵孝成王听到消息，连忙派廉颇率领二十万大军前去营救。廉颇吩咐兵士们修筑堡垒，深挖壕沟，跟远来的秦军对峙，准备作长期抵抗的打算。王龁几次三番向赵军挑战，廉颇说什么也不跟他交战。王龁想不出什么法子，只好派人使反间计。

过了几天，赵孝成王听到左右纷纷议论说："秦国就是怕让年轻力强的赵括带兵；廉颇不中用，眼看就快投降啦！"赵括是赵国名将赵奢的儿子，他从小爱好兵法，谈起用兵的道理来，头头是道，自以为天下无敌，有时候连他父亲都被辩到哑口无言。

赵王问赵括能不能打退秦军。赵括说："要是秦国派白起来，我还得考虑对付一下。如今来的是王龁，他不过是廉颇的对手。要是换上我，打败他自然不在话下。"赵王听了很高兴，就拜赵括为大将，去接替廉颇。

赵括的母亲一听到这个消息，连忙向赵王上了一道奏章，请求赵王别派她儿子去。她说："他父亲临终的时候再三嘱咐我说：'赵括这孩子把用兵打仗看作儿戏似的，谈起兵法来，目空四海，眼中无人。将来大王不用他还好，如果用他为大将的话，只怕赵军就要断送在他手里了。'所以我请求大王千万别让他当大将。"

但是赵王认为赵括很有能耐，已经做了决定。赵括一上任，就把廉颇规定的那套制度全部废除。秦王知道自己的反间计成功，就秘密派白起为上将军，去指挥秦军。白起一到长平，布置好埋伏，故意打了几阵败仗。赵括不知是计，拼命追赶。白起把赵军引到预先埋伏好的地区包围起来。赵括的军队，内无粮草，外无救兵，守了四十多天，被秦军全歼，留下了一个纸上谈兵的千古笑话。

赵括确实是一个有智慧的人，他讲兵法，连他父亲赵奢也讲不过他，要是没有很深厚的研究，是不能达到这个境界的。然而，用兵与读兵书完全是两码事，大学里的高才生也未必就是社会上的精英。

研究厚黑学也一样，有些人根本不知道什么是厚黑学，但是他却有自己的一套行事原则，他同样能成就一番功业。还有一部分人，终生都在琢磨怎样应用这些厚黑理论，嘴上讲起来口若悬河，可是应用到具体环境中，却把自己变成了现代的赵括，同样闹出了纸上谈兵的笑话。可见，研究厚黑学与实践厚黑学也不是一码事，二者同样重要，否则稍微不留神，就有可能机关算尽太聪明，最后误了自己的卿卿性命。战国末期的吕不韦，就是自己把自己黑了的典型代表。

吕不韦在邯郸的时候，秦公子异人正在赵国为人质，这让他看到了前所未有的机遇。于是，他就想尽办法巴结公子异人，送给他很多好东西，还愿意倾其所有资助异人实现远大抱负。更绝的是，吕不韦将自己的一位已经怀孕的姬妾送给公子异人当老婆，他的目的是将来异人如果能回到秦国，当上秦国的国君，他有朝一日就能成为秦国的太上皇。

后来，吕不韦费尽心机，果然实现了他的计划，异人成了秦庄襄王。吕不韦的手段深得厚黑之道，从一开始，他就将异人作为自己棋盘上的一颗棋子，直到最后稳操胜券。

可是在这个时候，吕不韦大权在握，反而失去了理智。他先独断朝纲，后又与庄襄王的姬妾通奸。在他的扶植下，他的骨血——赵姬的儿子嬴政顺利登上了秦王的宝座。

吕不韦的脸皮实在很厚，每逢处理完朝政，就会去后宫与太后鬼混。太后原本是邯郸姬妾，是吕不韦的老情人，她风流成性，肆无忌惮。更让人不能理解的是，吕不韦居然找了一个人冒充太监进宫，陪着太后纵情声色。

终于有一天，这些行径被秦王发现了，一气之下免去了吕不韦相国之职，将他遣发到河南的封地去养老。不料，吕不韦并未韬光养晦，而是广交宾客，各国诸侯使者络绎不绝。秦王害怕他叛乱，便逼着他饮鸩自杀了。

要说玩权谋，恐怕很少有人比吕不韦更加高深了，他能将一个落魄成人质的公子，一手扶持成当时最强大国家的国君，这中间吕不韦用尽了心机厚着脸皮到处求人，终于达到了自己的目的。但是，正所谓成也厚黑，败也厚黑，大权在握之后，就难免得意忘形，将一套厚黑行事的风格全部丢掉了，最后弄得自身性命难保。

由此说来，掌握厚黑学，单单凭借超强的悟性是远远不够的，还要有一套根据理论变化出来的行为方式，要将厚黑的理论与实践结合起来，做到活学活用。有些人明白了这里面的一点道理，尝到了一些甜头，就纸上谈兵起来，结果，厚黑学不但没有成为他们的虎翼，反而成了失败的导火索，真是可悲可叹呀！

厚黑智慧

研究厚黑并不等同于实践厚黑，二者有天壤之别。只有将理论与实践相结合，活学活用，才能如虎添翼、左右逢源。

厚黑的第二层境界

厚黑的第二层境界是脸皮厚，厚而硬；心肝黑，黑而亮。这类人虽然可以成就一番大事业，但终会被人识破真面目，大业虽成却不能久守。这样的例子，历史上同样不少。

东周初年，卫庄公有三个儿子，长子叫桓，次子叫晋，小儿子叫州吁。州吁经常胡作非为，但很会讨好卫庄公，所以卫庄公很喜欢他。

卫国的大夫石厝是一个正直的人，但他的儿子石厚却是州吁的同党，一起干打打杀杀的事情。

卫庄公死后，将王位传给了大儿子桓。州吁和石厚密谋要杀死桓，抢夺王位。在桓外出的时候，他们派兵占领了国都，并蛮横地处死了国君。公然做出这种叛逆的事，可见这两个人心够黑、脸够厚。

州吁即位后，听说外面传闻他的德行不好，支持他当国君的民众也越来越少，很是着急，就叫石厚来商量。石厚说："我父亲是一个正直的人，国人对他很尊重，如果能将他召入朝中做官，国人就不敢议论纷纷了。"

于是，州吁就带了很多贵重的礼物去拜访石厝，石厝对州吁说："即使我入朝为官，也不会有什么大起色。不如你去晋见周天子，争取得到天子的册封，这样国人才不敢说什么。目前天子最相信的人是陈国的桓公，只要他说一声，应该没什么问题。”

州吁听了很高兴，急忙准备礼物拜访陈国国君。没想到，石厝事先给桓公通了信，说州吁谋反，请桓公帮着主持正义。结果，州吁一到陈国，就被捉住杀了。

州吁脸厚心黑，公然杀死自己的亲哥哥，抢夺王位。但是，他做出的事情却不是脸厚心黑就能抵挡得了的，他必须要找一个借口或者台阶，可是没找到，结果招来了杀身之祸。脸厚，并不是不要脸；心黑，并不是不择手段。这就是“厚而硬，黑而亮”的内涵。

厚黑智慧

厚黑的第二层境界是脸皮厚，厚而硬；心肝黑，黑而亮。这类人即使成就一番大事业，最终也会被人识破真面目，大业虽成却不能久守。

用你的欲望做燃料

做任何事情，缺少了韧性，最后的结果只能是一无所获。要想在厚黑学的研究中更进一步，就需要持之以恒地坚持下去。

当年，18岁的伯纳德·帕里希离开了法国南部的家乡。按照他自己的说法，那时候的他“一本书也没有，只有天空和土地为伴，因为它们对谁都不会拒绝”。那时候，帕里希只是一个毫不起眼的玻璃画师，然而他的内心却怀着满腔的艺术热情。

一次，帕里希偶然看到一只精美的意大利杯子，他完全被这只杯子迷住了，从此以后，帕里希的生活完全被打乱了，他的内心完全被另一种激情占据了：他决心要发现瓷釉的奥秘，看看它为什么能赋予杯子那样的光泽。

此后，帕里希长年累月地把自己的全部精力都投入到对瓷釉各种成分的研究中。他自己动手制造熔炉，但第一次的试验以失败而告终。后来，他又造了第二个，这一次也失败了，这只炉子既费燃料，又耗时间，让他几乎耗尽了财产。

因为买不起燃料，帕里希只能无奈地用普通的火炉。失败对他已经是家常便饭了，但他从来都没有气馁过，每次他都告诉自己，那只杯子是那么漂亮，我一定要得到它。就是凭着这种强烈的欲望刺激，他才能承受无数次的失败。

为了改进自己的发明，帕里希用自己的双手把砖头一块一块地垒起来，建了一个玻璃炉。终于，到了决定试验成败的时候了，他连续高温加热了六天。可是，出人意料的是，瓷釉并没有熔化，而他当时已经身无分文了。帕里希只好通过向别人借贷才买来陶罐和木材，并且想方设法找到了更好的助熔剂。

一切准备就绪之后，帕里希又重新点燃了火苗。但是，这一次直到所有的燃料都耗光了也没有任何结果。帕里希跑到花园里，把花园的木栅栏拆下来当柴火继续烧。木栅栏烧光了，还是没有结果。帕里希把他的家具扔进了火堆，但仍然没有起作用。最后，帕里希把餐厅里的架子都砍碎扔进火里。奇迹终于发生了：熊熊的火焰一下子把瓷釉熔化，瓷釉的秘密终于揭开了。

研究厚黑学也像烧瓷釉一样，必须不断地加入木柴，持之以恒地坚持下去，才会有成果出现。如果三天打鱼、两天晒网，是不会有所收获的，而保持火焰温度的唯一方法，就是用欲望做燃料。要想将厚黑的瓷釉附着在你的形象上，这并非一件很容易的事情，欲望的火焰温度不够高不行，烧的时间不够长也不行。这就像烧瓷釉一样，烧到一半而停止，不但不能得到美丽的陶瓷，还要将原来的坯子烧得面目全非，既失去了自我，又没能得到未来。

厚黑智慧

厚黑学者要有自己明确的目的，有了目的才会产生强大的欲望，行动中才能坚持下去，才能在行动中不择手段。

换一换你的老眼光

在古印度，一群年轻的僧侣正在观看他们的师傅做薄煎饼。只见师傅将薄薄的一勺稀面粉糊糊倒在滚烫的平底铁锅上，看着稀面糊糊向锅的四周流去，形成一个残缺不圆的形状，当薄煎饼最终定型时，他便笑着说："好极了。"

这些徒弟们感到很纳闷。每一张煎饼都有不同的形状，有一些煎饼四周都被烤焦了，没有一张很圆的煎饼。最后，一位徒弟问这位师傅："师傅，怎么能说这些煎饼好极了呢？煎饼应该是圆的，而且不应该被烤焦。"

师傅从锅里取出最后一张煎饼，放在徒弟的盘子里。这张煎饼的形状有一点儿像葫芦。"好极了。"他又重复了一遍。

其实，在这位师傅眼里每一张煎饼都是完美的，尽管有的形状不好看，有的还烤煳了。同样道理，厚黑学的进阶阶段，就是脸要足够厚，要将这个"厚"字延伸开。在这其中，就要求你乐观地看待世间的事物，从能带给自己快乐的角度观察这个世界，然后对自己说："每一张煎饼都是完美的。"事事尽善尽美的观念并非仅仅是一种安慰人的思想，它同样也是厚脸、黑心的实践者用来消除日常琐事导致人心烦意乱的强有力工具。

塞翁失马，焉知非福？可是，这个世界上总是有那么一些人：他们看自己手里的煎饼就是不完美。如果他们发现生命给的只是个柠檬，他们就会很沮丧，自暴自弃地说："我完了，我的命运真悲惨，连一点发达的机会也没有，命中注定只有一个柠檬。"然后，他们就开始诅咒这个世界，一辈子让自己沉浸在自卑自怜中，毫无作为。

但是，当聪明的人拿到一个柠檬的时候，他就会说："从这件不幸的事情中，我可以学到什么呢？我怎样才能改变我的命运，把这个柠檬做成一杯柠檬水？”在美国加州住着一位快乐的农夫叫皮特，他甚至把一个毒柠檬做成了柠檬水。

当皮特买下那片农场的时候，他觉得非常沮丧，因为那块地坏得既不能种水果，也不能养猪，能在那片地上生长的只有白杨树和响尾蛇。后来，他想了一个好主意，他要把自己所有的东西都变成一种资产，他要利用那些响尾蛇。

皮特的想法使每一个人都很吃惊，因为他开始做响尾蛇罐头。现在，皮特的生意做得非常大，每年去他的响尾蛇农场参观的游客差不多有两万人；从响尾蛇身上取出来的蛇毒，运送到各大药厂去做治疗蛇毒的血清；响尾蛇蛇皮以很高的价钱卖出去，做女人的皮鞋和皮包。这个村子为了纪念他把有毒的柠檬做成了甜美的柠檬水，现在已改名为加州响尾蛇村。

还有一个老太婆的故事。

有这么一位老太婆，她每天都是愁眉苦脸的，有人好心地问她是什么原因，老太婆说，她有两个女儿，大女儿卖雨伞，小女儿卖草帽。晴天的时候，大女儿的雨伞卖不出去，她就为大女儿发愁；下雨天吧，小女儿的草帽又卖不出去了，她又为小女儿发愁。所以她是晴天也愁，雨天也愁。

好心人听后，劝老太婆说：“你应该换一种想法，晴天的时候你应该想：今天我小女儿的草帽生意会很好；雨天的时候，你应该想，今天我大女儿的雨伞会卖出去很多。这样，你晴天会替小女儿高兴，雨天也会替大女儿高兴。”老太婆一听此话果然有理。从此以后，老太婆是晴天也乐，雨天也乐。

曾经有一位伟大的导师说过：“假如你不喜欢自己所目睹的世界，就换一换你的老眼光。”致力于减肥美容，使青春常驻，合乎当代社会的潮流；但是不加节制，爱吃高脂肪食物，素面出门，也是崇尚自然，保有完整的自我。对儿女严加管束，是家长的责任；放任自流，也可能是家长维护孩子天性的另一种做法。处处省俭，精打细算，是中国的传统美德；靠刷信用卡度日，是吃得开的洋派头。为一家公司服务一辈子，是难得的安稳；常常跳槽，被炒鱿鱼，也不倒霉，“危机就是转机”，许多人就是在不安定中把握了机遇，开拓了前途。

人们总是在找如何避免“一朝天子一朝臣”的办法，而厚黑学却告诉我们，手里的每一张煎饼都是完美的，这就是最好的办法，也是通向成功的“捷径”。

厚黑智慧

进入厚黑学的进阶阶段，就要乐观地看待世间的事物，从能带给自己快乐的角度观察世界，从而消除日常琐事带来的心烦意乱，将“厚黑”二字延伸开来。

行动要当机立断

有很多时候，人们都有很好的想法，但没有付诸行动，结果不是忘记就是放弃。当别人成功时，才想起当初自己也曾有过这样的想法，只是没有去做。可见，行动是很重要的。不仅行动重要，当机立断同样重要。在行动时，有时会遇到很多复杂的情况，如果不当机立断，就会贻误战机，犹豫不决是行动的大敌。在研究厚黑的进阶阶段，这一点显得无比重要。

其实，我们在生活当中就应该当机立断，当机立断的条件就是遇到大事的时候，尤其事情迫在眉睫的时候，能以清醒的头脑去应付这种事情，要接受事实。至于怎样在这个时候清醒自己的头脑，那就需要提醒自己不要慌张，然后理清头绪，再根据情况作出方案。重要的是，这些都要在很短的时间内做好，并且要立即付诸行动。

美国钢铁大王卡内基年轻时担任过铁路电报员。一次假日他值班，突然收到一份加急电报，说附近一列货车脱轨，要求各班列车改变轨道。卡内基打了好几个电话也找不到一个够资格下命令的上司，不得已，他冒用上司的名义下达命令给司机，调度他们改换了车道。按当时铁路公司的规定，电报员冒用上司的名义发报，唯一的处分就是革职。隔日，他一上班就直接把辞呈放到了上司的桌上。上司把他的辞呈直接撕了，告诉他：这世上只有两种人值得开除，一种是不肯听命行事的人；一种是只听命行事的人。幸好你不是其中的任何一种。

优柔寡断、前思后想固然可以减少风险，少犯错误，但往往会丧失很多让别人赏识你才干的机遇。同样，许多时候我们也会碰到一些需要决断的事情，这些事情需要我们冒一定的风险。人们常说的“机不可失，失不再来”，意思也就是说在机会到来的时候，要及时把握。不然，当机会失去时，再想寻找机会就不太可能了。在成功路上，很多事情在最后成与不成，关键就在于你是不是更好地把握住了时机，这也就是“谋事在人，成事在天”，这里的“天”指的是那可遇而不可求的时机。

而在这个我们竞争异常激烈的现代社会中，这一点表现得更为突出，不仅地区内部存在竞争，地区之间、国家之间，甚至在全球范围内，都存在竞争。因为现在凸显全球化的趋势，要想在全球化中占得先机，只能在确定了事情轻重缓急后，迅速行动，既快又好地把工作完成。尤其是在这个时候，最需要培养的就是人们的紧迫感，让他们敏锐地把握住机会，取得成功。但是，在这个世界上，在100个人里面，真正具有紧迫感的可能只有两个人而已，而另外的98个人都对机遇茫然无知，他们缺乏敏锐观察的能力，更缺乏紧迫感。

其实，紧迫感是与现代人们的特点一致的，今天的人们不会像寺院的老僧那样全然不理会外界的风吹草动，而是心急火燎地坐不住，他们往往没有耐性，所以即便是很多立等可取的服务在他们眼里也会变得不快捷了。在他们眼里，服务应当像在网络上点开一个图标后，画面立即呈现。在人们已经改变了的观念里，任何事情的速度都是与价值紧密相连的。所以，只要你的工作进展得迅速，并且能够又快又好地完成，那么，机会、责任和回报就会如潮水般向你涌来。

可见，行动就是要不失时机地作出最好的决定，而最大的失败就是该决定时不决定。所以，渴望厚黑的人们应该独具慧眼，在机遇面前，能正确地当机立断，这才是最重要的。

厚黑智慧

在研究厚黑的过程中要以清醒的头脑去应付迫在眉睫的情况，敢于接受事实，在机遇面前当机立断地行动。

知道自己害怕什么

恐惧是一种极具毁灭性的情感，在我们的潜意识深处，恐惧是一种朦朦胧胧但是常常令人心神不宁的感觉。大多数人甚至不晓得他们大部分时间是生活在担惊受怕之中。

曾经有一位记者在一次采访中询问一位举国闻名的新闻广播员："你害怕什么？"这位新闻广播员大吃一惊，有点儿不知所措。倘若他诚实坦率地回答这个问题，就会暴露自己的真面目。于是，他给出了这样一个答案："我害怕大自然中的突发事件，比如地震和水灾。"

这位新闻广播员不能讲真话，因为他担心听众会对他怎么想。在众目睽睽之下，他在保护自己在公众中的形象。很显然，他最害怕的事情之一就是回答这个问题。不过，这不是他的过错，他觉得有必要自欺欺人，略而不答。

当然，在众目睽睽下承认自己恐惧的地方，不是很聪明的做法，但是，如果他能机智地回答："我现在最害怕的就是你问我问题。"一则可以避开正面交锋，二则这种话说真不真，说假不假，倒是解决尴尬的最好方法。

但是，他一定要清楚自己害怕的到底在什么地方。巧妙地避开并不等于从根本上不承认。李宗吾说，病了就不能对自己太仁慈，要敢于向自己开刀，敢于问自己最害怕的问题，只有这样，终日担心的弱点才能越来越少，才能逐渐接近成功。

司马懿年轻的时候就辅佐曹操打天下。曹操是一个很厚黑的人，既看到了司马懿是一个厉害角色，也看到他深藏祸心，不能久居人下。曹操在临死的时候，嘱咐他的继承者曹丕，要他一定找个机会将司马懿杀了，以免危害曹魏的政权。

可惜，曹丕没有听从父亲的劝告，认为司马懿功劳很大而下不去手，最后，曹魏到手的天下就是让司马氏篡夺了的。

曹操就是学厚黑学只学到了一半，假使当时他不告诫曹丕，直接找机会除掉司马懿，就没有后来的许多麻烦了。由此可见，曹操还是害怕的，他害怕用厚黑的手段除掉司马懿是不是太狠了，这样做是不是会带来更大的后患，致使朝中无人可用。所以李宗吾评价曹操，说他只到了厚黑学的中上水平，并没有将厚黑学应用得出神入化。

从另一个角度看这个问题，厚黑学本身就是一门比较偏激的学问。很多人都认为它不教人走正路，其实这都是他们害怕暴露自己弱点的言论。他们害怕将自己厚黑的一面展示给别人看，害怕会遭到别人的嘲笑和讽刺，所以干着厚黑学教的事情，却不敢真正面对自己的内心世界。带着恐惧去实践厚黑学，是永远不能得到最大的成果的。只有忘记了世间还有厚黑，才能真正得到厚黑精髓。

综上所述，研究厚黑学不能像那位著名的新闻广播员那样，处处回避自己的弱点，那是脸皮不够厚的表现。因此，我们有理由好好问问自己最怕什么，最怕的这一点就是我们的弱点。而研究厚黑学，就是要将自己的弱点改掉，或者将之隐藏起来，不让对手利用。可见，战胜恐惧，增加对厚黑学的信心，是问题的关键。

厚黑智慧

厚黑学看起来偏激，其实正是让你认识到自己恐惧的地方，从而发现自己的弱点，并找到克服它们的方法。

不可忽视"潜规则"

李宗吾曾经发出过这样的感叹："人皆曰子黑，驱而纳诸煤炭之中，而不能一色也；人皆曰子厚，遇乎炮弹，而不能不破也。"此话道出了厚黑进阶阶段的一个大道理，就是厚黑学博大精深，有志此道者，必须明白事理，看清形势，不可忽略了某些"潜规则"，否则到头来"赔了夫人又折兵"，那就得不偿失了。

"一朝权在手，便把令来行"，听起来很过瘾，但有时候千万别当真。战国时期，以"变法"而名垂青史的商鞅，就是因为把这句话当真了，结果在功成之后被五马分尸。

商鞅是卫国人，来到秦国后，通过宠臣景监的荐举，秦孝公多次同商鞅长谈，发现商鞅是个难得的治国奇才，便"以卫鞅为左庶长，卒定变法之令"。秦孝公是一位奋发有为的君主，商鞅提出的一整套富国强兵的办法，也正好符合了他的愿望。

然而，正当商鞅在秦国功勋卓著的时候，他却孤寂和迷惘起来。于是，他去请教一个名叫赵良的隐士。他对赵良说，秦国原本和戎狄相似，我通过移风易俗加以改正，让人们父子有序，男女有别。这咸阳都城，也由我一手建造，如今冀阙高耸，宫室成区。我的功劳能不能赶上从前的百里奚呢？

谁知赵良却直率地说："百里奚一得到信任，就劝秦穆公请蹇叔出来做国相，自己甘当副手；你却大权独揽，从来没有推荐过贤人。百里奚在位六七年，三次平定了晋国的内乱，又帮他们立了新君，天下人无不折服，老百姓也安居乐业，而你呢？犯了轻罪，反而用重罚，简直把百姓当成了奴隶。百里奚出门从不乘车，热天也不打伞盖。平时很随便地和大家交谈，根本不要大队警卫保护；而你每次出外都是车马几十辆，卫兵一群，前呼后拥，老百姓吓得唯恐躲闪不及。你的身边还得跟着无数的贴身保镖，没有这些，你敢挪动半步吗？百里奚死后，全国百姓无不落泪，就好像死了亲生父亲一样，小孩子不再歌唱，舂米的也不再喊号子干活，这是人们自觉自愿地敬重他；你却一味杀罚，就连太子的老师都被你割了鼻子。一旦主公去世，我担心肯定有不少人要起来收拾你，你还指望做秦国的第二个百里奚，岂非可笑？为你着想，不如及早交出商、於之地，退隐山野，说不定还能终老林泉。不然的话，你的败亡将指日可待。”

后来真的不幸被赵良言中，“商君相秦十年，宗室贵戚多怨恨者。公子虔杜门不出已八年矣。”秦孝公死后，太子即位，就是历史上的秦惠王。公子虔等人立即诬告“商君欲反”，并派人去逮捕商鞅。商鞅走投无路，最后只好回到自己的封地商邑，秦发兵攻打，商鞅被杀于渑池。秦惠王连死后的商鞅也不放过，除了把商鞅五马分尸外，还株连九族。

商鞅本来可以算得上是一个厚黑之士，黑起来甚至连太子老师的鼻子都敢割掉，可是他厚黑学的修养毕竟不深，功夫尚欠火候，仅凭着“半瓶子醋”，竟敢堂而皇之地大行厚黑之道，最后落得自寻死路，也只能说是自找的！

现实生活中，你的下属中可能有“皇亲国戚”，在你掌权时，不小心得罪了这些养尊处优的公子哥儿们，那么也许过一段时间，你就由于关照不好这些下属而付出沉重的代价，很有可能难保乌纱帽，或者连降三级。因此在掌权的时候，一定要理解“打狗要看主人”，这样才有可能左右逢源。

厚黑智慧

有的事是你的职权范围，但你未必管得了；有的人为你所属，是指挥不动的“大人物”。世事错综复杂，险象环生，危机四伏，在于有一套“潜规则”。

迂回应变，善于变通

任何事物的发展都不是一条直线。厚黑之人能看到直中之曲和曲中之直，并不失时机地把握事物迂回发展的规律，通过迂回应变，达到既定的目标。

顺治元年（公元1644年），清王朝迁都北京以后，摄政王多尔衮便着手进行武力统一全国的战略部署。当时的军事形势是：农民军李自成部和张献忠部共有兵力40余万；刚建立起来的南明弘光政权，汇集江淮以南各镇兵力，也不下50万人，并雄踞长江天险；而清军不过20万人。如果在辽阔的中原腹地同诸多对手作战，很明显清军兵力不足。况且迁都之初，人心不稳，弄不好会顾此失彼。

多尔衮审时度势，机智灵活地采取了以迂为直的策略，先怀柔南明政权，集中力量攻击农民军。南明当局果然放松了对清的警惕，不但不再抵抗清兵，反而派使臣携带大量金银财物，到北京与清廷谈判求和。这样一来，多尔衮在政治上、军事上都取得了主动地位。顺治元年七月，多尔衮对农民军的战争取得了很大进展，后方亦趋稳固。此时，多尔衮认为最后消灭明朝的时机已经到来，于是，发起了对南明的进攻。当清军在南方的高压政策和暴行受阻时，多尔衮又采取以迂为直之术，派明朝降将、汉人大学士洪承畴招抚江南。顺治五年（1648年），多尔衮以他的谋略和气魄，基本上完成了清朝在全国的统治。

运用以迂为直的策略，十分讲究迂回的手段。特别是在与强劲的对手交锋时，迂回的手段高明、精到与否，往往是能否在较短的时间内由被动转为主动的关键。

厚黑智慧

迂回应变，善于变通，方能出奇制胜。反之，不善于变通的人只会四处碰壁，最终被撞得头破血流。

头脑冷静，从容应付

现实世界，人人都有七情六欲，人人都可能遇到不尽如人意之处，因此，生活中总免不了会有喜怒哀乐。同时，人在生活中，对人、对事并非冷漠无情，无动于衷，而是有一定态度的。或感到满意，或感到不满意；或感到失望，或感到高兴；或感到愤怒，或感到兴奋。像愤怒、狂喜、悲哀等这类突然发生的、短暂而强烈的情感称为情绪，修炼厚黑者自然也摆脱不了这些情绪的骚扰，进入厚黑的第二阶段之后，心平气和才是最重要的，处在如此一个“比上不足，比下有余”的特殊时期，稍有不慎就会前功尽弃。

在人类众多种情绪中，愤怒无疑是最强烈的。一个缺乏修养的人在愤怒的时候往往会失去理智，以致作出一些傻事来。因为人在气头上往往对事物缺乏冷静的分析和判断，对事物的反应也比较迟钝，所以，一时冲动而作出的决定，自己日后也会后悔。

无论是在我们的日常生活中，还是战场上，我们每个人都应该随时保持冷静的头脑，遇到意外变故时学会冷静自救。如同一个人在荒山里迷了路，四下又无人烟，这时候就应该停下来冷静地辨别方向，思考自己下一步该怎样走，然后再继续赶路。否则，不仅会白白地消耗体力，而且有可能背道而驰。当然，要做到处变不惊，冷静从容处事，对一个生性易冲动、脾气暴躁的人来说并不容易。当一个人受到意外伤害或被别人误解、侮辱，严重地伤害了自尊心的时候，很容易失去理智，而在一瞬间做出失常的举动，导致的后果是很可怕的。等到头脑冷静之后才发觉原来的决定是多么的荒唐，行为是多么的愚蠢。这种情绪冲动时所作出的失常决定，常常来自一个人头脑发热时的绝望心理、痛苦心理和复仇心理。在这种情况下，人是最容易犯错误的。

所以，每一个厚黑者都要学会控制自己的情绪，尤其是要把握自己在激动的时候什么决定都不要做，迫使自己冷静下来，然后再想一些相应的对策去应对。这样在做决定的时候，才可以避免受情绪牵制，感情用事，才能做到如孙子所说的“合于利而动，不合于利而止”，在权衡利害得失之后再行动，这也是在考验一个人的性格和修养。

面对现实生活中的一些问题，厚黑者需要冷静从容地处理，无论是工作和事业，还是家庭和社交，意外的令人不愉快的事情总是难免的。每当这个时候，我们应当采取冷处理的办法，让被情绪掩盖的真相显露出来，让自己的心情平静下来，经过自己的一番深思熟虑之后再做决定，这样做往往会使你转祸为福，转忧为喜，使人生受益。

俗话说：“风平而后浪静，浪静而后水清，水清而后游鱼可数。”待“怒发冲冠”之后，以一颗平静的心去处理问题，往往会收到理想的效果，展现在你面前的是一番“柳暗花明又一村”的美好景色。将帅不可“怒而兴师”，素民不可怒而行事，在实践厚黑的过程中，则是一种化险为夷的高招。

按词典上的解释来说，从容是指性格稳重，举止沉着镇静，不慌不忙。其实，从容不仅仅是一种性格，它还可以是一种品质、一种风范、一种气度、一种成熟、一种素质。我们来看看下面的这个例子：

在东汉时期，有一个叫郭林宗的大名士，他博学多才，性明善识人，常从日常生活细节中，观察一个人的品性和气质。有一次，他在街上赶集，他的前面有一个年轻的农民，这个农民买了个瓦罐系在扁担上，在肩上背着。由于人多拥挤，一个人扛着钉耙不慎碰在瓦罐上，把瓦罐下半截打破掉落在地上。扛钉耙的人急忙挤进人群中溜掉了，背瓦罐的那个农民却连回头看一眼也没有看，背着半截的瓦罐向前走着。郭林宗在后边看得清楚，紧迫几步走上前拍拍那个青年农民肩膀说：“喂，你的瓦罐被打破了！”那个青年冷静地说：“我知道破了。”郭林宗大为惊奇，他又问：“那你为什么不去找那个把你瓦罐打破的人？”那个青年不动声色地说：“瓦罐已经破了，找他有什么用，无非吵一架，叫人看热闹，他又不是故意把我的瓦罐弄破的。”郭林宗听了，对他的气度更为佩服，就拉着他的手问：“你叫什么名字？”青年回答：“我叫孟敏，巨鹿人。”郭林宗热情地劝他说：“你应该读书游学，日后必有成就。”后来，在郭林宗的帮助下，孟敏终于成为一个大学问家。

现代社会中的很多厚黑者都缺乏像孟敏那样从容的素质，遇事不冷静，总是犯急性病，争强好胜。无论是工作还是学习，都好死拼硬抢，只争朝夕，到头来也不能正确地支配、安排事情，而往往事情的结果也不好。

厚黑智慧

厚黑者到得“从容”之境界即为真谛。又因为，方方面面、时时刻刻皆“从容”者实为不能，故此，“虽不能至，心向往之”，或得一时一事之从容亦不失为人生之快事。厚黑者要学会控制自己的情绪，避免受情绪牵制，感情用事，要控制自己在激动的时候任何决定都不要做；迫使自己冷静下来，再想一些相应的对策。

厚黑的第三层境界

第三层境界是“厚而无形，黑而透明”。达到这种境界的人，就像水一样。水总是处在最低洼的地方，也没有固定的形状，放在圆形的器具里，就是圆的，流到方形池子中，就是方的。但是，所有的高山都阻挡不了水流向大海，再坚硬的岩石都会被水溶解掉。水能根据自己的处境随时改变形态，甚至遇到沙漠的时候，它都能变成水蒸气，之后再化为雨还原回来。

东汉开国皇帝刘秀，在这方面算得上是一个佼佼者。

东汉光武帝刘秀，是汉高祖刘邦的九世孙。很小的时候，他就心思细密，与人交往时不计小怨，喜怒不形于色。他青年时期，王莽的新政不得人心，加上天灾人祸，各地的农民纷纷起义，其中绿林、赤眉两军声势浩大。刘秀也参与到推翻王莽政权的队伍中。

绿林军为了号召天下，立刘秀的族兄刘玄为帝，发展迅速。可是，在昆阳之战后，义军内部发生政权分裂，刘秀的哥哥在政治斗争中被杀。

刘秀当时得知哥哥被杀，十分悲痛。但是，他马上来到宛城，见到当时的皇帝刘玄，他并不讲哥哥如何冤枉，而只讲自己的过失。回到自己的家后，也不戴孝，绝口不提哥哥被杀的事情，好像他哥哥根本没死一样。刘玄见他如此，反而惭愧，给刘秀加封了官职，还赐予了很多好处。

其实，刘秀心里非常在意哥哥无辜被杀，以致多年以后还难以忘怀，提起这事就泪流满面。但在当时，他无力与他的仇人集团相抗衡，所以只能隐忍不发，暗暗积蓄实力。

后来刘秀建立东汉政权，也没有大肆报仇，反而实行轻法缓刑、重赏轻罚的政策。在中国历史中，往往帝王即位第一件事就是排斥功臣，怕其功高盖主，所以“飞鸟尽，良弓藏；狡兔死，走狗烹；敌国灭，谋臣亡”的情况时有发生，但东汉的开国功臣却大都得以善终。

刘秀以仁义兴国，跟着这样的领导，好像下属很占便宜。其实，最占便宜的还是刘秀本人。他绝对是厚黑高手，已经达到“厚而无形，黑而透明”的境界。

厚黑智慧

厚黑的第三层境界是厚而无形，黑而透明，厚得有理，据说已经看不到“厚黑”了。这是厚黑学的最高境界。

充分相信自己的力量

许多年以前，亨利教授用带电的磁铁做了一个著名的实验，这给当时电的利用带来了一场深刻变革。首先他在椽上吊了一块普通的大磁铁，用它可以吸起几百磅的铁块。然后他在磁铁土缠上电线，用一节很小的电池给它充上电，结果这带电的磁铁能吸起的铁块就不是几百磅，而是3000磅！

你的磁铁就是你的潜意识。在强烈欲望的驱动下，它能给你的生命带来升华。但是，如果给它充上力量信心的强电流，那么它带给你的将无穷无尽。

事实就是如此，有的人实际能力并不比你强，却取得了一番非凡的成就；有的人，在多年无望的追求后，突然实现了他们最珍爱的梦想。你也许会问："是什么力量给他们垂死的雄心以新的生命，给他们消逝的欲望以新的动力，使他们在成功的道路上有了新的开始？"

这力量就是信念，就是相信自己的力量。厚黑学就是让你充分相信自己的力量。研究厚黑学的人，为人做事，像李宗吾所说的钻头一样，有孔要钻，没有孔，新开一孔，还要钻！

哈罗德·劳埃德曾经饰演过一个非常胆小的乡下男孩。当地的每个男孩都欺负他。直到有一天，他的祖母给他一个护身符并告诉他，他的祖父就是靠这个护身符度过内战的，它能使它的主人所向无敌。她告诉男孩，戴上这个护身符后，没有什么能够伤害他，没有什么能够反对他。

男孩相信了祖母的话。当镇上的那帮流氓再次对他拳打脚踢的时候，他将他们打得一败涂地。而这仅仅是个开始，还不到一年的时间，他在当地就博得了最勇敢者的称号。当他祖母觉得他不会再害怕的时候，告诉了他真相——那“护身符”只不过是她在路边捡来的一块旧木头，她知道他应该去做的只是相信自己，在以前没孔的地方打一个孔。“护身符”就是男孩身上缠绕着的、通了电的电线，就是将一个胆小的人变成钻头的一种信念，就是相信自己能做得更出色的一种心态。同样，奉行厚黑学，也能让你像得到护身符一样自信，并在处世实践中尽占上风，一步步地接近自己理想中的成功。

李宗吾早就为我们分析过，古往今来的成功者，大多是厚黑中人，有些人奉行厚黑之学，但他们本身并没有意识到这个问题。李宗吾为我们总结出了一整套的体系，让我们照着这些原则做事做人，有了这样的护身符，还怕什么呢?

各行各业伟大的发现者、发明家和天才都是尤为相信自己力量的人，都是公然蔑视陈规的人，而且他们对此坚信不疑直到实现他们的目标，丝毫不理会那些自以为是、对他们说“这不可能”的人。

不仅如此，他们还从不满足仅仅取得的一个成功。他们知道第一个成功就像从瓶子里倒出来的第一滴橄榄油，只要第一滴出来了，后面的将非常顺利。这种意识给了他们追求任何美好事物的信心，使他们知道唯一能限制能力的就是放弃自己。知道了这些，他们不再满意任何平常的成绩，而是去争取一个又一个新的成功。

因此，研究厚黑学有了一些小成后，可能在事业上也做出了一定的成绩，在这个时候，有人知足了，因而放弃了继续深入进取，还有的人认为自己就这么大成绩了，从此放任自流。这两种态度都是不正确的，都是对自己不信任的表现。

厚黑智慧

厚黑学的最高境界是很难达到的，只有我们对自己的力量与智慧充分尊重，并坚定不移地实践，才能得到最辉煌的成果。

用厚黑方法创造机会

生活中，经常会有一些人埋怨机会不等，命运不公，总觉得自己遇不到机会。每每看到别人的成功，总是归结为“自己运气不好”。实际上，机会对于每一个人都是公平的。有没有机会，关键在于主观上的问题。

机会不可能无缘无故地降临到一个人头上，机会也不可能像路标一样，就在前面静静地等着你。机会具有潜在性，它是等待着开发的；机会具有隐蔽性，它是隐藏着的；机会具有选择性，它只垂青于那些在追求中、在动态中、在捕捉中的人。

其实，机遇与我们的人生事业是休戚相关的。一个人的一生中，有时候一个偶然的机遇可能让你走上康庄大道，从此平步青云，财源滚滚。然而，现实生活中的人们却又总是在感叹：为什么别人有那么好的机会，而自己没有？那些人不从自身找原因，所以整天都是在怨天尤人！

有这样一个故事：有一个人每天都向上帝祈祷能中500万元大奖，但日子一天天过去，却一直没中过奖。所以他总是埋怨上帝对自己不够公平，不给他机会，上帝终于忍不住一声怒喝：你要我给你机会，但你总得先去买一注彩票啊！原来他每天都虔诚地祈祷，却从来不去买一注彩票。不要总是埋怨没有机会，不为自己创造机会永远没有机会。

还有一些人只知道一味地干，当别人出了成绩的时候，只能抱怨他的运气好，可又有谁真正地想过，为什么人家成功了，不是人家运气有多好，别人付出了许多，你又付出了多少？机会永远是留给有准备的人的，机会并不会莫名其妙地从天而降。任何一个机遇的来临，往往都是因为自己过去的努力所致。

对待机会，有一点是十分关键的，那就是你是被动的、消极的等待机遇，还是主动地去追求？等待机遇不像是等班车，到点儿车就来，机遇要看你的等待状态如何。人们要学会用厚黑的方法去创造机会，尽量利用好一切机会。而实际问题在于你是否在时刻准备着、在刻意地追求着。有许多人，看起来好像没有机会，没有前途，但是有一天偏偏就发生了转折，自己创造出了一个机会。其实，许多成功者都有这样一种经历和体验。

有些男人很聪明，在追求女人之前就深思熟虑，周密计划，如果没有机会接近对方，展现魅力，那就创造机会，滋生事端，必要的时候还要导演一出英雄救美的“壮举”。

比如有一位张先生对李小姐有意思，但李小姐并不对其青眼有加，所谓落花有意，流水无情，张先生始终没有机会接触李小姐。

所以，他就想了一个办法，他了解到李小姐每次下班要经过一个狭长的胡同，于是买通几个朋友，假装对李小姐怪腔怪调，值此关键时刻，张先生正好从这里“路过”，与“歹徒”勇猛搏斗，虽然受了点轻伤，擦破点皮，但总算赶走了歹徒。于是李小姐感激不尽，继而敬佩爱慕，一来二往，心里也就有了张先生，爱得越来越深，全不知张先生精心导演的这一出“闹剧”的内幕。

有手腕的人不怕办不到，就怕想不到。为了自己的目标，脸厚心黑，阳谋阴谋，台上台下，拿得出手拿不出手，只要能带来效益，维护形象，便毫不犹豫一概采用。而采用那些服众、惑众、威众、镇众的手法时，又往往不动声色，暗地里盘算，悄悄进行，耍手段于无形，这种人才是真正厉害的厚黑者。

厚黑智慧

机会本身没有多大区别，创造机会本身也没有多大区别，想方设法为自己创造机会，你会更快地走向成功。

随风就势，舍小取大

厚黑学认为，一个人要想圆熟处世，就要懂得在实力强大的敌人面前，暂时做出一些妥协和让步，甚至送给对方一些利益，借以保存自己实力，伺机反扑。对于一个人来讲，有时要舍弃一些小“义”，而求得大“义”；舍弃一些小“名”，而求得大“名”。这绝对是一笔相当划算的买卖。当然，这里的“大”与“小”不能用社会上世俗的观念去衡量，只能用你心中那把私家秤去衡量，从你自身的利益出发，衡量哪种情况对你更有利。

在历代名臣中，魏徵是名臣之尤，能赶得上他的，恐怕不会很多，原因就在于他是一位忠臣。可是这位忠臣，如果以事君比作嫁夫的话，是三嫁犹不足，直到第四嫁才找到了正主。

魏徵生于北周时代的静帝大象二年（公元580年）。其时，天下大乱，他刚出生不久，北周政权就为杨坚所推翻。魏徵出身于书香世家，年轻时读书刻苦，学习勤奋，在学问和政治才干上打下了良好的基础。

当时正值隋炀帝荒淫无道、天下英雄豪杰纷纷起兵反隋之时。在各路起义军中，李密的势力最大。一天，他接到了另一支起义军首领元宝藏的来信，拆开一看，竟被书信中深刻的见解、磅礴的气势和富丽有力的文辞所吸引，觉得书信绝非出于元宝藏之手，写信之人肯定既有才华又有政治才能。李密就派人前去打听，才知道起草书信的人是魏徵。李密立即派人把他请去，让他掌管军中的文书。这时的魏徵，已经三十八岁了。

在李密的军中，魏徵的地位很低，对重大的军事决策，他没有任何发言权。当时，李密的瓦岗军声势浩大，攻占了全国最大的粮仓——河南的洛口仓、回洛仓和黎阳仓，开仓救济饥民，使起义军发展到了全盛阶段。

也就在这时，隋朝的大将王世充据守洛阳，与起义军展开了生死搏斗。由于起义军发展迅速，又被胜利冲昏了头脑，军中存在着速战速共的思想。魏徵清醒地看到了起义军中的许多不足，就找到李密的长史郑颐，对他说："起义军虽有重大胜利，但伤亡也很大，现在军中费用紧张，储备有限，且赏罚不均，不宜同隋军死拼硬打。目前之计，在于深沟高垒，以待敌军粮尽，等敌军撤兵，再行追击，可获大胜。"郑颐十分藐视魏徵。结果，惨遭失败，经此一役，瓦岗军彻底覆灭。李密被迫率残部投降了李渊。

当时，魏徵看到李唐政权较有前途，就向李渊请求前去招抚李密的旧部，李渊就任命他为管理国家图书档案资料的尚书丞，前去太行山以东地区活动。那时，李密的部下徐世势力很强，他就先写了一封信，对徐世说："当初李密起兵反隋之时，振臂一呼，四方就有数十万人响应，几乎得了隋朝的半个天下，后被王世充打败，继而被杀，瓦岗军是无法东山再起了，而李渊得天下却已成定局。现在你所守的黎阳是兵家必争之地，你应该早做打算，如果不能认清形势，将来恐怕悔之不及了。"徐世览信后，觉得也无其他良策可想，便听从了魏徵的劝告，投降了李渊。李密的其他旧部见徐世降唐，也纷纷投降。

武德二年（公元619年）十月，农民起义军首领窦建德领兵南下，攻占了徐世防守的黎阳，恰巧魏徵也在城中，窦建德仰慕他的文名，就命他为记录皇帝言行的起居舍人。魏徵虽在窦建德军中历时一年半，但并未起到什么作用，随后，窦建德、王世充被李世民打败，魏徵就又与人一起复投李渊。

魏徵原先招抚李密旧部有功，但被迫入农民军中一年半，再度入唐后就很难被重用。太子李建成听说魏徵既有才华又有才能，就把他找来，给了他一个管理图书经籍的小官，叫作洗马。在这一阶段，魏徵虽有文名，实际上并未发挥多大的作用，只是给李建成提过一个建议，让他带兵去攻打不堪一击的刘黑闼，既可建立军功，又可暗结豪杰，太子听从了他的建议，结果取得了圆满的成功。

不久，李世民发动"玄武门之变"，杀死了哥哥太子李建成、弟弟齐王李元吉，自己当了太子。李世民也知道魏徵既是李建成的心腹，又非等闲人物，就立刻召见了他。责问他说："你为什么挑拨我们兄弟之间的关系呢？"魏徵没有巧言机辩，而是据理回答，不管是否触怒李世民，是否会被李世民杀头，他说："人各为其主。如果太子早听取我的建议，就不会遭到今天的下场了，我忠于李建成，是没有什么错的。管仲不是还射中过齐桓公的带钩吗？"

李世民听他说得既坦率又有理，尤其他举出了管仲射小白的历史故事，自己更不能显得连齐桓公小白重用机人管仲的气度都没有，就赦免了他，并封他做掌管太子文书的管事主簿，至此魏徵结束了他转来跳去更换主人的生涯，开始了他一生真正有价值、有意义的时代。

魏徵曾对唐太宗说："我希望陛下让我做一个良臣，不要让我做一个忠臣。良臣身享美名，君主也得到好声誉，子孙相传，流传千古；忠臣得罪被杀，君主得到的是一个昏庸的恶名，国破家亡，忠臣得到的只是一个空名。"

厚黑认为，魏徵处世高妙之处，就在于他懂得"随风就势，舍小取大"的道理，既使自己赢得了名声，又使君主获得了声誉，还使国家百姓得到了好处，这便是一个厚黑高手的明智之举。

厚黑智慧

一个人要想圆熟处世，就要懂得在实力强大的敌人面前做些妥协和让步，甚至送给对方一些利益，借以保存自己实力。正所谓"随风就势，舍小取大"。

奉承拍马也是一门艺术

厚黑学所讲的阿谀奉承、溜须拍马并不是泛泛而谈的，是有一定的"技术含量"的。平民百姓，要想一步登天，青云直上，位列九公大臣之上，或者想办成大事，必须有一技之长，否则，那就是不可能的事了。其实，奉承拍马也是一门艺术，是人际关系至高无上的“润滑剂”。

人们都知道这样一个常识，就是骑马前需要先拍拍马的屁股，这样马才会温驯地让你骑上去。马尚且如此，更何况在竞争如此激烈的人生之途呢？不会这种方法的人就不可能会事如人愿，在现实生活中，我们反对拍马，批判拍马，同时，一时一刻也离不开拍马，处处都在运用拍马。不懂得拍马技巧，也就等于不懂得成功的诀窍。

一些懂得拍马之术的人，多数仅会一些恭维、献媚之小技，事实上这些都粗浅得很。拍马屁是极讲究手法和拍法的。拍得过火了不行，拍得不是场合也不行；拍轻了，太痒；拍重了，又会让人感觉你没有诚意。能做到无声无息、不露痕迹，让人晕晕乎乎、得意忘形，才算是达到了奉承拍马的最高境界。

对于厚黑之人来说，溜须拍马的目的最终是要“好处”或“给自己办事”。纵观古今中外，有多少志士在人际关系上栽了跟头，他们怀才不遇，郁郁而终；有多少人刚踏入社会就开始变得无所适从，得不到赏识。悲剧的根源，不是拒绝“拍马屁”这门艺术，就是没有真正悟透“逢迎拍马”的真正含义。

人们不应该用“奉承拍马”去害人，但却可以在坎坷的人生道路上找个护身符。不管你愿不愿意拍马，你都是要生活下去的。你在这个世界要想生活得很好，就得学会生存的技巧。而奉承拍马的常识就是一门生活离不开的学问。可能说起奉承拍马这个词好多人都不愿意听，但是，你可知道你在生活中因为不会拍马吃过多少次亏？在物欲横流的时代，你不逢迎拍马，自然会有人去做，而且还会从拍马中得到不少实惠。有些拍马者说：“拍马不要紧，只要主义真。”而不会逢迎拍马者却说：“拍马真可恶，专拍肮脏户。”什么意思呢？拍马者与被拍者都不是好东西。就在被骂者脸红之际，他们已经有了别人得不到的东西。人家可以升官，可以发财，可以丰衣足食，无忧无虑，可以将生活的道路铺得平平的，甚至可能会有“鸡犬升天”的一天。

拍马屁本质上是通过一种颇具处世艺术的语言来实现对方心理上的满足，从而取得与对方心理上的沟通。拍马屁的时候，切忌用官话和套话。赞美贵在自然，是一定场景下的真情流露、有感而发。任何僵硬、虚夸和做作的赞美，都会让人反感。

过去，给上司溜须拍马的人往往被人们当作奸恶小人而唾之，现如今，说起某某人会溜须拍马，就等于夸赞这个人多么多么有能力一样，话虽说没变，意思却发生了翻天覆地的变化。也难怪，俗语道："脸皮薄吃不着，脸皮厚吃个够。"生活中所体验的不无道理。尤其在市场经济大潮的冲击下，人人如下山的猛虎，只有倾尽浑身的解数，方能不被浪涛淹没。多元化的社会必然需要多元化的人才，溜须拍马似乎也成了多元化人才的一种。

人向来就是种虚伪的动物，没有哪个当官的不喜欢被人吹着捧着，从另外一个角度来说，被人吹捧同时也是一种能力的象征，没权力谁理睬你呢？领导高兴了，溜须拍马者也算"事业有成"了。厚黑智慧要想在这个世界生活得很好，就得学会生存技巧，奉承拍马的常识就是一门生活离不开的学问。人们不应该用"奉承拍马"去害人，但却可以在坎坷人生道上找个护身符。人都有束缚自己行为的标准，有人以道德作为标准，心中有一套为人做事的法则，遇到情况的时候，就用这些法则来衡量到底是做或者不做。比如说，有人认为要尊老爱幼，尊老爱幼就是他的内在标准，于是，在公交车里，看见年纪大的人，他就会让座位给人家。这样做是为了保持他内在标准指导下的外在形象，他希望在别人眼中自己是尊老爱幼的。研究厚黑学的人，内在标准只有"厚黑"二字，表现出来的外在形象也只能是脸皮厚、心肠黑。然而，到了进阶阶段，光是脸厚心黑是不够的，要突破这个束缚。有了标准、有了准则，从另一个意义看上去，还是不够厚黑，还是有弱点让别人利用。一个人如果认定了尊老爱幼是他的行为标准，那么他的对手就可以利用这一点，谈判的时候可以伪装成弱小的样子，博取他的同情，从而占据主动。同样，如果认定了厚黑作为自己的准则，也有可以利用的地方，有很多人因为暂时的厚黑行为而吃大亏，就是证明。所以说，厚黑学研究到了一定阶段，要将厚黑的准则和厚黑的形象忘掉，不要让这些原则变成你的规律，这就是无招胜有招的道理，也就是李宗吾说的“厚而硬，黑而亮”。据有关史料记载，宋朝奸臣秦桧曾同他的妻子王氏在东窗之下密谋杀害忠臣岳飞。秦桧死后，王氏叫方士招魂，看见秦桧在阴司受审。秦桧对方士说：“可烦转告夫人，东窗事发矣。”这是一则讽刺奸臣秦桧夫妇的故事，但也说明了厚黑学中的一些道理。秦桧吃里爬外，专干坏事，可以说是厚黑的代表人物。然而，他处处以厚黑为准则，表现出的也是又厚又黑的形象，但终究心虚。如果秦桧的修炼再上一层，到了“厚而硬，黑而亮”的境界，忘记自己的厚黑标准，也忘记自己的厚黑形象，认为厚黑就是道德，不要心虚，那么就不会有“东窗事发”这个成语了。1598年，法国同样发生了一个东窗事发的故事。法国皇帝亨利四世战胜了敌人，开始恢复国家经济和巩固王权，但是却与国内一批达官贵人产生了矛盾。元帅比隆密谋把法国分割为受西班牙保护的若干半独立领地。密谋成员之一拉芬权衡个人利益得失，决定投靠亨利四世而出卖密谋计划，但他没有证据证明比隆的阴谋。一天，比隆当着拉芬的面，写了一封与阴谋有关的信，拉芬灵机一动，连忙说这是一个极其危险的文件，比隆元帅的亲笔原稿不能保留，他提出复制原信，销毁比隆亲笔。比隆同意了，拉芬很快抄写了一份，把原件捏成一团扔进了生着火的壁炉里。’后来，亨利四世逮捕了比隆元帅，由巴黎最高法院判处死刑，证据就是那一封比隆的亲笔原信。原来，比隆当时没有警惕，拉芬将比隆亲笔信捏成团后扔进了火炉后壁和墙壁之间的夹缝里，实际上没有被销毁。比隆到死还不知道拉芬是告密者。拉芬也像秦桧一样吃里爬外，但是他就能将厚黑的内在标准和厚黑的外在形象统统忘记，做着厚黑的事，却是一副道貌岸然的君子形象。这样的人是很可怕的，一眼看上去，他完全为你着想，是典型的好人，可是背地里，一旦厚黑起来，往往让你到死也不相信是他害死你的。厚黑到了这个阶段，才算是有一点小成。光是指着“脸皮厚，心肠黑”害人，只能谋得一时的利益，得不到长久的好处。只有忘记厚黑的准则，将自己打扮成招人喜欢的样子，才能有机会做更厚黑的事。倘若让内在标准与外在形象定格了你这个人的话，也就只能勉强做些小偷小摸的事罢了。

厚黑智慧

进入厚黑的最高境界，就要摒弃内在标准和外在形象的束缚，将厚黑的准则和形象忘记，不要让这些原则变成你的规律，这就是无招胜有招的道理。

把握美德与虚荣的距离

有一天，一位圣人在树下冥思苦想。这时，他的思绪被一位沿途朝他飞奔而来的小伙子打断。“救救我，”那位小伙子哀求道，“有个人说我行窃，他正带领一大帮人追捕我。他们要是抓住我，就会剁掉我的双手。”小伙子爬上那棵树，藏在枝叶中。“请你别告诉他们我躲藏在这里。”小伙子乞求道。这位圣人以圣者犀利的目光洞悉那位年轻人对他讲的都是实话，他并不是一个窃贼。稍过片刻，那群村民赶到了，为首者问：“你看没看见有一个年轻人从这里跑过去？”许多年前，这位圣人曾经发誓永远讲真话。所以，他说他看见过。“他往哪儿跑啦？”为首者问道。这位圣人并不想背叛那位清白无辜的年轻人，可是，他的誓言对他是神圣不可违犯的。他朝树上指了指。那些村民们把小伙子从树上拖下来，剁掉了他的双手。这位圣人临死的时候，面对老天的最后审判，他由于先前对那位不幸的年轻人的行为而遭到了谴责。“可是，”他抗议道，“我已经发过神圣的誓言，只讲真话，我有义务恪守誓言。”“就在那一天，”老天回答道，“你热爱虚荣胜过热爱美德。你将那位无辜的人交给迫害者，不是为了美德，而是为了维护自己作为一个有德行的人爱虚荣的形象。”厚黑学中说，我们对美德的观念通常只不过是一种虚荣心，只不过是试图博得赞赏，或者自以为自己多么“有德行”，这样我们便可能觉得高人一等。所以，在很多情况下，由于这种虚伪的美德夹杂着无知，美德便成了一种枷锁。比如说，在中国古代，女性的贞节是非常重要的。如果生逢乱世，一个女孩被土匪强奸了，回到她所在的村庄后，按照封建规矩，她还要为失贞的行为付出其他的代价，甚至心甘情愿地自杀以示惩罚。还有一种情况，就是女人的丈夫死了，她不会再嫁，而是自己一个人度过余生。为了表彰这种贞节的美德，人们会为她建造一个纪念性的牌楼，叫作贞节牌坊。于是，越来越多的女人为了这个象征性的牌坊，而在自己有生的日子里苦苦煎熬。厚黑学让我们放弃这种观念。所以李宗吾说，那些讲究美德的道学先生，其实就是厚黑学之贼，他们满口的仁义道德，希望别人看到他们高尚的样子，正是这样，他们看起来的高尚也就不高尚了。因此，学习厚黑学、研究厚黑学，就必须把脸拉下来，像曹操那样，叫嚣着“宁教我负天下人，不教天下人负我”。虚荣心不是不可以有，而是要小心地控制它的范围，不要让它的触角妨碍我们走向成功；美德也不是不可以讲，但是不能让讲美德阻止我们心中目标的实现。一次，美国某公司出售旧设备，标价20万美元。在竞争的几位买方之中，一位愿出18万美元，并当场付10%的订金。卖主没想到好事这么容易就来了，便同意不再与其他买主商谈。几天后，买方来人，说当时出价太高，由于合伙人不同意，还有其他原因，难以成交。如果能降到10万美元，可以再做商量。由于卖方辞掉了别的买主，只好与之继续谈判。经过一番讨价还价，最后以买主预计的12万美元成交，而当初有人出14万美元，卖主还不愿出手呢。很明显，买方是不讲美德的，说谎骗人显然不是一种讲美德的方式，但是，他们却拿到了理想中的价格。很多人都有这样的经历：到可以讲价的市场买东西，但是却懒得讨价还价，卖主出多少价格，就给他多少钱。可是等到拿了东西一转身离开，卖主就会和别人说：看吧，我碰到了一个傻瓜，赚了他好多钱。就这样，我们用自己的美德成就了别人的虚荣。

厚黑智慧

我们不要计较到底是说谎还是守信，世界上本来就没有好坏，只有胜败，无论如何，取胜都是唯一的目标，而不是怎样活着给别人看。

真小人远比伪君子可爱

印度有一位神父住在一个娼妓的街对面。每天，他走进屋做祈祷和潜心修行的时候，都看见男人们从那个娼妓的屋子里进进出出，他也瞧见那个女人亲自迎来送往。每天，那位神父总要想象在那个妓女房间里发生的可耻行径，他的心中对那个女人伤风败俗的行为总是充满强烈的反感。每天，那个娼妓都看见那位神父在修行练道。她总想如果自己这么纯真无邪，把时光花在祈祷和修行上，该有多好啊。“可是，”她叹息道，“我天生就是做妓女的命。我的母亲是个妓女，我的女儿也将是个妓女，这个世道就是这么回事。”神父和娼妓在同一天去世，他们两人一块儿面对老天的最后审判。令神父深感吃惊的是，他因为自己的邪念而遭到了谴责。“可是，”他不服气地争辩道，“我的一生是清白的。我把自己的白昼都用来祈祷和修行。”“不错，”审判者说，“但是，当你的躯体在修行养性时，你的心却在作邪恶的判断，你的灵魂已经被你好色的想象玷污了。”与此相反，娼妓由于自己的纯洁而受到了褒赞。“我不明白，”她说道，“在我的一生中，我向每一位出了钱的男人出卖我的肉体。”“你生活的处境把你置身于妓院之中，你出生在那里，你的力量使你无法从事别的职业。不过，当你的身躯在进行卑鄙的行为时，你的心灵总是纯洁的，而且一直在默默地思索着那位圣人祈祷与修行是纯真无邪的。”看完这个故事，有一个道理我们不得不承认：在这个世界上，本来就没有小人与君子的区别，要是有，也是不同的人有着不同的看法。一个人，任他再怎样坏，也有人欣赏他，他也会有几个好朋友；反之，一个人任他再怎样好，也会有人憎恨他，他也会有一些仇人。因此，单纯地用君子与小人这样的词来衡量每一个人，是片面的，也是不理智的。这正如神父与娼妓最后的结果一样，一心向善的人可能满肚子都是龌龊的想法，而放荡不羁的人却可能是酒肉穿肠过的“真佛”。厚黑学研究到了一定的阶段，就是要求我们不再想着自己将成为一个什么样的人，也不要刻意模仿某人，要脱离模版化的生活，就做自己，我就是自己，我就是与众不同的。戴安娜就是这么一个敢于做自己的人。戴安娜的丈夫查尔斯是剑桥大学毕业生，对他来说，没有什么比安安静静坐下来，读一本充满睿智的心理学或历史学书籍更享受的事了；而戴安娜却是个连补考都不及格的高中辍学生。查尔斯特别热衷马上活动，夏天马球，冬天狩猎，每星期三到四次，从不间断；戴安娜10岁那年在桑君汉公园骑马摔断胳膊，一朝被蛇咬，十年怕井绳，从此不好此道。查尔斯爱听歌剧，戴安娜迷恋芭蕾；查尔斯痛恨的流行音乐是戴安娜的嗜好；戴安娜擅长的网球，查尔斯从来不玩。查尔斯喜静，他可以拿着一小盒水彩颜料和速写本子画上几小时，或者坐在河岸垂钓一整天；戴安娜好动，她愿意与人接触，与人交谈，特别是与家人和朋友打电话，电话简直就是她的生命。按理说，处于戴安娜这样的位置，应该要照顾查尔斯的生活，要给公众一个良好的形象，避免家族遭受媒体的嘲笑，可是，戴安娜并不想因为这些而改变自己，她依旧我行我素，不管别人怎样议论她。从这一点看，戴安娜具备研究厚黑学的素质，敢于做自己，无论在别人眼中是小人还是君子。1986年的夏末，在伦敦西区高等住宅区梅菲尔的一幢豪华别墅中，名流云集，觥筹交错。晚宴主人向储妃戴安娜引见王室近卫骑兵队的詹姆斯·希维特上尉，从而开始了持续三年的爱情。随着戴安娜爱情的到来，她和查尔斯的感情也走到了尽头。他们的离婚协议在1996年8月28日生效。戴安娜的新角色史无前例，因为英国从没发生过太子离婚的事情。戴安娜就是这样的一个人，勇敢地追求自己的爱情，也勇敢地舍弃自己不幸福的婚姻，但对于王室来说，这显然是叛逆的行为。戴安娜的自我个性不仅体现在对爱情的尊重，还体现在她的穿着打扮上。素来以保守著称的英国王室，要求王室成员的生活细节都要服从王室的规矩。然而，戴安娜并没有按照规矩做，她不仅有雍容华贵的衣服，也有很多别致新颖的衣服，衣服颜色也是五光十色的，她俨然像一个国际名模出现在时尚杂志上。戴安娜赢得近乎神奇的地位，成了人民心中的“平民王妃”。这也说明了一点，戴安娜对于王室来说，是一个叛逆的形象。戴安娜的自我个性却是真实的，尽管与保守、传统的英国王室形成了一个截然相反的形象，却得到了很多人的理解与支持。

厚黑学就是要求你模糊小人与君子的界限，就做自己，不管别人的评价。尽管可能有很多人不喜欢你，但最少，你自己是喜欢自己的。只有这样，才能在厚黑的道路上走得更远，才能取得更大的成功。

厚黑智慧

研究厚黑学到了一定阶段，我们就要淡化小人与君子的界限，也不要刻意模仿某人，要脱离模版化的生活，就做自己，因为真小人比伪君子可爱多了。

玩转厚黑，君子立世

在世人的眼中，一滴水看起来是微不足道的，然而一滴水在其漫长岁月里简单地重复一个动作，就产生了滴水穿石的效果。人们常说温柔如水，可无穷无尽的水能构成一道势不可挡的力量，穿越万水千山，滚滚浩荡东流而去；人们又说柔情似水，而水里却蕴藏着巨大的能量，比如那宏伟壮观的三峡大坝。

经营莫险乎薄，莫危乎白。厚者，经商之大本；黑者，竞争之达道，不薄之谓厚，不白之谓黑，厚者天下之厚脸皮，黑者天下之黑心子。厚黑之道，本诸身，征诸众人，考诸三王而不谬，建诸天地而不悖，质诸鬼神而无疑，百世以俟圣人而不惑。

在商场游戏中，怎样在遇到危险时眼明手快，溜之大吉？怎样在机会来临时，一鼓作气，大赚一笔？不管你是行家还是新手，厚黑功夫都是必不可少的。

将一粒种子撒播在地里，如果没有阳光和水的话，也许过不了多久它就会腐烂在泥土里，根本不可能生根发芽。但是，只要它能生根发芽，就立马会悄无声息地惊天动地。竹笋能力顶压在身上的顽石生长，树根能使石缝裂开让其扎根生长。这就是顽强而又伟大的生命，这就是看似柔弱实则伟大的生命力量。

如果我们能够在日常生活中每时每刻做到方圆得法，那么我们又怎么能不飞黄腾达？

“玩转方圆，君子立世”是为人之良药，处世之灵丹！

在交际场合中，要想达到外圆内方的境界，那么你必须用“求同存异”这个原则。如果只谈和人相同之处，而不去坚持自己的独特之处，那就会失去自我。周恩来总理在万隆会议上看到许多国家的领导人对新中国所持的态度不太友好的时候，就在发言中说，我们不是来吵架的，我们是求同存异来的。会后，许多国家的领导人都到中国使团住处来拜访，表达了友好的意思。

刚刚成立的中华人民共和国就是从那时开始逐步和世界各国建立起了外交关系。

交际需要交谈阔论，畅所欲言，以传其情，达其意，抒其志，明其志，起到沟通、交流之效，从而协调、融洽在交际圈的关系。但有时也会遇到令人尴尬的局面。

在和人打交道，交朋友的时候，就需要设身处地的为他人着想，了解他人、理解他人的痛苦和需要。要与人为善，宽容大度。要配合默契，热情有度，要真心待人，以此来赢得大家的信任、尊重和友谊，从而获得更多的朋友。

人的心理是很难用法则去规范的。但人心总是有某些共通之处的，因此为人处世也有大致的法则可以遵循。能够体会这些法则的人，便是洞悉人情世故奥妙的聪明人。有这样一个故事：

有一天，一位正在做礼拜的教士，突然间烟瘾发作，便问他的上司："我祈祷时可以抽烟吗？"结果遭到了上司的拒绝和呵斥。后来，另一位教士在祈祷时也来了烟瘾，他却用另一种方式问他的上司："我吸烟时可以祈祷吗？"上司竟笑了笑，答应了他的要求。

为人立世就是如此简单而复杂，有圆无方则不立，有方无圆则滞泥。因此，亦方亦圆，方中有圆，圆内容方，能屈能伸，进退自如才成为千百年来备受中国人尊崇的处世哲学。

为人内心要圆，外表要方。办事要讲原则，讲立场。但未必就是见到不好的事情就要说，听到不合理的事情就要讲。不讲究方式方法，其结果往往是不仅解决不了问题，也容易在不经意间伤害了自己。其实，只要能做到凡事使内心走的圆，清净明志，心胸坦荡，淡泊名利，那么，在非原则性的问题上就大可不必直来直去，一定要弄个非黑即白，情绪激昂。这样既可以在大事面前不糊涂，做事规矩，又可以在小事方面讲讲风格，模糊界限。最终该坚持的就坚持，该放弃的就放弃，该糊涂的就糊涂，该清晰的就清晰，这样才能做到方圆得当，大智若愚，保存好自己的方圆处事。

用人要圆，识人要方。意思是说，在识别人才时，要任人唯贤，举贤不避亲仇。只要符合任用标准，无论地北天南，无论亲疏远近，一律任用。在使用人才时要不拘一格，要克服偏见，要看品质，看主流，看潜力，看大的发展方向，不能求全责备。要允许别人美中不足，个性异同。那么，这需要选人、用人者有着一定的胸襟和谋略，较高的智慧和境界，一定的能力和威望，以及率先垂范、令人信服的人格力量。要能够做到方中求同，圆中求异。大家共同努力，用最小的内耗，去寻求最大的工作效率。所以，太"圆"会失去原则，太"方"会超越标准。只有人人宽以待人处事，才能方圆互映、相得益彰。

厚黑智慧

“玩转方圆，君子立世”既是一种待人接物的态度，也是一种高尚的道德品质，它可以化解人与人之间的很多矛盾，可以增强人与人之间的友好情感，可以让我们的事业顺顺利利地发展下去。与此同时，如果养成“玩转方圆，君子立世”的优良品德，就能在同别人相处时，严格要求自己，宽恕善待他人，自己的思想境界也会得到不断的提高，让自己逐渐成为一个道德高尚的人。

找到最适合自己的人生之道

古人的智慧真是无穷无尽，特别是“大丈夫有所为，有所不为”这句话，哲理颇深。小到做事、做人、经营企业，大到经营国家，莫不如此。

“有所为，有所不为”实质就是说，我们要找到最适合自己的方圆之道。

鲁迅先生曾经说：即便是那些资质平平的人，只要花十年的功夫做一项事，也会成为专家。设想如果真有这样一个人，专心做这样一件事，朋友叫喝闲酒，为了面子，去了；同学叫搓麻将，盛情难却，去了；同事邀请打牌，为了关系，又去了。如此地三来两往，虽然弟兄们的感情是维护住了，但是要做的事情，恐怕二十年也做不好。

做人要“讲究有所为，有所不为”。古往今来，有以忠名留青史者，如伯夷、叔齐；有以智佐定天下者，如韩信；有以义折服世人者，如豫让；有以贤开创伟业者，如诸葛亮。皆有所为，有所不为，如伯夷叔齐不食周粟，付出了生命的代价。正是由于他们的有所不为，所以才成就了一番大作为。

有这样一个故事：一只狮子老了，经常感到自己觅食越来越吃力，决心改变方式，运用计谋取食。于是它整天躺在洞里装病，故意大声呻吟着，让野兽们听见。于是，百兽前来探望它，走进洞中的都成了狮子的腹中餐，来一个吃一个。后来有一只狐狸识破了狮子的阴谋，它来探望狮子时，远远地站在洞口，说什么也不肯靠近。狮子便装作和善的样子，劝狐狸进洞和它聊聊天。狐狸拒绝了狮子的要求，它说："谢谢你的好意，我看我就不必了，因为我很为自己担心。看到地上的一切我就明白了，这里有许多走进你洞里的脚印，可怕的是，却没有走出来的脚印。"

在这个寓言故事里面，动物们都一个接一个地到狮子那里去送死，这种亦步亦趋地跟从，正是它们灭亡的主要原因。相反，细心的狐狸，观察了前者留下的脚印，有了前车之鉴，狐狸立即紧急刹车，知道什么是有所为，有所不为，很聪明地保全了自己。

海尔集团是最受国人推崇的成功企业之一，比如砸冰箱事件，宁肯将价格不菲的几十台冰箱全部砸烂，也不要流入客户手中，这种气魄，有几人能真正做到。再看看国内外的成功企业，无论是市场扩张战略，还是产品质量保证，核心经营范围，都是有所为，有所不为。

有所为和有所不为，看似简单的一句话，但却能给人带来无尽的思索。有时，它是一种执着的精神；有时，它是一种坚定的信念；有时，它是一种庄严的承诺；有时，它是一种成功的智慧。真该想一想，在自己的生活、事业，理想、追求中，哪些应有所为有所不为。

作为生命禅院，也必须有着一定的有所为，有所不为，生命禅院是人类精神和心灵的家园，在精神和心灵领域我们当有所为，但在政治、行政、市场、体制等方面我们有所不为，我们也不能把好事占尽，总得留出一大片领域让他人自由往来，各领风骚。

大禹治水，不是去堵塞，而是疏通，一座水库，必须要有溢洪道，才能保持大坝长治久安。要成为一名贤士，即要有所为，也要有所不为。

春秋时，齐国大夫崔杼杀死了齐庄公，太史毫不隐讳，据实情在简策上直书"崔杼弑（杀）齐君。"崔杼恼羞成怒，便把太史杀掉了。太史的弟弟接着仍这样写，又被杀掉。太史的另一个弟弟仍然坚持不改，崔杼无可奈何，只好听其所为。另一位史官南史氏听说太史兄弟相继被杀，毫不畏惧，操起竹简赶往朝廷，要继续如实记载这件事情。在途中听说崔杼弑君之事已被如实记载，才返回家中。

齐太史兄弟不畏强权，把生死置之度外，为真理而亡，成为一代典范。

有一个从德国回来的留学生，午夜时分站在大连的一个路口，这个时候的车辆已经很少了。其他行人都没有等红灯，一贯穿过马路。只有他等到绿灯亮了才过马路。别人都不理解，两面已经没有车辆，你为何不过去呢？他说，红绿灯是一种规矩，规矩是人定的，人就必须要遵守，假如人不遵守规矩，那么所定的规矩就没有什么意义了。

厚黑智慧

在我们生活的这个社会中，规矩处处都存在着，公共场所、学校里、游戏中、比赛中……虽然这些规则多，但必须遵守。遵守规则，是一个人品行美德的根基。

借别人的力量

立身要高于人，处世要知道退让。世人多半为追求名利而奔忙，具有真知灼见者，则能保持超然的态度，以行道为己任。如果想免去世俗的污染，见识就要高过别人。

处世不可任己意，要悉人之情；处事不可任己见，要悉事之理。

对失意人莫谈得意事，处得意日莫忘失意时。

人有喜庆，不要有嫉妒之心；人有祸患，不要存侥幸心。

人有德于我，不可忘也；我有德于人，不可不忘也。

己温思人之寒，己安思人之难。

君子不受命运的捉弄。一个知道天命的人，绝不会站在危险的墙边。如果墙倒塌而被压死，那是自己思虑不周而导致的，不能归咎于天命！君子安贫乐道，对顺境逆境、满缺盛衰处之泰然，上天对于这种乐观的人，根本无从摆弄，这就是所谓的“安心立命”！

处世让一分为高，退步即进步；待人宽一分是福，利人实利己。

现代社会经济迅速发展，各行业各部门之间的竞争非常残酷。单靠一个人的能力是很难取得事业成功的。因此，必须借用别人的力量，才能取得事业的成就和创造灿烂的人生。

2000年，美国福布斯杂志评出的50位中国富豪中，其中第24名的张果喜，就是善于借别人的力量为自己办事的高手。

张果喜素有“巧手大亨”之称，他看准了佛龛在日本市场的潜力，就召集公司员工进行分析、达成共识，使产品在日本市场一炮走红，成为日本佛龛市场的老大哥。

公司为了经营的需要，在日本委托了代理销售商，但一些富有眼光的日本商人看到经营这种佛龛有大利可图，为了赚到更多的钱。就想绕过代理商这一关，直接从果喜实业集团公司进货。

张果喜仔细地考虑了这件事情。

从眼前利益来讲，从厂方直接订货，就减少了许多中间环节，有利于厂方的销售，然而却破坏了与代理商之间的关系，同时佛龛在韩国和中国台湾地区也有相当大的生产能力，代理商如果背向自己，与韩国或中国台湾地区生产厂家挂钩，岂不影响本公司的利益吗？

张果喜果断地回绝了那些要求直接订货的日本朋友，并把情况转告给代理商，向代理商表示，公司在日本的业务全部由代理商代理，公司不会通过其他渠道向日本出口佛龛。

代理商听后，很受感动，在佛龛的推销和宣传方面下了很大的功夫，并在日本市场打出了“天下木雕第一家”的金字招牌，从而使张果喜公司的佛龛在日本市场上站稳了脚跟。

一个人，纵然是天才，也不是全能的。尼采鼓吹自己万能，结果发疯而死。所以一个人要想完成自己的事业，就必须要利用自己的才智，借助他人的能力和才干。这就要求在事业的征途中，恰当地选择人才。

王石是万科公司的董事长兼总经理，也是一位善借他人之力的智者。他在经营万科的过程中，多次向社会招聘贤才。

L君原是万科公司的一名职员，可不知什么原因，忽然不辞而别，被聘到一家酒店做业务经理。

王石在公司与L君一起工作的时候，发觉L君很有才干，且上下左右的关系也处理得非常融洽，这样挥手而去，很是可惜。而且自己在有些方面的不足，L君又恰恰有这些方面的长处，两人取长补短，不是更好吗？

于是王石左思右想，花了很大力气，终于说服了L君重新加入了万科公司，而且当年在L君的配合下，齐心协力，为公司赚了几百万元，使得公司营业额超过两亿多元，在深圳五家上市公司中名列第二。

万科成功的奥秘当然不只是借用人才之力一个原因，但是善于借用人才之力，显然是其第一重要因素。

现代社会已经进入了信息时代，掌握了信息，就等于掌握了市场、掌握了主动。信息的闭塞，就可能使人贻误战机、遗憾终生。

广泛地结交朋友，借助他人获取自己所需的信息，也是取得事业成功的重要手段。

陕西省某市，为了促进当地经济发展，特意每月举行一次厂长经理交流会，在交流会上，各厂长经理相互探讨交流企业的管理经验，研究学习科学的管理方法，相互学习企业的经营之道，同类企业慢慢形成集团式公司，在集团公司内又相互交流信息，帮助打开市场，结果在一年内，全市工业生产值猛增，工业利税是往年的两倍多。

在现代社会，借力这种手段已被政治、经济、文化以及外交等领域广泛运用，而且大有日趋扩展之势。对于人际交往，它不失为一种提高自身形象，扩大自己影响的策略和技巧。被社会承认，是人的正当追求，对社会进步也有积极意义，而借助名人提高自己的社会知名度，就是被社会承认的方式之一。

名记者吴小莉之所以成名，与她善于走在领袖身边有直接的关系。

许多人都记得，1998年3月19日，在“两会”期间的记者招待会上，朱镕基总理首开先河地点到了吴小莉的名字："你们照顾一下凤凰卫视台的吴小莉小姐好不好，我非常喜欢她的广播。""两会"期间的轶事，使吴小莉顿时成为传媒界引人注目的明星，也是她的提问，使朱总理留下了激昂的宣言："不管前面是地雷阵还是万丈深渊，我都会勇往直前、义无反顾、鞠躬尽瘁、死而后已。"随着吴小莉知名度的提高，吴小莉主持的节目《小莉看时事》也成为凤凰卫视台的名牌节目。内地的传媒朋友对吴小莉说："在中国电视圈里，只有文艺类主持人容易成名，很少新闻类主持人成为明星，你算是特例。"中央电视台的一位朋友也笑着说："小莉，你不知道你对中国内地电视新闻从业人员的冲击有多大，许多人加快了语速，剪短了头发。"

借别人的力量为自己办事的最好方法是感情投资与真诚合作。

其实当我们面对纷至沓来的各种压力时，就要学习一下雪松的精神。当大雪来临时，不一会儿，树上就落了厚厚的一层雪。不过当雪积到一定程度，雪松那富有弹性的枝条就会向下弯曲，直到雪从枝上滑落。这样反复地积，反复地弯，反复地落，雪松完好无损。可其他的树，因为没有这个本领，树枝被压断了。

厚黑智慧

对于外界的压力我们要尽可能地去承受，在受不了的时候，学会弯曲一下，像雪松一样让一步，这样就不会被压垮。确实，弯曲不是倒下，也不是毁灭。它不仅仅是一种生存方式，更是人生的一门艺术。

秉持坚忍不拔的精神

身为现代人应把握自己的时机，不贸然行动。及时把握时机则能由弱变强，由小变大。反之，非要以弱逞强，会输得一塌糊涂。历来成功地从政者都知道“忍”字是传家宝，能忍者方能伺机待时，等到自己有足够的力量和对手抗争的时候再猛地反击，必能一战而胜。

日本国人讲一个“忍”字，是要培养自己刚强的毅力和坚韧的耐力。能忍得旁人所难以忍受的东西，才能使自己能屈能伸，不断地积蓄力量，增加忍耐力与判断力，这样才会为将来事业的成功积累资本。宋代苏洵曾经说过：“一忍可以制百辱，一静可以制百动。”可以说是“忍小谋大”的策略。诸葛亮对孟获七擒七纵，一忍再忍，最终以自己的忍让制服了他们，保住了国家的安宁与和平。

孟获是三国时期南方少数民族的首领，率兵反叛，诸葛亮奉命来平定。当诸葛亮听说孟获不但作战勇敢，而且在南中各个地区的部族人民中很有威望，如果把他争取过来，就会使蜀国有一个安定的大后方。于是，下令要活捉孟获，不许伤害。当蜀军和孟获的部队初次交战的时候，诸葛亮故意退败，引孟获追赶。孟获仗着自己人多，只顾着向前冲，结果中了蜀军的埋伏，大败，自己也做了俘虏。当蜀军押着五花大绑的孟获回营时，孟获以为这次必定死定了，刁钻使横，破口大骂。谁知一进蜀军大营，诸葛亮不但叫人给他松绑，还陪他参观蜀军营寨，好言劝他归降。孟获野性难驯，不但不服气，反倨傲无礼，说诸葛亮使诈。诸葛亮毫不气恼，就把他放了回去，二人约定再战。

孟获回去以后，重整旗鼓，又一次气势汹汹地进攻蜀军，结果又被俘了。诸葛亮劝降不成，又一次把孟获送出大营。孟获还是那个犟脾气，回去又率人来攻并同时改变进攻策略，或坚守渡口，或退守山地。但不管他怎样，都摆脱不了诸葛亮的控制。一次又一次遭擒，一次又一次被放。到了第七次被擒，诸葛亮还要再放，孟获却不肯走了，他含着泪说：“丞相对我孟获七擒七纵，可以说是仁至义尽，我打心眼里佩服，从今以后，我绝不再提反叛之事。”

孟获回去以后，说服各个叛乱部落让他们投降，南中地区重新归属蜀汉控制。自此，蜀国的大后方变得稳定，南方各族人民也得以休养生息，安居乐业。

常言道，事不过三。忍让一次两次都可以，再三再四就会按捺不住。可是诸葛亮为了自己后方的稳定而对孟获捉了放、放了捉，忍着自己的性子，并没有因为孟获的行为而放弃。诸葛亮这样做，就是想以德服人，使孟获心悦诚服，决心不再叛乱。这就能够使自己获得一个稳固安定的大后方，使国内人民免受战争之苦，同时也能逐渐积蓄力量以对付魏、吴的觊觎和侵略。如果诸葛亮对孟获的傲慢失礼和不识时务无法忍耐，抓住以后必是把他杀死，那只能出一时的气，却会激起其他族人的敌愤。所以忍与不忍的区别在于，不忍只会发眼前之气，忍却有长远利益的回报。

厚黑智慧

生活中离不开忍，英雄等待出头之日，而要忍，别人打你耳光需要忍，甚至连夫妻生活也需要忍。

忍中具有道德、智能，忍中具有真善美。在忍中不觉得苦，不觉得累。所以，忍是一个人生存的第一能力，能屈能伸方为大丈夫本色！生活中，我们都需要忍，都要学会忍。

那么，怎样去忍呢？答案就是学会弯曲地做人艺术。山路十八弯，水路十八盘，人生之路也必定充满了荆棘坎坷，这就决定了我们在人生旅途上不仅要有挑战困难的决心，更应具有一颗学会弯曲的心。

左手厚黑克服人性弱点

孔子曰，“尺蠖之屈，以求伸也；龙蛇之蛰，以存身也”（《易系辞》）。宋朝朱熹更认为“屈伸消长”是“万古不易之理”，他提出，在时机未到之时，要“退自循养，与时皆晦”，要学会“遵养时晦”，要静待时机，待机而动，卷土重来，方可成就大业。

人不是神，不可能什么都行、事事皆通，就是会七十二变的孙悟空也难逃如来佛的五指山，人总有其局限性，何况幸运之神也不会永远跟着你。所以，一个人顺利时应扬长避短，能伸能屈，有所为而有所不为；低潮、困难、逆境、失败、倒霉落难时应收起锋芒，委曲求全，韬光养晦，等待机会，用不变应万变，以图东山再起，千万不可急躁妄为。也就是说凡人欲成其事，只有先屈方能后伸，就和出手打人那样，你必须先向后弯曲手臂才能伸手打得出去。屈是为了伸，以屈求伸，以退为进，也是很好的策略。

我们常说“好汉不吃眼前亏”，其实应该是“好汉要吃眼前亏”，眼前小亏不吃可能要吃更大的亏，古人说“小不忍则乱大谋”，假如是面对亡命之徒顶在腰间的利刃枪口向你要钱包，除非你不要命，否则破财消灾吃点小亏委曲求全是最好的选择。如果一味强调“伸”，有的时候就会连生命都保不住，还有什么资格和本钱来谈事业、理想和未来？试想，当年韩信面对一帮恶徒，如果不愿委屈自己甘受胯下之辱，一顿拳脚，打不死他也可能只会剩下半条命，哪来日后的统领雄兵，叱咤风云？春秋时期，越王勾践兵败被俘，他忍辱求生，甘心为奴“身执于戈为吴王洗马”，甚至亲口尝粪，如果不这样怎么可能得到吴王夫差的同情而被释放回国，卧薪尝胆，最后起兵杀死夫差报仇雪恨呢？每个人都有自己的人生目标和理想，为达到这些目标、取得更大的利益，面对野蛮霸道，强权政治，甘受寂寞，甘受白眼，甚至甘愿被社会和亲人误解，都是应该也是值得的，自己的人格并没有丧失，而是在更高层次上显示你的人格力量，更重要的是今天你甘愿忍受某些人不公平的对待，明天你必定会受到更多人的尊重和敬仰，尽可能委屈自己是为了最大限度地成长自己和发展自己。

南宋时期，岳飞的部将董先奉命去迎击南侵的金兵。金兵有上万人，而岳家却只有几千人。怎样以寡敌众，以少胜多呢？董先忽然想出一个绝妙的计策。

他首先纵兵深入，但一和金兵交战就全身而退，一日退百里，连退三日，手下的兵士越退越少。有些部将极不满意，说与其现在接连退却，还不如死在战场上。一直到第三天，董先眼看大家的愤慨之情都已被激发起来，这才对大家说到拼死作战的时候了。于是，全军上下齐心协力，一鼓作气打反击，压迫敌人步步后退。当溃不成军的金兵退到唐州的牛蹄、白石二地的时候，正想放下兵器吃饭，谁知董先两天前纵兵深入时埋伏在此的军队猛然地杀了出来，大败金军。这又是个以退为进，以忍为攻的典型例证。

张良曾给刘邦筹划过许多关系大业成败的重要谋略，在这当中以弱制强、刚柔并用的例子颇多。例如：当秦军主力与项羽会战之时，刘邦决定由南阳入武关攻秦，张良反对硬拼，劝刘邦以重金招降秦将贾竖。而当贾竖同意投降时，张良又恐士卒不从，乘敌懈怠之机，一举破之。结果直下咸阳，擒秦王子婴。到了后来楚汉相争，汉弱楚强，张良劝刘邦处处退让，以柔制刚，不但避开了鸿门宴的生命危险，而且从这里还夺取了汉中、巴蜀之地。紧接着，又火烧栈道，使项羽屡屡上当。刘邦转弱为强，终于以布衣取天下。张良的高明谋略，据说来自黄石公所授的三略。三略并不是一味只讲以弱制强，而强调刚柔强弱都要得当，从而做到“柔有所设，刚有所施，弱有所用，强有所加。兼此四者，而制其宜。”

一个人的理想性格最佳状态就是要能够做到刚柔并济，然而要想做到刚柔适度确实不是一件容易的事情，而在为人处世上要立于不败之地，又必须学会能刚且柔。

“牙齿没了，舌头还在”是因为舌头的软所以存在，而由于牙齿的硬所以没有了。是啊，“柔”的东西反而能够生存，而“刚”的东西却易夭折。在狂风来临的时候，“柔弱”的小草俯首帖耳得以生存，而“刚强”的大树负隅抵抗终遭摧残。“柔亦是刚，刚亦是柔”，“物过刚易折”。因此一时的“柔”就是为了以后的“刚”。“亦柔亦刚”也就如同“大丈夫能屈能伸”。自然界中的水，有一种神秘的力量。柔时平平静静，“静水深流”，很自然安详；刚的时候翻江倒海，滚滚巨浪，好像拥有摧毁一切的能力。“柔不是不刚，刚不是不柔”。

我们大家都知道“勾践灭吴”这个历史故事。在越王勾践失败以后，到吴国做奴仆，吴王夫差故意在众人面前冷嘲热讽：“越王勾践是我的马夫。”勾践俯首帖耳装作未闻。吴王病，勾践还亲自尝吴王的大便，说辨屎味得知大王病马上就好。吴王特别感动，待病好就放勾践回国。于是勾践卧薪尝胆整治军队，终于灭掉吴国。勾践品德高尚，性格柔软，该柔则柔，该刚则刚，因此传为千古美谈。

在当今社会，学会尊重别人，是人们常常强调的，然而，人与人之间的确需要做到互相尊重，对于可以称为“刚”与“刚”之间的尊重。

在传统观念上，武将都可称得上是刚强的男子汉，大丈夫，似乎与“柔”根本不沾边。有的人讲“柔能克刚”。其实所有的这些都是片面的，只能说明一个方面。诸葛亮曾说：“善将者，其刚不可折，其柔不可卷。”说得极为确切，一员将领，该刚时要坚强无比；该柔时，可以委曲求全。要依据其自身的需要灵活地做到该刚则刚、该柔则柔，面对困境应付自如。诸葛亮的结论是：“不柔不刚，合道之常。”确实很有见地，是符合辩证法的真知灼见。

厚黑智慧

要想真正做到刚柔适度是很不容易的，要做到善于审时度势，恰当应对。可是，一员良将，甚至一个普通人，为人处世，要想立于不败之地，就一定要学会需柔时则柔，需刚时即刚。

“厚黑”让人避免感情用事

李宗吾的“厚黑学”，侧重在中国文化心理下的为人处世之道，详细分析了各种为人技巧和处理经验，对当下处在激烈竞争社会现实环境中的人去适应复杂多变的人际关系和调整心态有一定参考价值。

晏婴，又称为晏子，字平仲，春秋时齐国夷维（山东高密）人。生年不详，卒于公元前500年。历任灵公、庄公、景公三世，是继管仲之后，齐国的名相，还是我国古代杰出的政治家和外交家。春秋时期，诸侯并起，风云变幻。晏婴头脑机敏，能言善辩，勇义笃礼。他内辅国政，屡谏齐王，竭心尽力拯救处于内忧外患之中的齐国。在对外斗争中，他不仅富有灵活性，同时还始终坚持原则性，出使不受辱，捍卫了齐国的国格和国威。在出使之时，晏婴将刚柔并济的处事之道发挥得淋漓尽致，从而将出使的任务一次次地以胜利而告终。

有一次，晏婴奉齐王之命出使楚国。楚灵王听说晏婴要来，便对大臣们说："晏子是齐国能言善辩的大臣，名气极大，然而却是个矮子，我要当面羞辱他一番，让他领教一下我们楚国的厉害。"于是，楚灵王命人连夜在城门旁开了一个5尺来高的小门，吩咐守城的士兵，等到齐国的使臣来到城门口的时候，就把大门给关上，让他们从旁边的小门进城。

到了第二天的清晨，晏婴一行来到了楚国的城门下，看到城门紧闭，便把车停了下来，派人去叫门。一个守城士兵说："听说齐使身材矮小，可从城边的小门入城，故而未开大门。"晏婴淡淡一笑，用手指着那个小门大声说道："出使狗国的人才从狗门进去。如今我出使楚国，不应该从这个门进去吧？"楚国的礼宾官见势不妙，无奈之下只好改道，把晏婴一行人从大门送进了城内。

当晏婴到宫中拜见楚灵王时，楚灵王瞥了晏婴一眼，用一种傲慢的神情说道："怎么，齐国难道没有人了吗，怎么派你做使者？"晏婴答道："齐国的居民众多，人们张开袖子便成了阴天，大家抹把汗一挥，就像下雨一般，街上人们肩挨肩脚碰脚走路，怎么能说没有人呢？"听了晏婴的话，楚灵王又问道："既然是这样，齐景王为什么要派你这样的人来楚国呢？"晏婴回答说："齐命使，各有所主。贤者使贤王，不肖者使不肖王。晏婴不肖，故而出使楚国。"楚灵王听了，顿时感到说不出的尴尬，本想发作一番，可是又知道是自己理亏，只好以礼热情地款待了晏婴一行人。

如何去做人，对其本身就是一门艺术，甚至可称得上是用毕生精力也未必能够看透的特殊艺术。每个人生活在现实社会中，必然会与别人或别的群体有着千丝万缕密不可分的联系。所以，在这个过程当中，我们应该如何去做才能算得上是一个受欢迎、受尊敬的人呢？

这是我们每一个人都在积极思考的问题。要想让自己的一言一行、一举一动、一颦一笑在夫妻之间、朋友之间、同事之间乃至对手之间，留下一个美好的印象、一个美好的回忆，招众人的喜欢，给人带来愉悦，这实在是一门很难掌握的学问。这就更需要我们在为人处世的过程当中做到该刚则刚，该柔则柔。

维克多·雨果是法国19世纪的文学大师，他曾经说过这样一句话："世界上最宽阔的是海洋，比海洋宽阔的是天空，比天空更宽阔的是人的胸怀。"然而在当今这个张扬个性的社会，又有多少自视甚高的莘莘学子具有这种精神呢？也许，我们学会的应该是审视自我，接受的应该是批评，拥有的应该是忍耐与包容。

厚黑智慧

在如今的现代生活中充满了智慧的争斗，面对社会压力，我们不要一味地强硬，当然也不要一味地退缩，我们要用自己的人生智慧去争取，在缝隙中寻找到属于自己的人生，要方圆兼修，能屈能伸，也要适度地接受委屈，还要慢慢地争取，这样的做法看似柔软却有着绵长坚定的力量。

就像老子所言：水柔弱而胜万物。你如果一味地冒进，要么到最后你有可能被摔得头破血流，而且还会使许多的亲人陪着你受伤；要么到最后可能你什么也坚守不住，就败了。

厚黑是一把生存利器

我们主张"黑"，但绝不是强调在世间行使恶，只是为了每一个人以合适的方式在一生中赢得真正属于自己的那一份幸福。"黑"也绝不能"不择手段，放弃道德，只要对自己的名利有益，就毫不犹豫地使用它"。这里我们所说的"黑"，不是简单的诡计多端、狡诈阴险，它更包容了睿智、谋略与高瞻远瞩的深刻内涵。谁要想充分实现自我的价值与质量，谁就要拥有较别人更多的智慧与韬略。这是现代人要成功所必需的。

厚黑学是当今社会每个人所必须知道的学问，无论你是领导、普通人还是商人。

宋初，太宗、真宗当政时，张咏曾两次督蜀，政绩显著，深得民心，第一次督蜀离任的时候，蜀郡百姓强行拦住张咏，不让他离开，朝中的信使没有办法，只得如实回复。太宗听了之后，就再次下令让他督蜀，并且赞叹地说："咏在蜀，我无后顾之忧了呀！"

真宗即位后的咸平二年，张咏出任杭州。有个年方十六七岁的少年，状告其姐夫吞并其财产，其姐夫则把所有的证据都呈了上来，说这位年轻的小伙子是瞎扯的。原来，在少年十三岁的时候，其父得了很严重的病，临终时把儿子嘱托于其姐夫，并立下遗嘱：死者的财产由姐夫一权掌管，等到儿子长大成人以后，将财产的三成分给儿子，七成分给其姐夫。张咏看了遗嘱后，立即命令让人给他拿酒来，祭奠死者一番，随后对被告说道："你的岳父，是一个聪明而又知道怎样变通的人啊。他以幼子托你，假如是以七成给儿子，儿子则早已死在你的手上了。看来你岳父对你的为人非常了解，才不得已立此遗嘱啊！但你能将他抚养成人，功不可没。"于是，将财产的七成判与少年，三成判与其姐夫。这件事情发生之后，只要是听说过这件事情的人，都为他的明断所折服。

还有一件事情，也反映出张咏处世的灵活性。寇准对于张咏来说是有知遇之恩的，因为是寇准发现他的才能并向皇上推荐的。寇准任宰相的时候，张咏在成都对左右说："寇公，奇才也，若能再注意一点学术修养就好了。"寇准虽是一个治国的能臣，却为人轻狂，不太注意礼节，为此得罪了不少人，这些人便合力排挤他，以至被贬到陕州。临走的时候，张咏设宴送他，最终，寇准紧握着张咏的手说："我今日被贬，张公可有什么话教我吗？"张咏本想毫不犹豫地说出寇准的不足之处，又怕他不能接受，就叹了口气道："寇公以后如果有时间的话，《霍光传》不可不读啊！"寇准不明白其中的意思，一日取来《霍光传》认真读之，当读到

“不学无术”一句话的时候，忍不住笑了起来，笑后就说：“这是张公在劝我啊！”虽然寇准知道了张咏的意思，但是他从来都没有改正过。不久虽再次被起用，但终又被贬岭南，客死他乡。

张咏年轻时也是一个性急固执、刚愎自用的人，崇尚严厉治世的方略。有一次，手下有一小吏犯了错误却不承认，张咏一气之下，竟然把他枷起来，当给他去枷的时候他却不让，还非常生气地说：“若要想将此枷从我脖子上去掉，除非砍掉我的头！”张咏听到这番话，就更加生气了，真的就一刀将他的头砍了下来。为此事他受到了严厉的处分。后入朝做官，曾经得高人指点：“事君者，廉不言贫，勤不言苦，忠不言己效（就是忠于皇上却不要显示自己比别人对皇上更效力），公不言己能（办事要出以公心，但不要显示出自己处处比别人强）。只有这样去做官，才能够上得天时，下得人和啊！”这些话张咏一直都牢记在心，办事总是在不失原则性的状况下，灵活地处理，以平和的心态把所有的事情都处理好。这一点就是皇帝最赏识他的：“咏在蜀，吾无后顾之忧啊！”下得百姓的爱戴，中间又和同事之间相处得非常和善。他虽然一身正气，却不是疾恶如仇，即办好了事，也不损伤同事的利益，无论是上级还是下级对他都充满了信任，这些是得益于他灵活处世的作风。

美国哈佛大学教授团在芝加哥某厂做“如何提高生产率”的实验时，首次发现人际关系才是提高工作效率的关键所在，由此提出“人际关系”一词。自此以后，人们普遍认识到个人的事业成功、家庭幸福、生活快乐都与人际关系有着密切联系。而人际关系技巧则能使你在与人交往中如鱼得水，是你在现实世界中拼搏、奋争的有力武器。正是掌握了厚黑这一种生存艺术，才使得他们如此成功。

厚黑智慧

为人处世非有“厚”的功夫不可。如果为人内向腼腆，不能忍受各种在处世交往中的屈辱，过于顾及自己的虚荣心，就不能够与朋友和敌人相处，更不可能抓住机会显示自己，即使本身有出众的才智，也会淹没在芸芸众生里面，这是非常可惜的。

厚黑：大智慧，大人物方可学

人生好像一场球赛，谁都不能预估下一分钟到底会发生什么事，人们缺少的就是如何掌握先机，先驰得点的智慧。真正的厚黑者是无与伦比的斗士，他的武器是通过内心智慧的引导；在行动时，他迅捷胜任，不受感情左右；在退位时，他泰然自若，任凭世人品头论足，得胜时，他卓有成效，表面上似乎残酷无情，但却没有恶意。在这个弱肉强食的社会里，随时随地潜藏着致命的危机，我们必须有勇气准备和人搏斗。

在争胜的同时，只见到目的，没有任何事可阻挡，什么事都能够割舍得下。乍听之下，似乎冷酷无情，只是个不择手段铁石心肠的邪魔，但莎士比亚曾经说过：“我必须残忍，才能善良。”连自己的目标都无法达成的人，没有资格谈“爱”，因为他因小失大，顾此失彼，是个不辨轻重的庸奴。子曰，“大德不逾越，小德出入可也。”厚黑者才能运用智慧，解救更多的人。

炉火纯青的厚黑者，不会计较鸡毛蒜皮的小事，对于别人的嘲弄，也能够隐忍下来，宁愿承受世人暂时的误解，也不愿坏了正事，三十六计中有一个“扮猪吃老虎”的狠计，和厚黑者的精神有异曲同工之妙。韩信若忍不住胯下之辱，就无法造就未来的成功。所以英雄甘吃眼前亏，只为获得日后的功成名就。

逆境当顺受，忍可以驱走灾难，避开祸端。对于做领导的人来说，“忍”字更是一切好处的关键所在，不自忍，必败。有时非但如此，甚至还可能危及性命，因此欲成大事，必有小忍。

春秋时期，越王勾践被吴王夫差打败，越国要求跟吴国讲和，吴国条件是要勾践夫妇到吴国给夫差当仆役，勾践答应了。勾践将国事委托给大夫文种，让大夫范蠡随他们夫妇前往吴国。到了吴国，夫差每次外出，勾践亲自为他牵马。有人指骂他，他也不在乎，低眉顺眼，始终表现出一副顺服的样子，很讨夫差欢心。

一次夫差病了，勾践在背地里让范蠡预测了一下，知道此病不久就会好，他就亲自去见夫差，探问病情，并亲口尝了尝夫差的粪便，向夫差道贺，说他的病很快会好的。夫差问他怎么知道，勾践就胡编说："我曾跟名医学医道，只要尝一尝病人的粪便，就能知道病的轻重。刚才我尝了大王的粪便，味酸而稍微有点苦，用医生的说法，是得了'时气之症'，所以病会好，大王不必担心。"果然不几天，夫差的病就好了。夫差认为勾践比自己的儿子还孝顺，深受感动，就把勾践放回去了。

勾践深为会稽之耻而痛苦，一心伺机报仇。回国后，他励精图治，睡不好觉，吃不好饭，不亲近美色，不看歌舞。他苦心劳力，对内安抚群臣，对下教养百姓，经过三年，百姓归顺了他，国力逐渐强盛起来。

后来越国终于与吴国在五湖决战，吴国军队大败，越国军队包围了吴王的王宫，攻下城门，活捉了吴王夫差，杀死了吴国宰相。灭掉吴国两年后，越国称霸诸侯。

越王勾践忍辱负重，抑制自己的愤怒和情欲，卧薪尝胆十年，终于战胜了吴王夫差。孔子诫子路曰："齿刚则折，舌柔则存。柔必胜刚，弱必胜强。好斗必伤，好勇必亡。百行之本，忍之为上。"说的正是这个道理。一个人在大事业之前若无法忍受小事，将无法成就伟大的理想。

有许多人误解厚黑学是一种旁门左道的理论，其实它蕴藏了无限的智慧。说厚黑者软弱，却不知他们的内心坚硬如钢；说厚黑者薄情寡义，却不知他们心中兼爱天下的一面；说厚黑者只配在尔虞我诈的商场上打滚，却不知古今中外多少豪杰，因为厚黑之道而逐鹿天下。刘邦力克群雄，因他方寸间存着"厚""黑"的意念，林肯也因如此挨过南北战争时国人的责难。他们同样牺牲微小的近利以换取更大的终极目标，经过时间的考验锤炼，有谁敢说，当初的决定是错误的？我们应该学习明辨利与义。做我们认为对的事，但不能曲解书中的原义，用卑劣的手段得胜。赢要赢得光荣，做个令史册都称赞的得胜者。

厚黑智慧

厚黑学也受到许多人的反弹，因为它教人要心狠手辣、飞黄腾达，情绝义尽、方成大器。要“厚”要“黑”写出人心险恶的一面，也写出人心脆弱的一面，做人都要虚情假意。

在现实的社会中，一生要找到良友，真正可以谈心的对象，足以互相切磋琢磨的伙伴，而且毫无算计的人，可以说是难之又难，因此人们总是穷一生之力，在找寻所谓的知己。诚如古人所说的“人生得一知己，死而无憾”。

·第二章·

厚黑是世之轮，无敌兵法

厚黑学凭借的就是脸皮厚和心黑。可是，如今懂厚黑的人越来越多，厚黑术也正可谓“你有我有全都有”，不再稀罕。因此，光脸皮厚和心黑也未必就行，往往还要懂得薄情寡义、真金白银，这样才能够如虎添翼。

可怕的是，倘若世人皆厚黑、皆薄白，则公道何存？人间之真、之善、之美，又将到何处容身？倘若人间丧尽真善美，则无异于禽兽世界、鬼魅地狱，人人自危，做人又有何意义和乐趣？

圆是通融，是弧线，是圆滑。它要求人能适应，会变通，左右逢源也可偶一为之。圆没有角，圆不伤人，当然也不易自伤。没有圆，世界的负荷太重，便不能自理。

人仅仅依靠“方”是不够的，还需要有“圆”的包裹，需要掌握为人处世的技巧，才能无往不胜。

“处治世宜方，处乱世宜圆，处叔季之世当方圆并用。”这句话的意思是说，当政治清明天下太平的时候，待人接物应严正刚直；当政治黑暗天下纷乱的时候，待人接物应圆滑老练；当国家行将衰亡的末世时期，待人接物就要刚直与圆滑结合起来运用。

厚、黑是神秘的自然法则，它支配和影响着人生成功的要诀。“厚黑学”是生命的智慧和规则，“厚”好像盾，是自我保护的力量：“黑”恰似矛，是自我实现和竞争的方略。在这里，厚黑学绝对不是低级庸俗之学。

掌握人性乃厚黑之源

柏杨先生还在其文中进一步指出，李宗吾虽然首创“厚黑学”。但他自己的为人处世却并没有遵从厚黑之道。李宗吾先生重友情，对自己的至朋好友，能够“以生死相许”。这显然是与他的厚黑理论相矛盾的。笔者也以为，这种表面上的矛盾是可以得到合理解释的。而且，从历史的角度来加以考察，这种人格和理论相分离的现象其实也不是罕见的。我们举几个例子来加以阐明。

三国时期，杨修在曹操手下任主簿，起初曹操很重用他，杨修却处处要小聪明。例如有一次有人送给曹操一盒奶酪，曹操吃了一些，就又盖好，并在盖上写了一个“合”字，大家都不明白这是什么含义，杨修见了，就拿起匙子和大家分吃，并说：“这‘合’字是叫一人吃一口啊！”还有一次，建造相府，造好大门后曹操亲来察看了一下，没说话，只在门上写了一个“活”字就走了。杨修一见，就令工人把门改窄。别人问为什么，他说门中加个“活”字不是“阔”吗，丞相是嫌门太大了。这样一来，曹操就讨厌杨修每次都猜出自己的心意了。

建安二十四年（公元219年），刘备进军定军山，他的大将黄忠杀死了曹操的大将夏侯渊，曹操亲自率军到汉中来和刘备决战，但战事不利，前进则困难重重，撤退又怕被人耻笑。一天晚上，护军来请示夜间的口令，曹操正在喝鸡汤，就顺便说了“鸡肋”，杨修听到以后，便不等上级命令，教随从军士收拾行装，准备撤退，影响了军心。曹操知道以后，他还辩解说：“魏王传下的口令是‘鸡肋’，可鸡肋这东西，弃之可惜，食之无味，正和我们现在的处境一样，进不能胜，退恐人笑，久驻无益，不如早归，所以才先准备起来，以免到时慌乱。”曹操一听，大怒道：“你小子怎敢造谣乱我军心！”于是喝令刀斧手，推出斩首，并把首级悬挂在辕门之外警戒三军。

人性是一个谜。千百年来，人类虽然在历史的长河中不断地繁衍着、变化着，但对自己的了解远远不如对处在世界乃至宇宙的把握，甚至可以肯定的是人类目前还生活在自身的迷雾中。于是，我们看到了许许多多的悲剧发生了。

关于人性的研究，戴尔·卡耐基的《人性的弱点》影响甚广。但那是一个阶段的认识和产物，它的精华部分也大都是关于处世方面的。这是关于人性认识的入门读物，更是真知或是人生的大智慧。

香港著名歌星邝美云，曾参加香港小姐竞选，获得第三名。在竞选期间，记者提了一个刁钻的问题：“你读书时成绩不好，你是否很笨？”这个问题的确棘手，可邝美云的回答却发人深思。邝美云是这样回答的：“你们注意到没有，读书时成绩一流的人毕业后干什么？可能当工程师、律师、医生；而成绩二流的干什么呢？他们中很多人却当了那些工程师、律师、医生的老板。”

成绩一流的打工，成绩二流的却当老板。回忆我大学、中学甚至小学的同学，那些最有名、最有钱的，的确都是成绩二流甚至三流的同学，而那些成绩一流的同学走上社会后却往往并不出众。为何如此？就是因为成绩一流的同学过分专心于专业知识，忽略了做人的“圆”；而成绩二流甚至三流的同学却在与人交往中掌握了处世之道。

一个人的成功主要依靠什么？你不妨观察一下周围的人。那些成功的经理、厂长，甚至专业性很强的工程师、律师、医生，他们的成功是否因为他们的专业技术都是最好的呢？答案是否定的。他们的成功往往在很大程度上是因为他们善于为人处世，会有效说话，推销自己。正如幸福的家庭并不一定是妻子貌美如花，丈夫英俊潇洒，幸福的家庭正在于双方彼此尊重体谅，关系融洽和谐。

美国著名人际关系专家戴尔·卡耐基曾这样说：一个人的成功只有百分之十五是依靠专业技术，而百分之八十五却要依靠人际交往、有效说话等软科学本领。可我们的教育却过分偏重于前面的百分之十五，而对后面的百分之八十五几乎可以说是完全置之不理，实际上后面的百分之八十五对人而言更加重要。

厚黑智慧

充分地认识人自己，明确人的本性，面对问题冷静判断，量力而行，这才是聪明人应该做的。

如果你真的想表现得比其他人更聪明一些，那么你就应该对自己有一个自知之明，没有必要总是要向他人强调自己的聪明，更没有必要利用所有可利用的以及不可利用的机会向众人表现你的聪明。这才是世上真聪明与假聪明之分。

这是由人性所决定的。

控制情绪是圆满做事的方策

三国时期，关云长失守荆州，败走麦城被杀，此事激怒刘备，遂起兵攻打东吴，众臣之谏皆不听，实在是因小失大。正如赵云所说："国贼是曹操，非孙权也。宜先灭魏，则吴自服，操身虽毙，子丕篡盗，当因众心，早图中原……不应置魏，先与吴战。兵势一交，不得卒解也。"诸葛亮也上表谏止说："臣亮等切以吴贼逞奸诡之计，致荆州有覆亡之祸；陨将星于牛斗，折天柱于楚地，此情哀痛，诚不可忘。但念迁汉鼎者，罪由曹操；移刘祚者，过非孙权。窃谓魏贼若除，则吴自宾服。愿陛下纳秦宓金石之言，以养士卒之力，别做良图。则社稷幸甚！天下幸甚！"可是刘备看完后，把表掷于地上，说："朕意已决，无得再谏。"执意起大军东征，最终导致兵败。

从上面的事例中，就可看出，要想做到方圆做人，圆满做事，在关键时刻是不可以让怒火左右情感的。不然你会为此付出代价。那么怎样消除愤怒情绪呢？下面几种方法我们可以借鉴。

我们每个人都避免不了有情绪，情绪是人生的一大误区，也是一种心理病毒，它同其他病一样，可能使你一蹶不振。也许你会说："是的，我也明知自己不该发怒，但就是控制不住自己。"如果你是一个欲成大事者，要学会圆满做事，你就应该注意了，能不能消除愤怒情绪与你的情绪控制能力有关。

其实，并非人人都会不时地表露自己的情绪，情绪失控这一习惯行为可能连你自己也不喜欢，更不用说他人感觉如何了。因此，你大可不必对它留恋不舍，它不能帮助你解决任何问题。任何一个精神愉快、有所作为的人都不会让它跟随自己。

情绪既是你做出的选择，又是一种习惯，它是你经历挫折的一种后天性反应。你以自己所不欣赏的方式消极地对待与你的愿望不相一致的现实。事实上，极端情绪失控是精神错乱——每当你不能控制自己的行为时，你便有些精神错乱。因此，每当你气得失去理智时，你便暂时处于精神错乱状态，而这是圆满做事的大忌。

但只要你不去改正，你的情绪将会阻止你做不好事情。成大事者是不会让愤怒情绪所左右的。历史上有好多这样的事例，他们中能压下怒火的大多就能成功，而凭着这一怒之气行事的则大多失败了。

有一个男孩，他的脾气非常坏，男孩的父亲给了他一袋钉子。而且还告诉他，每当他发脾气的时候就钉一个钉子在后院的围栏上。这个男孩在第一天，钉下了37根钉子。渐渐的，他每天钉在围栏上的钉子数量减少了，他发现控制自己的脾气要比钉下那些钉子容易。于是，有一天，这个男孩再也不会失去耐性，乱发脾气。男孩把这件事情告诉了他的父亲。父亲又对他说，现在开始每当他能控制自己脾气的时候，就拔出一根钉子。就这样一天天过去了，最后男孩告诉他的父亲，他终于把所有钉子给拔出来了。

父亲牵着男孩的手，来到后院对他说："你做得很好，我的好孩子，但是看看围栏上的那些洞，围栏是永远不可能回到以前的样子。你生气的时候说的话就像这些钉子留下的疤痕一样。如果你拿刀子捅别人一刀，不管你说了多少次对不起，那个伤口将永远存在。话语的伤痛就像真实的伤痛一样令人无法承受。”

以包容的态度处世，不但是做人的一种美德，也是做人的一种智慧。因为我们面对的是不同环境中不同层次不同职业的人，我们不可能仅凭自己的观念或喜好去从事社会活动。包容在这种时候，它不但是人际情感交流的润滑剂，更是人生这棵大树上滴翠的绿叶和吐艳的花朵，有着灿烂迷人的魅力和神韵。

厚黑智慧

人生的一种高度可以从包容中体现出来。将军额头可跑马，宰相肚里能撑船，厚黑者就必然是胸怀大志之人。如果把包容当作为一种积极的人生态度，那么它就是人的生命中一道亮丽的风景。

厚黑处世而不乱方寸

为人处世，首先就要知道一个观点：人都有自私之心。

人们制造工具是为了使工具得其所用，在劳动中为人类服务；人们说的某一句话，办的某一件事情，都是为了达到他心中的一个目标。商人把商品卖出去以后，是为了得到钱或者是赚更多的钱，以满足自己某种需要和实现自己的某一个梦想。

生活中的每个人都是以自我为中心，一圈圈地套开去，跟着和自我关系得越来越疏远，套开的圈也就越来越大，这样，人们的社交范围也就慢慢地形成。

在这个世界上父母是最亲的，兄弟姐妹与我们情同手足。父母兄弟姐妹，满足着人自降生以来的第一次关键性的需求。所以，人们往往把父母兄弟姐妹看作是与自己关系最为亲近的人。

可是，由于人们的自私发展到了最高端，损害他人这是不可避免的事情，越自私往往损害的人就会越多，甚至有的时候还会损害到自己的亲朋及父母兄弟姐妹。

朱元璋为了把国家大权紧紧地掌握在自己手中，因而才演出了火烧庆功楼的这场好戏。“权力”这个东西，你占得多了，他就会占得少，宋太祖似乎也非常了解这个道理，杯酒释兵权成了他的拿手本领。

选择合适的时间圆滑一点，同样也可以获得别人对你的好感。其实对于这样的问题，200多年前乾隆年间的纪晓岚已经做过很好的解释。他觉得做人要“处事圆滑、内心中正、不同流合污而为人谦和”。这句话的意思是说，在处理具体事情时，能够合适地把握好一定的尺度，依情况不同而采取不同的处理方法，但是内心一定要诚实忠厚，做人要保持诚信。该坚持的事，应该坚定地表达自己的想法。能够妥协的事，应该学会设身处地理解别人的意思，做出适当的妥协，甚至有些时候放弃自己的建议。如果一个人不管是做什么事都发生不必要的冲突，把别人打得头破血流，不但会让人觉得你是个好斗的公鸡，也觉得你情商偏低；但是如果一个人不管遇到什么样的事，一点主见也没有，只会点头奉承，那不但会被认为生性圆滑，而且这样的人也得不到他人的尊敬。

我们时常感叹“社会不公，小人当道”，有没有想过可能是因为自己的过于“刚毅”而导致的人际关系紧张，由于自己缺乏变通而导致的处事僵硬？如果是这样的话，那么，我们是不是也应该去改变改变，去做一个“圆滑的老实人”呢？

从社会交往的能力以及适应力的位置来观察，为人选择适当的圆滑，是一种良好的社会交往能力的体现。他们往往对所处的环境以及他人的感受有着极其敏锐的判断，会根据当时的环境说出在当时最应该说出的话，做出在当时最应该做出的事。这种人往往不管是在哪一方面都适应得比较好，可以在很短的时间内投入到一个全新的人际环境当中。

做人要诚信，以诚信为本。可是，人与人之间的交往说到底还是需要心与心之间的交流的。所以我们在处事圆滑的同时，一定要记牢：为人诚实，诚信为本。设想一下与一个不但在处事上圆滑，而且在为人上也虚伪的人长期交往，如何会让人感觉到放心呢？这样的人怎么会得到真正的朋友呢？

做一个老实人，意思也就是说处事灵活而心态成熟的人；在和他人交往的过程中保持适度的弹性，把话说到恰到好处，学会婉转和含糊，以保持平衡的人际关系；重视生活中的应酬，经过一些生活以及工作的细节树立好的人缘；与此同时也要和朋友进行真正有价值的交往，在日常生活中建立起深厚的友情。在工作中，对不同的同事采用不同的方式和策略，并且还要做到让你的老板赏识你喜欢你，与上级保持良好的人际关系，以便更好地开展工作。面对你想要去干的事情，既要执着，也要会懂得变通，要学会懂得保护自己的利益，明智地把那些和你没有关系的事情摆脱掉。而且一定要为人善良，不可伤害到其他的人。

生活中的每一个人都有私心，但人与人的私心有着智慧与愚蠢的差别。愚蠢之人只顾自己私心，不看众人私心，最后就会引起很多人的反感，只能落得个千夫所指。智慧之人不仅见得到自己的私心，也看到了他人的私心，他会想尽一切办法为众人谋求利益，他的自私眼光更为阔大。众人得到满足后，自然会称道于他，他自然会得到自己应该得到的一份，这样世界才会不停地进步。

以厚黑正视自我的缺陷

人非圣贤，孰能无过。这世界上没有十全十美的人，人们在工作、学习、生活中总会存在这样那样的缺点和错误。有的人“闻过则喜”，有面对缺点和失误的勇气，并且努力纠正自己的缺失，从而使自己不断进步，不断完美。有的人“闻过则怒”，像蔡桓公那样，对自己的缺失无改过之意，甚至否认自己存在着的错失，结果，缺点和失误越来越严重，最终发展到不可收拾的地步。

在佛教的《百喻经》中，有这样一则可笑而发人深省的故事：

印度有一位先生娶了一个体态婀娜、面貌秀丽的太太，两人情如金石，恩恩爱爱，是人人称羡的神仙美眷。这个太太眉清目秀，性情温和，美中不足的是长了个酒糟鼻子。柳眉、凤眼、樱嘴、瓜子脸蛋上，却镶了个酒糟鼻子，好像失职的艺术家，对于一件原本足以称傲于世间的艺术精品，少雕刻了几刀，显得非常的突兀怪异。

这位丈夫对于太太的鼻子终日耿耿于怀。一日出外去经商，行经一贩卖奴隶的市场，宽阔的广场上，四周人声沸腾，争相吆喝出价，抢购奴隶。广场中央站了一个身材单薄、瘦小清癯的女孩子，正以一双泪眼，怯生生地环顾着这群如狼似虎、决定她一生命运的男人。这位丈夫仔细端详女孩子的容貌，突然间，被深深地吸引住了。好极了！这女子脸上长着一个端端正正的鼻子，不计一切，买下她！

这位丈夫以高价买下了长着端正鼻子的女孩子，兴高采烈，带着女孩子日夜兼程赶回家门，想给心爱的妻子一个惊喜。到了家中，把女孩子安顿好之后，以刀子割下女孩子漂亮的鼻子，拿着血淋淋而温热的鼻子，大声疾呼：“太太！快出来哟！看我给你买回来最宝贵的礼物！”

“什么贵重的礼物，让你如此大呼小叫的？”太太狐疑不解地应声走出来。

“嗨！你看！我为你买了个端正美丽的鼻子，你戴上看看。”

丈夫说完，突然出其不备，抽出怀中锋锐的利刃，一刀朝太太的酒糟鼻子砍去。霎时太太的鼻梁血流如注，酒糟鼻子掉落在地上，丈夫赶忙用双手把端正的鼻子嵌贴在伤口处，但是无论丈夫如何的努力，那个漂亮的鼻子始终无法粘到妻子的鼻梁上。

完美主义者在做事的时候总是力求不存缺憾，哪怕是无关紧要的细节也不肯放过。却不知要求完美是一件好事，但如果做过了头，反而比不完美更糟糕。那位可怜的妻子，既得不到丈夫苦心买回来的端正而美丽的鼻子，又失掉了自己那虽然丑陋却货真价实的酒糟鼻子，并且还受到刀刃创痛。而那位丈夫的愚昧无知，更是叫人可怜！而发生这事的原因就是由于丈夫无法正视太太的缺点所至。

一个人敢于正视自己的缺点和不足，是勇气的表现，更是智慧的体现，只有自信心不强、缺乏责任感的人才把自己的缺点造成的失败当成别人的负面影响所致，而在遭遇失败时，能够勇敢地承担责任并理智的评价自己和别人，才是真正的智者。

人生是不圆满的，所以我们对于生活中种种不尽如人意的事不必介意。要使我们的世界变成美好的人间，除了感受幸福以外，还需要大家自制。

厚黑智慧

人生既然是不圆满的，那么我们对于人生中许多不圆满的人和事可以表示不烦不躁，表示容忍和大度，表示理解和宽容。如果人人都能理解“不圆满才是人生”，那么人人都会感到幸福的存在，从而时时感受幸福，享受幸福。在我们这个星球上，人人都感受到了幸福，那么我们的世界也就变成了美好的人间！

厚黑之轮，进退有道

厚黑之轮就是给别人留余地，也就是给自己留余地。

留余地的意思就是不把事情做绝，不把事情做到极点，于情不偏激，于理不过头，在现代职场上，给别人留有余地，也就等于给自己留了余地。物极必反，否极泰来。做人行不可至极处，至极则无路可走，言不可称绝对，称绝对则无理可言。我国古代就有“处世须留余地，责善切戒尽言”的说法。

战国时期，楚庄王赏赐群臣一起共欢饮酒，由他的宠姬在旁作陪。日暮时分正当酒至酣畅之际，灯烛被风吹灭了。这时有一个人因垂涎于楚庄王宠姬的美貌，加之饮酒过多，难于自控，便乘烛火熄灭之机，抓住了美姬的衣袖。

美姬一惊，奋力地挣脱，并顺势扯断了那个人头上的系缨，私下还对楚庄王说一定要查明此事，严惩此人。楚庄王听后沉思片刻，心想：“赏赐大家喝酒，让他们喝酒而失礼，这是我的过错，怎么能为女人的贞节辱没将军呢？”于是他命令左右的人说：“今天大家和我一起喝酒，如果不扯断系缨，说明他没有尽欢。”于是群臣们都扯断了自己帽子上的系缨，待掌灯以后，大家继续热情高涨地饮酒，一直饮到尽欢而散。

过了三年，楚国和晋国开始打仗，那个时候有一个臣子常常是冲在最前边，带领着军队一次又一次地打退敌人，最后取得了胜利。庄王感到惊奇，忍不住问他：“我平时对你并没有特别的恩惠，你打仗时为何这样卖力呢？”他回答说：“我就是那天夜里被扯断了帽子上缨带的人。”正因为楚庄王给臣子留了余地，才换来了下属的忠心耿耿。这就是留余地的精妙之处。

在和人交谈时一定要注意；说话要留有余地。在交谈中，若有需要赞美对方时，应措辞得当，注意分寸。赞美的目的在于使对方感觉到你对他（她）的钦佩，用空洞不切实际的溢美之词，反而会使对方感到你缺乏诚意。就好比一名公关人员热情友好地接待了一位客人之后，得到了“你的接待真令人愉快，你的热情给我留下了深刻印象”的一些评价，显然比“你是一位全世界最热情的人”的赞誉会入耳得多。所以，即使是人们普遍乐意听的称赞也要适度，过分地讨好、谄媚则近于肉麻。特别是对上级领导，在社交场合更不宜毕恭毕敬说些奉承话。对于那些晚辈或地位比较低的一些人，我们也不要用轻视、冷淡的口吻和他们说话。

在我们的现实生活中，很难做到不求人，也很难不被人求，所以无论什么时候求别人办事，答应为别人办事，还是拒绝他人，都要注意把话说得留有余地。此外，表扬人、批评人，调解事端，解决冲突，应付尴尬局面，调息不满情绪，乃至布置任务、汇报工作等，都应当留有余地。唯有留有余地，方能进退自如。

在说话的时候，或是在评论一件事的时候，应当实事求是，多从好的方面来看，但是也应看到坏的方面，切忌感情用事。喜欢起来，什么都好，厌恶起来，一无是处。眼前不吃亏，将来必知祸从口出。把握好分寸，留有余地，可使自己进退自如。

为人处世，最好留三分余地，既给对方留下了一个宽松而自在的空间，同样还给自己留了一条后路；人生需要留白。留三分与他人设想，尚存几分善品尝思量，才能感悟其中的滋味，淡薄而久长。

这一切恰如古训所云——知人不必言尽，留三分余地与人，留些口德与己；责人不必苛尽，留三分余地与人，留些肚量与己；才能不必傲尽，留三分余地与人，留些内涵与己；锋芒不必露尽，留三分余地与人，留些深敛与己；有功不必邀尽，留三分余地与人，留些谦让与己；得理不必抢尽，留三分余地与人，留些宽和与己；得宠不必恃尽，留三分余地与人，留些后路与己；气势不必倚尽，留三分余地与人，留些厚道与己；富贵不需要一下享尽，留三分余地给别人，留些福泽给自己；凡事不可做尽，留三分余地给别人，留些余德给自己。

厚黑智慧

弹琴唱歌，余音绕梁；赠人玫瑰，手留余香。流水有回旋的余地，才会减少灾难；江河有涨落的余地，才不至泛滥成灾。

留有余地，才能做到均衡、对称、和谐。

留有余地，才能做到进退从容，屈伸任意。

人要学会藏锋

在电视连续剧《水浒传》时，武松醉打蒋门神的片段非常精彩：武松手握酒杯，仰脖而干，身子东倒西歪，步履轻飘虚浮，蒋门神于漫不经心之际，鼻梁突着一拳，尚未回过神来，眼额又遭一腿……当其终于醒悟这绝非酒鬼的“歪打正着”之时，其身已受重创而无还手之力了。武松所用的“醉拳”，乃武术中一高难度拳术，委实厉害之极。“醉拳”的厉害，在于一个“装醉”，表面上看来跌跌撞撞，踉踉跄跄，不堪一推，而其实呢，醉醺醺之中却杀机暗藏，就在你麻痹大意之时，却被“醉鬼”打趴在地。

因此，玩“醉拳”的，是“形醉而神不醉”，“醉”只是迷惑对手的手段。人生也是这样，要学会装醉。所谓“花要半开，酒要半醉”就是这个道理。不然，当你志得意满目空一切时，你不被别人当靶子打才怪呢！

春秋时期，郑庄公准备伐许。战前，他先在国都组织比赛，挑选先行官。众将一听露脸立功的机会来了，都跃跃欲试，准备一显身手。众将首先进行击剑格斗，都使出了浑身本领，争先恐后。经过轮番比试，选出了6个人来，参加下一轮比箭比赛。在比箭项目上，取胜的6名将领各射3箭，以射中靶心者为胜。前4位有的射中靶边，有的射中靶心。第5位上来射箭的是公孙子都。他武艺高强，年轻气盛，向来不把别人放在眼里。只见他搭弓上箭，三箭连中靶心。他昂着头，瞟了最后那位射手一眼，退了下去。最后那位射手是个老人，胡子有点花白，他叫颍考叔，曾劝庄公与母亲和解，立有大功。颍考叔上前，三箭射出，连中靶心，与公孙子都打了个平手。只剩下两个人了，庄公派人拉出一辆战车来，说：“你们二人站在百步开外，同时来抢这部战车。谁抢到手，谁就是先行官。”公孙子都轻蔑地看了对手一眼，哪知跑了一半时，公孙子都却脚下一滑，跌了个跟头。等爬起来时，颍考叔已抢车在手。公孙子都哪里服气，提了长戟就来夺车。颍考叔一看，拉起车飞步跑去，庄公忙派人阻止，宣布颍考叔为先行官。公孙子都因此怀恨在心。

颍考叔果然不负庄公之望，在进攻许国都城时，手举大旗率先从云梯上冲上许都城头。眼见颍考叔大功告成，公孙子都嫉妒得心里发恨，竟抽出箭来，搭弓瞄准城头上的颍考叔射去，一下子把没有防备后面的颍考叔射死了。

做人切忌恃才自傲，不知饶人。锋芒太露易遭嫉恨，更容易树敌。颍考叔的死就是因为他不知道糊涂保身，锋芒太露的缘故。当今社会，此理仍然。你不露锋芒，可能永远得不到重任；你锋芒太露却又易招人陷害。虽容易取得暂时成功，却为自己掘好了坟墓。当你施展自己的才华时，也就埋下了危机的种子。所以才华显露要适可而止。

所谓“花要半开，酒要半醉”，凡是鲜花盛开娇艳的时候，不是立即被人采摘而去，就是衰败的开始。人生也是这样。所以，无论你有怎样出众的才智，但一定要谨记：不要把自己看得太了不起，不要把自己看得太重要，不要把自己看成是救国济民的圣人君子似的，还是收敛起你的锋芒，掩饰起你的才华吧。

厚黑智慧

作为一个人，尤其是作为一个有才华的人，要做到不露锋芒，既有效地保护自己，又能充分发挥自己的才华，不仅要克服、战胜盲目骄傲自大的病态心理，凡事不要太张狂、太咄咄逼人，更要养成谦虚让人的美德。

厚黑是达观之境界

苏丹梦到自己所有的牙齿都掉光了。一觉醒来，他招来一位智者为他解梦。智者说：“陛下，您很不幸，只要掉一颗牙，就预示着你会失去一个亲人。”

苏丹非常的生气，说：“你这个大胆的狂徒，竟然敢在这里胡说八道，重打100大板！”

之后，他命令人把这位智者重打了100大板。

于是苏丹下令又找来了一位智者，并向这个智者叙述了他所做的梦。仔细听完之后，这位智者对苏丹说：“高贵的陛下，您真幸福呀！您做的这个梦非常的吉利，意味着您的寿命比你亲人的寿命还要长。”

苏丹非常高兴，令人奖赏这位智者100个金币。

这位智者走出宫殿的时候，一位礼宾官很不解，于是就问他：“真是没有想到，为什么他受到的是惩罚，而你却得到奖赏呢？”

第二位智者语重心长地说道：“这个道理非常的简单，所有的事物都是由表达方式决定的。”

很多时候，幸福和不幸，做人和处世可以说都是在一句话之间。不管是在什么时候都要说出实话，但处世说出真相也要圆。

人生场是人与人之间相互依存的圈子，任何一个人都不能独立于这种关系之外，除非他退出。多交朋友，广结善缘，我们才能在生活中进退自如。

周瑜仰天长叹“既生瑜，何生亮”，最终被活活气死于病榻之上。对于这位东吴不可多得的军事人才的猝然而逝，孙权悲叹不已。周瑜临死前，为孙权举荐了外交天才和管理人才鲁肃。

过了些天，诸葛亮闻听周瑜病逝的消息后，冒着被周瑜部将报复的危险，只带赵云及500士兵前来吊丧。东吴将士慑于赵云的威力，不敢下手。而诸葛亮吊唁周瑜的祭文，更是令人潸然泪下。他一边亲自为周瑜的亡灵奠酒，一边跪于地上念祭文：“哎呀，公瑾，你竟突然不幸辞世！天妒英才，怎能不令人悲伤？我心痛不已，为你奠酒一壶，但愿你在天之灵，能够安息！你自幼才华出众，然而我却才疏学浅，有幸和你一起共谋大计，协助东吴抗击曹贼，辅佐汉室；我们的心始终在一起，可是你怎么就突然早逝了呢？哎呀，公瑾，从此生死永别！如果你在天有灵，定会体会我心中的哀痛。从此以后，天下再也没有我的知音了！我的心里真是悲痛万分啊！但愿你还能听到我的声音！安息吧！”

诸葛亮祭完周瑜的亡灵后，便伏地大哭起来，泪如泉涌，哀恸不已。东吴将士不禁心生哀痛，都说诸葛亮对周瑜情深义重。鲁肃也暗自想道：“孔明是重情义之人，都怪公瑾气量狭小，这也是他自寻死路啊！”于是，鲁肃设宴隆重款待诸葛亮，并让他平平安安地返回荆州。

或许诸葛亮个人真为周瑜英年早逝而哀叹，但是，在当时的形势下，他无疑是玩弄了手段，为自己开辟了一条后路。

然而对于周瑜的死，也的确是由于他气量狭小所导致的，但除了这个直接原因，便和诸葛亮一而再、再而三制造出“刺激”不无关系。所以，东吴将土对诸葛亮恨之入骨。可是，在这种情况下，他反而前去吊丧，最终还是让众人信服，将领们不但没有置他于危境之地，反而相信他与周瑜的不和是虚，从而没有再加害于他。

这个时候，刘备虽然稳得荆州，但是联吴抗曹的这个战略并没有因此而结束。曹操仍然虎踞江北，随时都有南下的可能。如果因为刘备和孙权内部不和而使联盟破裂，无疑是自断后路。在这种情况下，诸葛亮必须竭力维持现有的联盟状态。作为孙刘联盟的使者，他的惺惺作态具有长远的战略意义。事实上看，他的确也为以后的孙刘联盟留下了一条后路。

世间万物都在不停变化，这种永恒的客观现象要求人们：凡事不要做绝，要留下回旋余地，为自己留一条后路。

两人关系好，不能好到无话不说的程度；两人关系差，也不要势不两立。一生中的一切事情，都要掌握适度，为日后的变化留有余地，才会长久平安。这就是真理。

厚黑智慧

在面对人生必须选择时，我们应该像波涛中的巨石，用内心的坚韧以及顽强抵挡强烈的冲击，以成熟的厚黑让这凶悍的振荡全部消失而去，坚守着一份执着。不要以自己的棱角伤害内心的坚强，悲壮的牺牲不可能换回该有的人生价值，厚黑的处世是一种变通，快乐幸福的人生掌握在我们自己手中。

笑谈失败，看淡失去

“……就好像漫画一样，我那时羞死了，真是进退两难……”“你绝对无法想象当时的情形，我一个人自说自话，像演双簧一般……”能够毫不避讳地调侃自己失败的人，必定是乐观的。在他们眼中，失败就像空气中的浊气，终有烟消雾散的时候。

事实上的确如此。如果将失败的感觉闷在心里不说，自己会更加苦恼，失意感便更加强烈，且紧张地压得自己透不过气来。但是，只靠言语表达就能消除失败感吗？答案是否定的。只是“说”，并不能百分之百消除挫折感。

失败的体验可以激发更大的精力与干劲。这种精力的来源是“笑”，亦即将自己的失败喜剧化，在玩笑之中释怀。

站在调侃自己的立场反观失败的经验，博取众人一笑，这虽是个非常难堪的做法，但却使自己再度挺立于众人之中。

失败的体验原来不可能成为笑话，所以一定得经过再创造，安排一些戏剧化的效果。这么一来，你必须将失败的过程再仔细地回想，以便能够找出失败原因的关键所在。久而久之，不仅有了接受失败的勇气，成功率也会增加，使你成为一个积极的人。

常和有原则的人打交道

喜爱有原则的人并博得他们的垂青，是一种互惠的交往。因为他们处事光明磊落，即便他们反对你，也会保证对你诚实。所以宁与高尚的人相争，也不要去征服卑劣的人。卑劣之人没有做人的责任感，所以我们常常对他们束手无策。恶徒之间不存在真正的友谊。他们没有道义感，他们的话也就不可信，尽管他们有时甜言蜜语。远离没有荣誉感的人，因为若是他们不重视荣誉，也就轻视道德；而荣誉是正直的王座。

不管“失去的”也好，“被遗弃的”也罢，反正已经失去了的东西，这是一个无法改变的事实。不过，如果你认为它是失去的东西，那么你的意志与感受便会不断地反应在那件失去的事物上了。换句话说，失去的现象有尚未了结的性质，所以内心一定会万分地惋惜，甚至还会想不开。相反，如果你把它想成被遗弃的东西，那就表示这是一种废物，在这种情况下，你将会以轻松的心情来看待它，并且对它不再眷恋。

人生中失去的东西诚然不计其数。然而我们只要放下它们，沮丧的感觉就会减轻许多。由此可见，面对着同样的悲痛事实，只是一念之差，心情就会截然不同。

赢得朋友的6种方法

我们经常对自己说：“让他带头吧！”“让他打电话给我”“让她先说。”我们都会很自然地这样做。但这不是结交朋友的办法。如果你总是指望别人主动来与你建立友谊，那么，你的朋友也许不会太多。

事实上，主动与人交往，是交际艺术的一个重要方面。不妨下次参加会议的时候，留心观察一下，你会注意到这种现象：重要的人总是先主动介绍自己。

这些人经常主动向你走来，伸出手说：“我是……”仔细思考一下这种现象，你会发现这些人之所以能成为成功者，是和他们主动建立友谊分不开的。

积极地与人交往吧！正如一个朋友所说：“我对他来说，也许不是很重要；但对我来说他是重要的，所以我要和他交往。”

当你在等电梯的时候，你一定会注意到人们那冷若冰霜的表情吧。如果彼此不熟悉，谁也不会主动与身边的人打招呼。

与不相识的人交往也许显得不太雅观，但大多数人都愿意与人交谈。

当你主动跟他们打招呼，进行一些轻松愉快的谈话时，不仅他们会为此感到愉快，而且你也感觉到轻松。就像在寒冷的早晨，你给汽车加了温水一样，你会充满活力。

下面6种方法可帮助你积极地去赢得朋友。

1. 有机会把自己主动介绍给别人。在晚会上、飞机上、工作中，任何地方你都可以这样做。

2. 把你的名字告诉对方。

3. 保证自己能正确地称呼别人的名字。

4. 写下他的名字，保证写正确。人们经常会为自己的名字被弄错而感到不快。如果可能的话，再记下他的地址和电话号码。

5. 如果想进一步与一位新朋友加深交往，你可以给他们写封信，打个电话或登门拜访。

6. 主动与不相识的人说些轻松愉快的话，这对双方都有好处。

运用以上6种方法，你就会积极主动地与人交流。当然，并不是所有的人都能做到这一点。大多数人从来不愿主动介绍自己，而是等着别人来介绍他。

厚黑智慧

像成功者一样，主动与人相处。不要害怕开口，不要担心别人取笑你。了解他是谁，并告诉他你是谁。

乐观面世，厚黑待世

很多人经过十几年的学校教育，可以说是满腹经纶，胸怀壮志。然而书本知识与社会实践存在一定的差异，在工作中遇到诸多与书本理论相冲突的地方是不可避免的，甚至是用理论无法解释和解决的问题。同样地，一个人加入一家新公司、谋到一个新的工作岗位，很多过去工作中的经验不能全部适应新的要求。因此，要学会以低姿态进入工作，保持低调，学会低头，以乐观圆融的心态面对世态。

有一次，富兰克林去拜访一位前辈。那个时候，他还是一个年轻的小伙子，得意扬扬，当他昂首挺胸、迈着大步走进房间时，不料他的头重重地撞在了门框上，疼得他直揉搓。前辈迎上来笑着说，是不是很疼呀？这将是你今天来访的最大收获。为了让年轻气盛的富兰克林学会低头，这位前辈可以说付出了很多的心血。最终事实证明，这位前辈的教导是及时的，也是成功的，这可从富兰克林的自身得到验证。一是他之后成为著名的政治家和杰出的科学家，二是他曾经告诫人们——缺乏谦虚就等于是缺少见识。我们有理由把这句话作为富兰克林的检讨书，与此同时也是促使他成功的座右铭。从这段小故事中我们能够得到这样的启示：学会低头首先是学会谦虚，谦受益，满招损，以乐观圆融的心态面对世态是为人之道。自古以来，这样的例子比比皆是。

战国时代的范雎本是魏国人，后来他到了秦国。他向秦昭王献上远交近攻的策略，深为秦昭王所赏识，于是把他升为宰相。但是他所推荐的郑安平与赵国作战失败。这件事使范雎意志消沉。按秦国的法律，只要被推荐的人出了纰漏，推荐的人也要受到连坐的处分。但是秦昭王并没有问罪范雎，这使得他心情更加沉重。

有一次，秦昭王叹气道："现在内无良相，外无勇将，秦国的前途实在令人焦虑呀！"

秦昭王的意思原为刺激范雎，要他振作起来再为国家效力。可是范雎心中另有所想，因而误会了秦王的意思，感到十分恐惧。恰好这时有个叫蔡泽的辩士来拜访他。对他说道："四季的变化是周而复始的：春天完成了滋生万物的任务后就让位给夏；夏天结束养育万物的责任后就让位给秋；秋天完成成熟的任务后，就让位给冬；冬天把万物收藏起来，又让位给春天……这便是四季的循环法则。如今你的地位，在一人之下万人之上，日子一久，恐有不测，应该把它让给别人，才是明哲保身之道。”

范雎听后，大受启发，便立刻引退，并且推荐蔡泽继任宰相。这不仅保全了自己的富贵，而且也表现出他大度无私的精神风貌。

后来，蔡泽就宰相位，为秦国的强大做出了重要贡献。当他听到有人责难他后，也毫不犹豫地舍弃了宰相的宝座而做了范雎第二。可见聪明的智者都不会一味地贪图富贵安逸，在适当的时候，他们都会主动退出舞台，以保全自身。

俗话说：“山不厌高，水不厌深，学然后知不足。”作为受过高等教育的人，走进社会的时候就更应该要学会懂得谦虚，因为一知半解的人多不谦虚，见多识广的人才能做到知与行的统一。进入工作当中面对那么多的强手，他们理论基础深厚，经验丰富，你初来乍到诸事不精能不谦虚吗？谦虚的态度易于被领导、同事所接纳，易于得到别人的指点以及帮助，从而你自己的进步也会更快。学会低头，并且还要学会自查，自己的水平高到什么程度，自己的能力有多大，自己有什么长处和短处，都要了解得清清楚楚。

老子说“知人者智，知己者明”，一个人首先要正确地看待自己，然后才会正确地看待别人和所有的事物，特别需要反观自己，查找不足，这样才可以戒除妄自尊大、高傲自满的毛病，也才能朝着既定的目标积极进取，永远都不停留，一直达到成功。

厚黑智慧

风一吹便低俯的草，其实是饱经风霜，通过无数次考验的坚韧的草。人生何尝不是如此。低头弯腰，保护了自己，强硬只能夭折得更快。现实生活中，很多人都会碰到不尽如人意的事情。

需要你对人暂时退却，这样的时候，你必须面对现实。要知道，敢于碰硬，不失为一种壮举。可是，胳膊拧不过大腿。硬要拿着鸡蛋去与石头斗狠，只能是无谓的牺牲。这样的时候，就需要用另一种方法来迎接生活。这就是适时低头，以乐观圆融的心态面对世态。

处理好朋友之间的冲突

朋友之间发生冲突也十分正常。俗话说，上下眼皮之间还经常打架呢。朋友间有冲突产生，从维护友谊角度来说，双方都应该主动地解决冲突，而不是双方斗气，保持僵局。这对关系的发展必然有害，最终严重到有可能毁了两人之间的友谊。一般来说，当冲突发生以后，人们应该这样去解决冲突比较合理：

1. 弄清冲突的来龙去脉和前因后果

冷静地去了解冲突产生的原因，分析冲突的性质和规模，这是解决冲突的前提条件。一般来说，微小而较为明确的冲突比较容易消除，解决的方法也比较简单。但如果牵涉到广泛、模糊的争端或原则时，冲突会扩大。处理冲突的时候可以缩小冲突的原因，可以将焦点直接针对与我们发生纠纷的人。

2. 正确地看待冲突

看待冲突需要用辩证法。方式通常有两种——一方完全正确，而另一方完全错误；或双方各有各的道理，错误不在一人。一般冲突的发生往往是双方都有错误和责任，属于后一种方式。这种方式有利于对每个问题作出创造性的抉择，并可产生多种解决办法。

3. 说明问题

当我们发现冲突原因之所在，并能正确对待，那我们就应该将问题说清楚。若能直截了当地表明对何种行为可接受、何种行为不可接受，我们便可能解决显在的或潜在的冲突。在表露我们的内心想法时，把焦点对准令人讨厌的行为时，用“我”的感受来表达，能消除对方的防卫心理。

4．作出双方都能接受的决定

首先要考虑处理问题方案的可行性，这是作出正确决定的关键。如果经过认真仔细考虑之后，认定该方案具有可行性，则可一试，然后还要考虑其中哪些是双方都能接受的决定。双方都可以接受的决定才有利于问题的解决，否则只会将问题弄得更复杂。双方都要考虑，实施一项决定时要求我们在什么方面作出共同努力。一时不能达成一致协议或意见时，用暂时回避难题的方法有利于产生新的方案。

5．实施并评价决定

在达成一致的处理冲突的方案中，如果双方都满意则证明该方案有效，可作一次总结，用于解决其他冲突。如果不满意，则要考虑为什么，以便作出修改或寻找新的方法来解决问题。

厚黑智慧

冲突的具体情况不同，用来解决和处理冲突的方法也各不相同。有些冲突或问题的出现，需要我们反应快速、敏捷，及时解决冲突，防止扩大；而另一些冲突因规模较大、较激烈，需要给双方一段合理的时间去深思熟虑，等冷静下来，然后再着手细致地解决冲突，从容应对。

与身边的人保持距离

常言道：久别胜新婚。这句话所说的就是由距离而产生的情感效果。试想一下，一对夫妻天天在一起，重复着同一套生活模式，难免不生出厌倦乏味的感觉。就如同每天让你看同一部小说和同一场电影，尽管其中也有精彩丰富的情节，但一定会使你厌烦；而如果过一段时间，再让你看这篇小说或这场电影，就又会有新的感受。现在国内外有一些夫妻，提倡夫妻分床睡觉，既利于休息，又会使夫妻双方保持各自的魅力，让相互的爱情在若即若离、不冷不热中保持永久的魅力。

有一位脾气急躁的妻子，每当家务事一多，就开始不停地“唠叨”，这时她丈夫若是吹胡子瞪眼，那会使事情搞得很糟。但她丈夫没那么做，每当妻子发脾气时，他总是不加理睬、默默地帮着干家务。这样，他与妻子在心理上拉开了距离，把自己的爱和憎隐藏起来。这样的处理，所达到的效果是非常理想的。这位丈夫善于克制自己的感情，不追求那种感情的外泄，就充分显出了性格的稳重。当妻子脾气过后，会更加爱她的丈夫。

“鸡犬之声相闻，老死不相往来”，这是道家的“小国寡民”思想，不足取。但也不宜过分亲密到了不分你我的亲近程度。凡过分亲密必会产生摩擦，引发矛盾，于是出口不逊，棍棒相加，你长我短，揭老底，戳痛点，鸡犬不宁。调查一下邻里关系不和谐的人家，你会发现他们大都曾经有过亲密无间的往来史。就算是“远亲不如近邻”，也需要掌握好分寸，若即若离不失为一种和谐之音。

怎样与陌生人保持距离？

1．同陌生人保持距离要分职业

从事不同职业的人，对陌生人的警惕性是不同的。他们在思想上或行动上的警戒线也有所差别。有些大众性的职业，接触陌生人较多，这些人容易接近些，如商店里的营业员等。也有些职业的人不易接近。当然，大家相互都是陌生人，其中的距离是玄妙的，每个人的经历不同，心灵感应也有差异。有时一句得体的赞语，会使你和他或她都很亲切，仿佛已相识了很久；有时你称赞对方却会引起对方的反感。那么，如何把握不同职业的人的距离，对于每个人来说是特别重要的。

例如，小张是一家股份有限公司的公关小姐，她所在的公司是生产保健器械的。刚任职那会儿，她每天都要接待许多陌生的客户，由于一开始她未能很好地把握对待不同行业的人的距离，工作中曾出现过不少的尴尬局面。

有了经验之后，她再接待陌生客人就有把握了。只要对方自报家门，是哪个单位的，她就会以恰当的方式对待。有一次，一家医院的采购员到这儿订购保健器械。小张知道这家医院在国内具有相当大的影响，又听说这个采购员相当挑剔，就想好了法子对付她。小张知道，如果搞好了，会使公司增加一大批订货，提高公司的知名度，搞不好会直接影响公司的声誉。她知道这个人很挑剔，这使她推断出与这种人交往要不卑不亢，宁可疏远，也不能太热情。果不其然，小张那一句句较为得体亲切的赞美之词使这位采购员很高兴，仿佛小张不是谈判对象，而是她的同事。于是她谈起走过的几家公司，有的太黏糊，让人受不了，使人怀疑他们公司的产品有缺陷；有的则太冷淡，让人不能忍受。在这儿，受到小张的得体接待，她也热情地把小张及其公司赞美了一番。事后，采购员决定就要小张所在公司生产的产品。

如何同陌生人保持恰当的距离，这里没有定规。这种区别只是粗线条的，该如何保持距离还需在具体的情况下，根据对方给出的信息去判断。

2. 可以根据对方的年龄或性别来确定距离的远近

与陌生人交往时可以根据对方的年龄大小或性别，来确定你与他或她应保持的距离。如果对方和你年龄相差很大，且又是同性，这个距离可以近一点；如果对方和你年龄相差很大，且又是异性，这也需要你能恰当地察言观色，然后确定应当保持的距离。一般说来，老年人对年轻人的反应更热烈一些，容易接近。对于同龄的异性，特别是年轻人，其距离就相当微妙了。这时的距离要根据对方的言谈举止所传递的信息而有所调整，如果他对你较为冷淡，你要适当地拉开距离；若他或她对你很热情，如果这也正是你所期望的，那你可以更热情一点，适当地靠近他或她。当然，这是因人而异的，要根据具体的情况去加以分析。

小唐在县城里是位公认的交际高手，虽然县城不算大，但只要是城里的知名人士，没有不和小唐熟识的。人们谈到他时都说这小子神了，把他放在一个人也不认识的地方，不出三分钟，他就能和周围的陌生人打成一片。

小唐在谈到他之所以如此受大家欢迎时，承认那是逼出来的。有一次，他到舞厅去跳舞，发现有一位非常漂亮的女孩子，他邀了她跳舞。在跳舞过程中，他为她的艳丽所倾倒，非常热情地说了许多赞美之词，那女孩随后拂袖而去，说他缺乏教养。此后他在各种场合认真观察，总结出了与不同性别、年龄的人交往应保持不同距离的经验。他特别强调在与陌生人交往时，交谈要保持一定的尺度，这样才能做到恰如其分，交谈中言语不到位或者言过其辞，都会产生相反的效果。曾经有个记者到城里采访，这个记者是位年轻的女性，她听说小唐小有名气，就忍不住去拜访他。见面之后，这位走南闯北的无冕之王为小唐那恰如其分的言辞所折服。临走时，记者对小唐说，我算是明白了你为什么那么受人欢迎了。她说，小唐那恰到好处的言辞，以及从他言谈举止中传达的信息调整了与她的距离。可以说，处处做得自然而又非常地老到，简直是不可思议。

在这个事例中，小唐因其善于观察和非常得体地使用语言，使交谈中有亲疏远近之分，这也是熟练地掌握语言的精妙所在。

厚黑智慧

朋友之间保持一定的心理距离也是很重要的。保持朋友各自个性上的闪光点，让朋友各自保留心中的一块绿地都是一种心理上的距离，这种心理距离所产生的效果，会使朋友双方发现对方品质的魅力，朋友可以不断地感受到你身上的气质；你也可以不断地发现朋友身上的长处。

见大人物时如何自然而然

下面的一些方法，或许可以帮助你避免见大人物时的害怕。

1．充分掌握制动权

一般人一听说要与大人物对阵，内心立生恐慌，或者一见面就想临阵脱逃。如果情况允许的话，你根本就想避而不见。这种恐惧心理有形有色地表现出来。其实，这种做法永远不能使苦闷的意识消失；相反地，先发制人的老套，才是消除苦闷意识的方法。

例如，我们约好某个大人物在咖啡室见面，当自己比约定的时间晚到时，难免会觉得很不好意思。倘若发现对方还没到，心情就变得舒畅，同时也觉得很从容，看见对方的时候，心理上会有一种优越感。

我们不妨利用这种心理，借机克服害怕的意识。依据先发制人的道理，如跟某大人物有约会，一定要比约定的时间早到，这样才能在心理上拥有优越感。此外，因为自己充分掌握了主动权，所以可以积极面对对方，当然也就会使我们信心倍增。

2. 提早会面时间

在我们即将与一位具有社会地位或是被认为不好相处的人见面时，难免会感到胆怯。遇到这种情形时，我们如能尽量提早见面的时间，便可以转为轻松的心理与对方见面。迟早都要碰面，倒不如将时间提前，缩短自己事前紧张不安的时间。

用心理学的观点说，有3个理由可以说明这种策略的可行性。

（1）缩短见面前的时间可以避免臆造不正确的对方形象。通常我们在与人见面前，都会做各种想象，揣度对方的外表、个性等。所以，见面之前如果时间拉得太长，很容易产生不正确的形象。而在“不会是这样”“也不会是那样”的多次揣度中，自然会将对方固定在某一模式中，而有了不实的形象，从而按照心中的形象做会面的心理准备。这样，在见面后，一旦发现对方与自己所想的不相符，便无法直接接受对方。因此，为了预防这种情况，提前见面是很有效的方法。

（2）将见面时间提早也就等于表现了自己积极的主动地位。同样的道理，在与大人物初次见面时，只要自己主动与对方见面，自然就不会感到胆怯。

（3）在心理上压住对方。在与人见面时，有所准备的心理与态度比自己的实力具有更大的决定性。如果你对对方的能力评估过高，在心理上，你的斗志已经萎缩，在还没有见面之前，已注定了失败的命运。其实，何必受对方能力的威胁呢？就算是对方能力高出自己许多，只要你的心理处在对等状态，往往能出乎意料地发挥潜力，“制服强大的敌人”。

就像围棋、象棋等类的职业性比赛，如果能稳定自己的情绪，在心理上胜过对方，在实际比赛时，往往就能取得胜利。因为赛前的心理状况往往会在赛场上自然表现出来，影响你的成败。

美国职业高尔夫球选手托里比诺，在他与被称为“高尔夫球大王”的尼科拉乌斯比赛时，曾有过这么一段趣闻。当时，心理上受到极大压力的托里比诺，偷偷带着尼科拉乌斯最怕的蛇玩具，在赛场中突然丢了出来。这使得本来有着无限尊严的“高尔夫球大王”像个被惊吓的小孩般在赛场中四处乱闯。这样一来，由于托里比诺见到了对方脆弱的一面，自己心理上的压力解除了，而能以很轻松的心情参加比赛，终于赢得了这场比赛。

诚然，托里比诺的手段并不光彩，但尼科拉乌斯却对托里比诺的心理战术作了很高的评价。

厚黑智慧

不要妄自菲薄，脸皮要厚，才能做到自然而然，不露怯，不慌张，让自己在各种场合受到广泛欢迎。

应对小人有哪些高招

小人种类繁多，有口蜜腹剑者，有吹牛拍马者，有尖酸刻薄者，也有挑拨离间者，不一而足。应对之策，分类述之。

1. 应付口蜜腹剑的人，微笑着打哈哈

如果这种人是你的老板，你要装得有些痴呆的样子。他让你做任何事情，你都要唯唯诺诺满口答应。他客气，你要比他更客气。他笑着和你谈事情，你笑着猛点头。万一你感觉到，他要你做的事情实在太毒了，你也不能当面拒绝或翻脸，你只能笑着推诿，誓死不接受。

如果他是你的同事，最简单的应付方式是装得不认识他。每天上班见面，如果他要亲近你，你就找理由马上闪开。如果做同一件工作，尽量避开不要和他一起做，万一避不开，就要学着写日记，每天检讨自己，留下工作记录。

如果他是你的部下，只要注意三点：其一，找独立的工作或独立的工作位置给他；其二，不能让他有任何机会接近上面的主管；其三，对他保持表情严肃，不带笑容。

2. 应付吹牛拍马的人，不要与他为敌

如果你碰到这一类的主管，就要和他搞好关系，他吹牛拍马对你无害。当此类人是你的同事时，你就得小心了，不可与他为敌，也没有必要得罪他。平时见面还是笑脸相迎，和和气气。如果你有意孤立他，或者招惹他，他就可能把你当作往上爬的垫脚石。如果他是你的部下，要冷静对待他的阿谀逢迎，看他是何居心。

3. 应付尖酸刻薄的人，保持一定距离

尖酸刻薄型的人，在社会上是不大受人欢迎的。他们的特征是，与别人争执时往往挖人隐私不留余地，同时冷嘲热讽无所不至，让对方自尊心受损、颜面尽失。

这种人平常也以取笑同事、挖苦老板为乐事。你被老板批评了，他会说，这是老天有眼，罪有应得。你和同事吵架了，他会说，狗咬狗一嘴毛，两个都不是好东西。你去纠正部下，被他知道了，他会说，有人恶霸，有人天生贱骨头，这是什么世界?

尖酸刻薄型的人得理不饶人。由于他的行为离谱，因此在公司内也没有什么朋友。他之所以能够生存，是因为别人怕他，不想理他。但如果有一天遭到众怒，他也会被治得很惨。

如果这类人不幸是你的老板，你唯一可做的事，就是换部门或换工作。但在事情还没有眉目及定案时，不要让他知道。否则，他的一轮人身攻击，你恐怕会承受不了。

如果他是你的同事，和他保持距离，不要惹他。万一吃亏，听到一两句刺激的话或闲言碎语，就装没听见，千万不能动怒。否则，是自讨没趣，惹鬼上身。

如果他是你的部下，你得多花时间在他身上，有事没事和他聊聊天，讲一些人生的善良，告诉他做人厚道自有其好处。你所付出的爱心和教诲，有时会替公司带来一份意想不到的收获。

4. 应付挑拨离间的人，最好谨言慎行

这种类型的人，给人际关系带来的杀伤力非常大，只要不注意或处理不当，便可能灰飞烟灭，处处留下残迹。应付这类人，没有什么好的办法，只能防微杜渐，不让这类人进来，或一有发现就予以制止或清除。否则，后果不堪设想。

如果挑拨离间型的人做了你的老板，你首先要注意的是谨言慎行，和他保持距离，在公司内建立个人信誉。万一有一天，有是非发生，你得尽量化解和虚心忍耐，同时要保持着“能做就做，不能做就走”的宽广心胸。

这种人做了你的同事，你除了谨言慎行及和他保持距离外，最重要的是你必须联络其他的同事，和他们建立联防及同盟关系，将他孤立起来。如果他向任何人挑拨或离间，都不要为之所动。如果他是你的部下，那你就要想办法孤立他。如果你下不了手，那他就会孤立你。

小人当然有很多种，但以上四种小人最为可恶，也是最难对付的。如果你能够未雨绸缪，那么你将会稳操胜券，一切平安。

厚黑智慧

在生活中，小人时时刻刻想着诡诈心机，那绝不是真正高手。而厚黑高手可谓万事万物皆为我所用，任何态度都能够成为自己的工具。

·第三章·

厚黑霹雳手，百战不殆

以霹雳手段做佛禅事业，以厚黑智慧创人生伟业！

厚黑智慧在于灵活运用，谋略在于活学活用。要让自己拥有力量，才能赢，才能战胜困难、坎坷。力量在于思考，思考制胜。力量在大脑里，让你成为最好的自己。所谓三十六计兵法，重点在于计谋，计谋在于思维灵活，把握大局，就能无敌。

比赛都有输赢。要凭自己的实力，光明正大地赢别人，这是对自己的尊重。要尊重对手，因为对手给了你赢的机会。制服对手的最高境界是双赢，与对手成为好朋友。与对手相处，贵在和而不同，有和谐的境界。

了解你的天敌

动物世界里，时常有天敌。有些动物看到天敌出现，会赶快逃跑，有的则瘫在地上，只等天敌来收拾它。

人的世界也有天敌存在，如果你稍加注意，就可以发现这样的现象：某人蛮横霸道，人见人怕，可是当他面对某人，却乖巧得像小姑娘似的。这人就是他的天敌！某人能说会道，可是当他面对个别人，却像全身神经系统错乱一样，言行都走了样。而“恶马恶人骑，一物降一物”这句话，最能说明人与人之间的这种现象。这种现象非常奇妙，无法用常理来解释，只能把它当成人类世界中的一种“生态平衡”！

你该怎样了解你的天敌？

1．你的天敌是谁

关于这一点，你可以通过反省，了解你怕谁。所谓的“怕”是指丧失意志力以及你的意志力对他失去作用。若有这种现象，那么他就是你的天敌。你的意志力压得过谁，你就是谁的天敌。

2．你的天敌的天敌是谁

一物降一物，天敌也有天敌，这是自然定律。

了解这些，你就可以发展出一套生存之道：

（1）尽量避开你的天敌。若避不开，应保持距离，千万不要有利害关系，因为面对天敌，你是占不到便宜，甚至要吃亏的——连想抗拒都没办法呀！

（2）如果你是某人的天敌，你也不可恃强凌弱。知道你对他有绝对的支配性就可以了，否则他躲得远远的，对你并没什么好处。狼总要有猎物吃吧？猎物都跑光了，狼也会饿肚子的呀！

（3）当受到天敌压制时，要想办法寻找他的天敌来救你。平时也应和天敌的天敌接近，以接受他的保护，这样你的天敌就拿你没办法了。

不管谁是谁的天敌，以天敌的态度来做人做事是不太好的。因为人和动物有一点不太一样，人有“面子”的需要，当他被压制到不能忍受的程度时，会做飞蛾扑火似的反抗。反抗不一定有用，但却会对他的天敌造成相当的伤害，这一点是天敌不能不注意的。最好的方式是采取共生的态度，动物世界有很多这种情形，人的世界其实也是做得到的。只是有时造化弄人，欲共生而不可得，反而双方血肉淋漓，而也就是因为这样，你才要了解天敌这种人性现象。

而且，通过敌人也能了解自己。

怎样发现自己的优点和缺点并从中寻找发展的机会呢？可假设你的对手向你展开攻击，你如何防卫，进而把他打倒。敌我攻防战，讲究发挥自己的长处，掩藏己方的短处，并对准对方的短处迎头痛击。模拟这样一场攻防战，帮助自己对敌我双方的形势了解更多、更深入。

最清楚你的优缺点的，除了你自己和好朋友之外，便是你的敌人。有时敌人比你的好友，甚至比你自己，对你了解更深。

问自己：“敌人会从哪方面向我展开攻击？”分析自己的形势，逐点研究哪里会成为敌方攻击的对象。然后问：“为什么对手会从这儿进攻？”因为这方面的防御较薄弱，较易打开缺口？深入分析这个可能出现的缺口，到底出现了什么问题，应如何补救。

此外，我们也应站在对手的角度，试行了解他攻击的方向、方法等。先从自己的角度去思考问题，会失之片面。

厚黑智慧

在人性里固然有和谐的一面，但身处和谐的环境时，你也不能忘记邪恶一面的存在。因为面临利益时，和谐也会立即变成邪恶的。所以为了生存，你必须要对天敌有所认识。

从对手弱处寻找突破口

凡看过足球比赛的人都会清楚，如果一支球队只是防守而不去进攻的话，那么这支球队最多只能与对手战成平局，而绝不可能赢得比赛。同样，一位员工如果在单位里害怕上司、害怕同事发现自己的不足，而极力进行掩饰，可能他短时间内不会被解雇。但可以肯定的是，这样的人永远也不会被提升。

与其一味消极地隐藏自己的缺陷，倒不如采取积极的策略，展示自己优秀的一面，比出对手的弱点，以便在竞争中占据有利的地位。比如：你是否有良好的沟通能力，有没有团队合作精神，外交能力是否出色，是否知道编织自己的人际关系网，等等。当然，你所拥有的这些一定要是对手所不足的，这样才能体现你的优势。然后再通过适当的途径把它们展示出来让上司了解你、认识你，从而为自己铺平前进的路。

市场部助理马丽不久前被提升为秘书室主任，因为她平时所做的策划文案都十分精彩，并常有文章在报纸杂志上发表。当马丽得知秘书室主任一职空缺，公司内定人选是打字员苏珊时，自信的她便来了个毛遂自荐。总经理边翻看着马丽的文案，边对她精彩的文笔发出赞叹。为了公司的发展，总经理考虑之后终于决定放弃那个长得漂亮却文笔平平的苏珊。

“酒好不怕巷子深”“土不埋金”的古训有时在职场竞争中并不适用，等着别人发现往往会使自己与机遇失之交臂，不如像马丽那样学会让别人发现你。在竞争如此激烈的今天，如果你总是躲在一旁，不会引人注目。请想：在到处是才思敏捷的智者的职场里，上司的目光会穿过这么多亮丽的光环看到默默无闻的你吗？你能有多少脱颖而出的机会？

厚黑智慧

如果你不懂得去创造机会，或有了机会也不知道把握，那么，在激烈竞争中失败当然在所难免。这恰如一只不懂得在人前开屏的孔雀，又怎会让众人因它的美丽而发出赞叹的欣赏？

因此，任何时候，善于创造机会，及时抓住机会，充分展示你优秀的一面就显得非常重要。

对手的话要认真听

这里所谈的对手，并不是兵戎相见、你刀我枪的战场上的敌人，而是指生活中、业务上与你相关的对手。诸如学术讨论中的对手，业务交往上的对象，商务谈判上的对手，等等。

听对手讲话，最关键的是要保持沉着冷静。必要时尽量后发制人。

面对对手，很多人最容易犯的大毛病是浮躁，急于发言反驳对方。但这样容易误入对方圈套，受人控制。如果你面对的是学术争论上的对手，那么你就应当静静聆听他所提出的反驳意见，要听得越耐心、越仔细、越完整越好。因为只有这样，你才能真正弄明白对方的想法是什么、论据是什么，没有这些材料，你就不可能提出有效的反驳意见。和这同等重要的原因是，你必须在对手面前显示出自己的学者风度，表现出你的涵养和深沉。有些人误以为，虚心听取对方意见，长久地思索，不予回击是弱者的表现，会被对方和别人看不起，这实在是天大的误解。事实上，深沉是对对手的震慑，引而不发更会使对方感到你难以捉摸，容易乱了阵脚。兵法云：“知己知彼，百战不殆。”而在讨论中静听、默思对方的意见，则是知彼的最好方法。能够知彼，在斗争中必然先拔头筹，又何必心浮气躁、浅知即言呢？

兵法还说："静如处子，动如脱兔。"意思是引而不发，准备条件，积蓄力量，务求做好一切准备；不发则已，一发惊人，务求一击中的，弹无虚发。如果采取零打碎敲的办法，条件准备不充分，力量积蓄不够，贸然出击，就有吃败仗的危险。况且兵法还说："折其十指，不如断其一指。"不中要害的十击，比不上切中要害的一击。

我国古代伟大的军事家孙子在这方面曾有如下精辟的论述：

"知彼知己者，百战不殆；不知彼而知己，一胜一负；不知彼，不知己，每战必殆。"

"故君之所以患于军者三：不知军之不可以进而谓之进，不知军之不可以退而谓之退，是谓縻军。"

"一曰度，二曰量，三曰数，四曰称，五曰胜。地生度，度生量，量生数，数生称，称生胜。"

这些理论关键的一点就是要先了解自己，再了解别人，了解得越全面、越深入，取胜的把握就越大。所以说与对手相持，真正的勇敢者不是急躁冒进、轻易出击的人，而是沉着冷静、引而待发的老成持重者。突然打出的拳头之所以有力，在于先屈而后伸，一直伸着拳头是很难发力的。

当然，我们可以用战争来比拟日常工作和业务活动中的对手。但是，这两者终究有所不同。战争是你死我活的激烈抗争，所以孙子说："兵者，国之大事，死生之地，存亡之道，不可不察也。"而日常的讨论、会谈、商务就没有那么严重。因此，在设法取得胜利，达到目的的同时，还要注意风度，而静听别人的讲话，不插嘴、不打断，然后经过深思熟虑，再认真慎重地表态，就恰恰是最优异和可亲的风度。

俗语说"一通百通"，以上的理论和注意事项完全可以推广到听其他各种对手的讲话当中去。

当然，只是静听还不够，或者说，听只是手段，而不是目的。我们真正的目的是通过听来收集、获得对方向我们直接传播过来的信息。耳朵只是信号接收器，它能接收一连串字码，但却不会解码，解码要靠我们的大脑里面储存的各种知识。因此，听的同时，还要不断地梳理、思考、分析，从中找出最根本、最重要、最原则的东西，然后再来制定对策，判断对错，确定我们的答案，这才是一个完整的过程。

厚黑智慧

要做到这一点，很关键的还要有涵养，不要激动，特别是不要受对方比较激烈的言语和强词夺理，甚至是颠倒是非的刺激。因为激动的结果刚好会影响你的听力，破坏你的正常思维，从而导致忙中出错，给对方以可乘之机。有时，对方正是抓住这一点用激将法，以便浑水摸鱼，乱中取胜。所以我们必须加强锻炼，养成临时决策和处乱不惊的本领。要遇事沉得住气，面对复杂情况和激烈的言辞，及时告诫自己：多想想，再想想。哪怕一时并无良策，也千万不可乱了阵脚，而要更加沉着地应对，以寻找缓冲的机会。

顾及别人自尊心必不可少

美国南北战争的时候，林肯总统新任命的将军在战争中一次又一次地惨败，使林肯很失望。全国有半数以上的人，都在臭骂那些无用的将军们，但林肯却没吭一声。他喜欢引用一句话："不要评议别人，别人才不会评议你。"

当林肯的太太和其他人对南方人士有所非议的时候，林肯总是回答说："不要批评他们，如果我处在同样情况下，也会跟他们一样的。"

也许，任何时候都要顾及别人的自尊心，这就是林肯善于与人相处的秘诀，也是他的成功之道。

顾及别人的自尊心，有许多种方法可以采用。如在柯立芝总统执政期间，他的一位朋友接受邀请，到白宫去度周末。这位朋友偶然走进总统的私人办公室，听见柯立芝对他的一位秘书说："你今天早上穿的这件衣服很漂亮，你真是一位迷人的年轻小姐。”

这可能是沉默寡言的柯立芝一年当中对一位秘书的最佳赞赏了。这来得太不寻常，太出乎意料了。因此那位女孩子满脸通红，不知所措。接着，柯立芝又说，“现在，不要太高兴了。我这么说，只是为了让你觉得舒服一点。从现在起，我希望你对文件上的标点符号能稍加小心一些。”

柯立芝的顾及别人自尊心的方法可能有点太过明显，但其心理策略则很高明。

厚黑智慧

通常，在我们听到别人对我们的某些长处赞扬之后，再去听听一些比较令人不痛快的事，总会好受得多。

恰如其分地说“对不起”

“对不起”这三个字看来简单，可是它的效用，不是别的字所能比拟的。这三个字，能使顽强者点头，能使发怒者平息火气。

在汽车上误踩了别人的脚，你说声“对不起”，被踩的人自然不会计较什么了。人的心理就是这样，对于许多事情皆可原谅。若因为你的过失，使别人吃亏，而你还不承认自己的不是，好像别人的吃亏是咎由自取似的，这就不能使别人原谅你了。

避免伤害对方的感情的最聪明的办法是自己谦逊一点。自己有过失的时候立刻道歉，别人会谅解你。

反之，不承认过错，就难怪对方生气。许多因口角变成打架或因一两句话而酿成命案的，不都由此而起吗？倘若我们大家都不忘记这“对不起”这三个字的巧妙，我们的生活将会减少很多不愉快。

卡内基曾租用某家旅馆的大礼堂讲课。有一天，他突然接到通知，租金要提高三倍。卡内基前去与经理交涉。他说："我接到通知，有点震惊，不过这不怪你。如果我是你，我也会这么做。因为你是旅馆的经理，你的职责是使旅馆尽可能赢利。"紧接着，卡内基为他算了一笔账，将礼堂用于办舞会、晚会，当然会获大利。但你撵走了我，也等于撵走了成千上万有文化的中层管理人员，而他们光顾贵旅社，是你花五千元也买不到的活广告。那么，哪样更有利呢？最后，经理被他说服了。

卡内基之所以成功，在于当他说"如果我是你，我也会这么做"时，他已经完全站到了经理的角度。接着，他站在经理的角度上算了一笔账，抓住了经理的兴奋点——赢利，使经理心甘情愿地把天平砝码加到卡内基这边。

这样不但能加强双方的沟通和理解，而且你可以更清楚地了解对方的思想轨迹及其中的"要害点"。

厚黑智慧

关于这一点，让我们共同分享美国汽车大王福特说过的一句话：假如有什么成功秘诀的话，就是设身处地替别人着想，了解别人的态度和观点。

缺席能提高你的尊严

下雨的日子越久，人们就越渴望太阳，但是炎热之日太多了，太阳就显得无足轻重了。

学会保持若隐若现，让别人要求你回来。

在公众场合露面损害美名，不露面却会增加美誉。比如，原先被视为狮子的不露面的人，一旦露面就变成了老鼠。又如，礼物常被把玩，就会失去光华，因为一般人只看得见皮毛，看不见精髓。一般来说，人的想象力比视力能量更大。而欺骗由耳人，却通常由眼出。

世界上一些事物的重要与否都与缺席和现身的经历密切相关。频繁地现身会吸引权力和注目，因为你比周围的人更为灿烂耀眼。但是一旦你走到这个地步，过度地现身反而会造成反效果。如你越经常露面、讲话，你的身价就越低。一旦你成为习以为常的人物，无论你多么努力要与众不同，人们只会对你越来越不尊重。在适当的时刻，你必须学会在众人不知不觉中先行引退，这是一场捉迷藏的游戏。

在爱情与诱惑的故事中，你最容易领略这条法则的精义。在恋情的萌发阶段，意中人的缺席便惹起了你的想象。但是当你了解得太深入时，你的想象不再有漫游空间。意中人也变得像平凡人一样，他或她的出现被视为理所当然。

当你允许自己接受和其他人一样待遇的那一刻，就已然太迟；你会被他人大口吞下，被消化得干干净净。要避免如此的下场，你必须让其他人渴望你的出现，通过感知和尊严，迫使他们尊敬你。另外，你还要制造出现身以及缺席的循环模式。

一旦你过世，你的一切都会看起来不一样。你可能会立刻被笼罩在尊敬的光环中。人们记起他们对你的批评，于是内心充满悔恨和负罪感；他们想念你永不再出现的身影。但是你不需要等到死亡的那一刻，而可以通过暂时性的完全引退，创造出死亡之前某种形式的出现。等你回来时，就好像是死而复生，复活的氛围环绕着你，人们因为你回来而安心。

在历史上，伟大的西班牙国王查理五世，他同时被选为神圣罗马帝国皇帝。在他权力达到巅峰时，他隐居于尤斯塔修道院。当时全欧洲对他突然的隐退都感到迷惑，曾经痛恨、畏惧他的人突然改口赞扬他的伟大，结果他被视为圣徒。

厚黑智慧

利用缺席引起重视与尊敬。缺席时其他被视为狮子的人，可能在你现身时给人的感觉不过尔尔。如果人们相互过于熟稔，会感到天才也会丧尽光华。因为心智的外壳比丰富的内在精髓更让人们推崇，所以缺席引发的渴望使人备受尊敬。

看透对方心理的战术

要实现对话的目的，还必须进一步看透对方的心理，否则将无法有效地说服对方，达到社交的目的。

下面为您介绍几项识破对方心理的有效技巧。

1. 反问对方以确认其意图

狡黠的政治家惯常使用模棱两可的回答。

如果您遇上说话语意不明者，而他又避免作明确的结论，乍听似乎有理，实际并非如此。为了确认他是否为意志踌躇的人，可利用双面理论来加以辨明，即在他提出强调单方结论后，应马上反问他对于另一方的理论有何看法。

2. 请坚持讲完你的话

如果与人见面时，对方表现出闻一知十的态度，你在心里须先设戒心。因为对方对你的个性、情绪毫无所知，却表现出闻一知十的样子，其意义大多表示不想倾听你的谈话而拒绝的姿态，只是对方可能碍于礼仪或情面，不好直接表明。但是，如果你话才说出，对方即频频点头表示了解，您不可缄默其口，而要坚持地说完自己的话，让对方“更加了解”。

3. 对方内心不安的表征

通常，见面双方都持着该有的礼仪待人，若是对方态度异常地冷淡无礼，则正说明了他的内心隐藏着不安，为了掩饰其弱点，便采用这种扰乱战术。你可不要被对方的假面具所吓退，此时以冷静的态度应付，正是上上之策。

4. “面无表情”的表情

“面无表情”的表情，正是其内心无言的表达。当人类强烈的欲望无法得到满足，或心底充满敌意与不欲为人所知的情感，不敢直接表露而努力压制时，就会变得面无表情。所以，无表情，并非内心毫无所感，而是波涛暗涌，畏于表现出来。在他们没有表情的面孔下，深藏着不为人知的想法。

5．对方突然多话时

人变得多话时，并非只是在他想表达自我时，相反地，想打断或想结束某话题时，也是如此。所以当对方突然高谈阔论起来时，仔细想想你是否提到了他们不愿触及的问题呢？话多并不表示能言善道，只不过是掩藏自己的烟幕罢了。

6．对方特别亲切时

面对对方亲切无比的应付态度，若是认为自己交际成功并因而沾沾自喜，那真是大错特错。对方过度亲切时，必须怀疑：对方是否为了掩饰内心的不安才会如此呢？此时，你应该若无其事地转变话题，以探知对方的真意。

7．递上一支烟

香烟乃是对方用之不露痕迹地表示对己方的意思的一种信号。因此，若是推拒了对方所递过来的香烟，而取出自己的香烟来抽的话，会被认为是不接受对方的一种拒绝态度。

8．如果对方将手插入裤袋中

手插入裤袋中，多半是在紧张之余，无意识地把手插入裤袋中的。不论何人，为了要解除内心的紧张，大都会做出解除身体紧张的动作。他将手插入裤袋中，也只不过是要借着触摸自己身体中易于接触的位置，来提高与自己的亲密性，进而消除紧张。初次会面的对象做出违反礼仪的动作，若因此责难他并非上策。接受对方的那些信号，并使其紧张得以缓和，这才是要引出对方真心话的一个前提。

9．故意与对方的意见持反论

在以了解对方为目的的面谈中，为了能在有限的时间内尽可能地抓住对方正确的形象，可以使用很多方法，其中有一种被称为压近面谈的方法。这是一种向面谈者一一提出令他不快的问题，或是将对方置于孤立状态而迫使他做二者择一的决断的方法，换而言之，就是“修理对方”，将之赶入危机的状况中而视其反应的方法。

10. 持续提出以“是”“不是”不能回答完全的问题

对于人际交往，特别是要探知对方的真意时，不论有关任何一方面，都有必要让对方说出更多的话。因此，这一方法应是一个有效的助力。

11. 对方若把话题岔开

对方将话题岔开，大致有三种情形：一是因为完全不留神而岔开；二是为突然产生出乎意料的联想而岔开；三是故意将话题引到别处。这些都说明说话者目前的兴趣和精力已转向岔开了的话题上。因此，对于对方的谈话不要在中途截断，让他继续一段时间。如果是第一种情形，不久之后对方对为何跑题也会感到非常诧异。第二种情形是对方并没有忘记本题，所以能自然地了解到其联想与本题的关系。而如果在隔一段时间之后仍然不能回到本题，就可以判断为第三种情形。依此种方法可以了解到，乍看之下是很浪费时间的“离题谈话”，也可以成为读出对方心理的一个绝好机会。

12. 不妨闲话家常

在不了解对方的性格、感情特点等而进行初次见面的谈话，就像拳击比赛，需要猛击。

完全脱离目的的闲谈，就可以提供看清对方本意的线索。如果对方参与闲谈，则可视为接受我们态度的表现。假设对方并不参与闲谈，那么对于己方所引出的闲谈，对方应该表示出一些反应。视其反应，我们就可以决定是进是退，或是再进一步试试看等，以改变自己的方法。

13. 不要探究初次见面者的过去

为了拉近与初次见面的对象之间的距离，将话题指向有关对方的过去或出生故乡等，这也是可以的，但那不见得是对方所愿触及的往事。有时，这些往事是他心灵上的创痕。在那种情形下，对方会将深藏于自己内心的不快和忧虑表现在表情或实际行动的细微之处。因此，一边谈话也要一边注意这些信号。

14．当你被夸奖时

夸奖的言辞、恭维话，并不都是可喜的。被别人称赞就立刻不知所以，会被他人认为是太简单、太幼稚。然而，若是露骨地表示出猜疑心并冷冷地应对，也会破坏交际的气氛。因此，最好的方法是，先谦虚一番，然后继续保持着探索对方真意何在的姿态。由此就能够找出对方赞赏言辞背后的用心，并判断出他是否对你怀有敌意或某种企图。

厚黑智慧

人心藏于胸腹中，不易为他人所理解。但是，不知是幸抑或不幸，人的心思却可以显现于外，如表情、动作、言谈等。即使是极端型的面无表情者，其心理状态也无法完全不表现在举止之间。

让对手知道得越少越好

如果玩过扑克牌或看过电影上有关赌博的场面，你会为主角手上的底牌是什么、是否能够制胜而紧张。

其实在现实生活中，很多情况也很相似。别人也希望知道你手中的底牌是什么。身居高位的人，最忌别人一看他的脸色，一听他的言辞就知阴晴寒暑。为什么？

无论领导一个公司、团队或是带兵打仗，最需要的是让人们摸不透自己的心思。兵法云："兵不厌诈，虚则实之，实则虚之，能而示之不能，战而示之不战。"如果你不能行诡道，不懂得心藏玄机，你就难以做到含而不露。如此，便会显现两大弊端：一是你的部属可洞悉你的心灵，使其可施展反操纵术，把你操纵于手心之中。二是你的观点、主张、决策、布置很容易被敌手掌握，那样，你就只有等着葬送自己了。

要做到喜怒不形于色，最关键的就是要含而不露。含而不露的优势在于，让敌手充分暴露，并且让他无法搞清你的意图。如此，攻之，可乘其不备，击之，可自由安排。政治家胸怀广大，但又往往城府深不可测。做到这一点，必须使自己喜怒不形于色。

喜怒不形于色的要点是：在你欣喜时，让别人看不出来，在你郁闷时，让别人看不出来，喜怒哀乐不露于形。你的行色或许是你内心的反面，又或许是你内心的表现，但都能达到你想达到的目的，都能为你的目的服务。

厚黑智慧

喜怒不形于色，必须要把握迷惑对手的力度，如果把握不好，过犹不及。在适当的时候也不妨“虚则虚之，实则实之”一下，以搅乱对方的思维。当然这种手段是必须以自己不受到严重损害为前提。喜怒不形于色还应控制在让手下人能明白你的真实意图的力度之中，否则，也会贻误时机。这点就像孙子兵法中“用间”的策略。

让你的对手知道得越少，他越不敢大胆向你进攻。

学会和敌人合作

能够学会与自己的敌人合作，只有大智者才能做到。有这么一则寓言故事：

一只狮子和一只野狼同时发现一只小鹿，于是商量好共同去追捕那只小鹿，它们合作良好，当野狼把小鹿扑倒，狮子便上前一口把小鹿咬死。但这时狮子起了贪念，不想和野狼平分这只小鹿。于是想把野狼也咬死，可是野狼拼命抵抗，后来狼虽然被狮子咬死，但狮子也受了很重的伤，无法享受美味。

这就是人们常说的“零和游戏”，也就是“你死我活”或“你活我死”的“单赢”。故事中的狮子如果不咬死野狼，而和野狼平分猎物，不但自己不会受重伤，而且可享受美味，这就是“双赢”。

研究竞争对手

对于竞争对手，不论他们是成功者还是失败者，都有研究的必要。

了解竞争对手为什么成功，以及他曾经犯了哪些错误。因为当我们在研究的时候会发现：要成功，必须要做成功者所做的事情，同时你也必须了解失败者做了哪些事情，让自己不要犯那些错误。

假设你做了成功者做的事情，同时失败者做的事情你也做了某部分，那么效果是有限的。

我们都听过成功的故事，可是很少看到失败的例证；然而失败者可以让我们有更多的警惕。

竞争对手常常可以作为自己的良师，要超过他就必须研究他。

唤起别人合作的欲望

你的工作要得到别人的支持而不是反对，就必须唤起别人合作的欲望，使他们直接或间接地看到自己的利益。人们都希望得到赏识，但这并不意味着可通过奉承来获得他们的合作。人们想要得到的是这样的一种赏识：承认他们正在做的工作是很有价值的，是值得花时间和精力去做的工作；他所做的事情，对他的人生旅程非常重要。

厚黑智慧

谁都不可能是一座孤岛，要取得成功，就必须学会与别人一道工作并得到别人的帮助。

集体工作意味着协调一致的合作，人与人之间有时会发生冲突，但不应该把矛盾延续下去，以致发展到无法共事的地步。

看懂难以沟通的人

对于难相处的人，不仅要看透他，还要从实际出发，分析他的特点，采取有效的态度应对他。不要把责任归咎于对方，也不要期望对方会是另外一副样子，而要在思想上理解对方。

1. 不要期望对方会是另外一副样子

对于任何一个要与难以相处者打交道的人来说，这也许是最有价值的一个准备步骤。然而，此事说来容易做来难。

假设有人欺侮你，而你和大多数人一样坐在那儿自言自语："他不应该这样！""她怎么能这样做呢？谁也不应该这样做呀！"你会觉得自己受了侮辱。问题的关键在于，你越是坐在那儿一个劲儿地希望使你受尽折磨的人有所改变，也就越难以采取行动，而这些行动也许能够最大限度地减轻对方可怕行径所造成的危害。

因此，成功地对付难以相处者的第二步骤，便是放弃这种别人会改变的愿望。如果仔细观察一下，你很可能对自己把这么多精力耗费在这种愿望上感到吃惊。鉴于这一点，我将在此向你建议采取若干行动，以便使你抛弃那种想法。放弃这种愿望是一个解脱的过程，当你放弃这种耗费精力，而又于事无补的心理搏斗之后，就会体验到一种解脱感。

为了帮助自己，应充分意识到你生活中的愿望所具有的力量。这种愿望也许表现为希望"这次情况将有所改变"，或者当客户的订货簿又晚交了一天，使你又产生了那种失望和沮丧感。不过又有什么值得你如此大惊小怪的呢？说得更确切一点儿，既然你知道这名客户老是误事，又为什么要对上司说，自己能把他的订单和所有其他的订单同一天收上来呢？

这是一个多么可悲的循环：从不切实际的希望到怨恨，随之而来的又是不切实际的希望。要看到自己在这个循环中所扮演的是这样的一个角色：此人似乎对这名客户在现实生活中究竟是个什么样的人全然不知。这样可以帮助你选择自己的行为，这种行为更适宜、更有可能使你同这名客户的关系有所改善，并变得更富有成效。你必须学会因人而异地对待他人。

2．不要把责任归咎于对方

在遇到上述这类情况时，我们习惯把纯属主观的东西归咎于对方。我们总是认为别人基本上也和我们一样，有着相似的价值标准、观念和感情；因此，当他们没有照我们所期待或喜欢的那样去做时，就认定他们这种出人意料、令人厌恶的行为必定出于敌意，或纯粹是由于他们本人某些使人难以相处的毛病。因此我们认为，要使局面有所改变，完全取决于对方。正是由于人的这种特点，我们总是可怜巴巴地希望难以相处者不要这样。而当他们依旧我行我素时又感到灰心丧气，除此之外我们还能怎么样呢？当然，难以相处者有时也确实表现不错，这一点很容易引起混乱。这种情况会使你一时相信这些人改变了，可是当他们那种令人厌恶的行为重现时，不能不使这种信念受到损害。

3．要理解难相处的人

这里所说的理解，借用心理学家乔治·凯利的话来说，是“从内部理解”。设想一下，某人公然不顾别人表示反对的举动，甚至公开争吵，总是要做那些拆台的坏事。你的任务是，想象一下那个人的生活观念是什么样的，并把这种情况与你自己生活中可与之比较的经历联系起来。

要想获得并保持这种理解是极其困难的。我们能够完全理解任何人吗？对此我表示怀疑。但是，这种理解即使只是一星半点的，也能使你比较容易和难以相处的人交往。

例如，有个女士性格暴戾，心胸狭窄，几个邻居同她的关系都很僵，差不多都有过争吵的经历。有一次，住在她楼下的邻居看球赛，开大了电视机音量。这个女士态度很凶地训斥邻居，又端起洗衣服的水，兜头把邻居泼成了落汤鸡。好在邻居是个宽厚的人，对这个女士的刁泼行为并不在意。事后，他还找个机会和风细雨地请这个女士注意态度。这样一来，女士反而愧疚起来，虽然未明确表示歉意，但显然接受了。在这个邻居的影响下，其他邻居也放弃了对抗态度，都变得冷静起来，有了冲突坚决忍让。结果那个女士逐渐改变了性格，端正了心态，与左邻右舍终于能正常交往，融洽相处了。

4. 要改变观念，认同难相处的人

有些朋友把“难处的人”堂而皇之地给他贴上拒绝的标签，也给自己找到了不与这些人交往的理由，显得心安理得。其实，他们也是正常的交际对象，之所以迄今没有打破与他们的交往的僵局，责任不在对方而在自己没有真正了解这些人，没有采取相应适当的交际方式。例如，有个办事员是个冷面脸，有人观察好长时间，竟从未见他曾绽露一点笑意。他办事十分干脆，“行”与“不行”，一语定乾坤。因而，大家感叹这个办事员难以相处。然而他毕竟是办事员，有事必须求他，还得与他相处。虽然心情忐忑，但事情并不比其他事情难办。过后细想，这个办事员并不比其他人难处，一旦硬着头皮与其交往，也不过是那么回事。有时事情弄糟，反倒是自己心理反常、言行失控所致。这么一想，观念也就改变了，对这名办事员也渐渐习惯了。

又如，某女大学生来自山区，母亲生活作风轻浮，私下与他人勾搭。在外地打工的父亲知道实情后怒不可遏，把那个男人杀死了。父亲因此锒铛入狱。女大学生靠着男友接济，勉强维持学业。因为这层原因，女大学生感到很自卑，也很悲观，生怕有人窥知她的内心世界，更怕别人瞧不起她。她简直成了套中人，全寝室的人都感到她很难处。好在这个寝室风气很好，大家都很和善，明知她心中有隐私，谁也不去碰它，只是格外地关心她，真诚地与她友好相处。有时，大家为把她带入共同的气氛中，还故意逗她开心。这个女大学生起初态度冷漠，但感受到同寝室姐妹的爱心后，最后热情地与大家正常相处了。

厚黑智慧

对人抱有某种愿望的巨大力量来源于深深埋藏于心底的一种魔力感，这种感觉是从我们每个人的孩提时代遗留下来的。这种尝试是一种无效的活动，它只能转移你的目标，使你无法去做那些本来可以做的事，以使局势得到缓解。

设身处地理解一位难以相处者，似乎确实有助于更全面地了解他。当你理解了以前在你看来纯属荒谬透顶的行为之后，就不会再感到束手无策了，因而也就更有办法去对付这种行为了。

如何面对竞争的压力

在生活中，我们时时刻刻面对着各种各样的压力，应该注意做到：

1. 在你突然中奖（喜的压力）后不要立即贸然投资（风险压力）

离婚诉讼（焦虑压力）期间不要承担研究课题（责任压力）。否则，几件大事同时或者近期接踵而来，人的精神过于紧张，负担骤然加重，容易患病。

2. 调整好自己的“速度”

对有成就的人士来说，这点非常重要，以避免“英年早逝”的悲剧发生。

3. 悲伤、愤怒、怨恨等就像火山里的熔岩一样，具有很大的能量，应该释放出来

如果长期“储存”压抑，就可能发生火山突然“喷发”或导致一场大病。而及时地将能量释放出来，就不致发病。比如，亲人亡故的悲哀应该用积极的“伤心”——哭出来作宣泄，眼泪还能带走许多肌体内的有害物质，使自己从悲痛中解脱出来。如果“有泪不轻弹”，把感情压在心底，就会导致伤心过度而生病。

据悉，美国医院相继推出了两种别开生面的“疗法”，即“5分钟笑疗法”和“喊叫疗法”。令人耳目一新的是它对解除压力、促进健康达到了令人鼓舞的效果。“笑一笑，十年少”，医学专家认为，笑能使人心、肺、胸、腹都得到锻炼，加速血液循环，调节心率。放声大笑还可放松肌肉，达到消除烦恼和解除抑郁的作用。因此，建议每人每天都大笑5分钟。

喊叫疗法更加奇特，医生给患者提供一间“密室”，一间关得严严实实的屋子，接受治疗者可肆无忌惮地高谈阔论、狂呼大叫、欢歌狂舞，为摆脱各种长时间的压抑而将内心的抑郁发泄出来，在精神和心理上重新获得平衡。中国尚无这类治疗设施，但在不影响别人的场合，压抑者不妨进行这种自我治疗。

从中国住房紧张、人口密集的国情出发，为防止干扰公众，在家中自制一个“出气筒”可能更加现实。比如缝一个布制的沙袋，在感情需要宣泄时将沙袋挂在室内，可尽情施以拳脚，以发泄自己的压抑和愤怒。

厚黑智慧

有竞争就有压力。无论在竞争中获得成功还是遭受失败，人人都要承受压力。在某种意义上来说，成功者责任重大、工作紧张，所承担的压力可能更大。即使对那些与世无争、知足常乐者来说，压力也会自动找上门来。

勇于面对，人生才能足够承当。

如何制服傲慢的对手

你总会遇到自恃才高、我行我素的对手。制服他们的方法有3种：

1. 回避他们

惹不起躲得起。但这样会使你失去2/3的生意伙伴。

2．正面抗衡

彼此互相吹捧。你吹我也吹，看谁吹得大。这是常人最易落入的俗套，结果于事无补。

3．利用他的自大骄傲心理

顺应他的喜好，送他几顶“高帽子”戴。因为喜欢别人恭维的人，常常骄傲自大。

例如，一天，两位巨头在共进晚餐时开始互相斗富。一个吹嘘他在法国南部的旅游胜地拥有一座有28套豪华房间的别墅，另一个则说“我在加勒比海的‘夏宫’比你多一套，是29套”。一个说已对自己的“坐骑”C—lll型喷气机安上全套最新导航设备，另一个则对自己的Q—6型的飞机速度之快大加赞叹。“我最近刚向南美的慈善医院捐资3000万美元”，“你那不算什么，我向以色列的特拉维夫急救中心赞助了3500万美元”。

如此这般的争执一直持续到晚餐结束还没有停止。离座前，A巨富问“你抽不抽雪茄？”B巨富回答“当然抽”。“那最好尝尝我的，这是上星期周末菲律宾总统马科斯先生派人送来的。”B巨富也毫不示弱，从容地从口袋里取出包装考究的烟盒说：“谢谢，还是尝我这个好，这是卡斯特罗书记才给我的。”

如此地争强好胜实在浪费时间，毫无意义。如果彼此都自谦些，静静地让对方谈一谈自己的休闲生活，喜爱的交通工具，特定的家庭医生，并不时予以称赞，那对任何人来说都将是有益的。

厚黑智慧

对于这种喜爱自吹自擂的人，最好的办法是随他吹，不时给些掌声。这样比你把号吹得更响来个对垒更理智。

消除敌对情绪很重要

生活中，有些年轻人对别人抱有一种敌对情绪，由此而产生愤怒，产生报复心理。

这种敌意是一种有害的情绪，不仅会伤害别人的善意和情感，而且对自己的身心健康极为不利。

至于如何使自己成为一个心宽气和的人，如何摒弃阴暗灰色的心理，下面几点建议，供参考：

1. 让你的亲人和知心朋友了解你

当你已经认识到自己的确存在着遇事发怒的坏脾气，请向亲友们表示你已经打算控制这种不良的情绪，请求他们的支持和帮助。

2. 当与人为敌的思想在你的头脑中出现的时候

要用理智来克制自己的感情。你这时千万不能发脾气，理性常常会帮助你克制自己的怒火，使敌意和怒气渐渐消除、化解。

3. 遇事千万不可鲁莽

应当设身处地替别人多想一想，这样你才能理解别人的观点和行为举止。在大多数场合，你这样做了之后，就会发现自己的愤怒此刻已经失去了它的爆炸性。

4. 幽默能缓解矛盾，使人们融洽和谐

在生活中人与人之间难免会发生一些摩擦或误解，而一个得体的幽默，往往能使双方摆脱困窘的境地。幽默，常常使愤怒失去它的爆炸性。

5. 在与人开始交往时应当不抱成见

寻找机会取得别人的信任，和奉行诚心待人的办事原则。如果你处处关心别人，常常用友爱的态度对待大家，你就会消除怒气，也就不会损害你健康的身体。

6．对人不要斤斤计较

不要打击报复。这样你会感到自己从肩上卸下那沉重的愤怒包袱，帮助你忘却不愉快的事。

厚黑智慧

千万不要忽视敌意、愤怒对自己的危害，从现在开始就重视它。如果一个人不重视积极地消除敌对情绪，那么他仍会遇事暴跳如雷；而如果能坚持做到上面提出的几点建议，经过一段时间以后，你就会感到自己受益匪浅。

必要的拒绝是撒手锏

问题的关键在于如何拒绝。有些人的拒绝比另外一些人的许诺还要宝贵：有时镀金的“不”字比那些没经考虑的许诺还要使人满意。有许多人总是把“不”字挂在嘴边，结果把事情弄得一团糟。他们可能事后会做出让步，但别人不希望被回绝得太强硬，因此你绝不要一回绝就彻底回绝。那样一来，人们就不再指望你了。你应该给他人留一点希望的余地，使得拒绝带来的痛苦略增甜味。即使取消了从前的实惠，也要做得很有礼貌。纵然没有行动上的补偿，也不妨用口头恩惠来充数。“可”与“否”说起来很简短，可要说得妥当，真叫人煞费苦心。

厚黑智慧

人生最大的教训之一是要懂得如何拒绝。而其中最重要的拒绝则是拒绝为你本人做某事或拒绝为他人做某事。有些事情并不重要，徒耗宝贵的时间；而更坏的事情是只忙于一些鸡毛蒜皮的事。这比什么都不干还要糟糕。

· 第四章 ·

厚黑谈判学，所向披靡

谈判在生活中无处不在，什么事都可以通过谈判来决定。怎么让谈判结果对自己有利呢？谈判就要厚黑功夫：要脸厚，讲究谋篇布局，要心黑，讲究细节完美！

厚黑谈判是对双方思维、意志、力量展示的一场较量。

我们把谈判秘诀告诉你，你就可以轻轻松松做一个谈判制胜的高手。

原则和底线绝不让步

在谈判时，最无情的对手往往是最厉害的对手。所以在原则的问题上，绝对不能给对方半点可乘之机。这就需要我们练就谈判时的铁嘴钢牙，经过一番艰苦的锻炼。下列的谈判原则是许多成功人士多年经验的总结，值得学习。

1. 谈判中，与谈判无关的人和物都应尽量避免议论

在这里，不要以一种批评或揭露的态度去讨论第三方的过失和是非。它包括如下两个方面：

（1）禁忌背后指责另一位同行。

不要在一位伙伴面前谈论另一个人的所作所为，最初他可能听得津津有味，可是如果他聪明，他就会这样想：既然你能和我谈论别人的私事，那么在别人面前又会说我些什么呢？

例如：一家公司的女老板在几乎做成一笔大生意的时候，很不合时宜地谈论起她另一位主顾的某些私人活动。她的新客户默然半晌，慢慢说："对不起，我不想也成为你的话柄。"结果她失去了这笔生意。

（2）对于私人或企业的矛盾应尽量保持中立而不介入。

谈判时言行的不慎重会破坏信任感，并会引起一些严重的问题。例如，某公司的一个重要主顾，和他自己的顾问关系不合。在关系恶化时期，这位主顾总对那个公司的老板说，他想解雇自己的顾问并问那老板对此怎样看，于是，这位老板便把自己的想法吐露给了他。结果这引起了这位顾问的强烈反感，最终导致了公司与客户关系的破裂。

2. 不要因为碍于情面而在谈判中让步

各种谈判的成功与否，取决于诚意如何，取决于科学地预测成功的可

能性。

（1）不要把谈判中“随机应变”的作用估计过高。不要被对方采取的心理威慑吓倒；不要把谈判中“心理战术”的作用无限夸大；也不要总到对方的地域去谈。

（2）不要认为一味地夸耀自己的力量，就能使谈判成功。在谈判中，不可过多向对方炫耀自己的力量；在谈判中，不要被对方所压倒；在谈判中，不要在人家兴高采烈时表示拒绝，要选择合适的时机拒绝对方的不合理要求。在表示拒绝时，不要总绕弯子，要坦诚、直率。学会说服，而不要压服对方。不要用轻蔑的语言。不要自吹自擂。

（3）谈判时，不要自卑。不要在谈判中放弃主动权。在谈判时，不要紧张，而要深思熟虑。不要寸利必夺，寸土必争，该放弃的就要放弃。不要只“达理”而不“通情”，要注意情感的交流和相互的理解。

3. 谈判中，不可意气用事

不能进行情绪性的谈判，而要进行理解性的谈判。

（1）对于谈判中出现的“僵局”，不可用强硬的方法去化解，要坚持兼顾双方利益为谈判原则。不要以损害对方利益为满足；也不要以为谈判对手不能合作。谈判中，有必要习惯忍耐。谈判中，该拒绝的马上拒绝，不要随意拖延。谈判时，不要有厌烦、急躁情绪。

（2）谈判时，不要离题太远。谈判时，不要在对方提出自己毫无思想准备的问题时，惊慌失措。谈判时，在对方指出自己一方的弊端时，不要恼羞成怒。要记住“挑剔是买主”，更要记住“买卖成与不成，都要使友谊长存”。

（3）谈判中，不要把话说得太绝。不是对方说出任何批评的话，都要去解释一番。如果对方不讲理，不能“以其人之道，还治其人之身”。对待对方，更不能“得理不让人”。

（4）谈判中，不要不给对方说话的机会。谈判中，要注意语言简洁。在谈判中要有勇气说“我不了解”。在谈判中，你真正了解以前，你要继续说“我不了解”。在谈判中，应该坚持事情必须逐项讨论。当有人存心搅和你的讨论时千万不要让他得逞，你可以用你自己的方法来讨论，并且要让他倾听你的理由。

厚黑智慧

一般来说，在商业谈判中，口才固然重要，但是最本质、最核心的是对谈判底线的把握，而这种把握常常是建立在对谈判筹码的把握上的。所以，我们一定要在谈判中先摸清对方的底细，并把我方的优势转化为筹码，以此来左右谈判局势，才能知己知彼，百战百胜。

如何驾驭整个谈判进程

如何使谈判工作得以进一步地深入，是谈判者驾驭谈判进程的关键。谈判者要想成功地展开谈判工作，需要掌握以下几个策略与技巧。

1. 明确达到目标需要解决多少问题

为了很好地驾驭谈判的进程，主谈人必须明确达到目标需要解决的问题有哪些。不论大小问题均应仔细考虑到，不可遗漏。实际谈判中，由于主谈人经验不足，常常出现遗漏问题的现象。表面上似乎所有问题都已达成了一致，而在书写协议时，甚至签约后的执行中，又发现有漏列或隐藏在合同字句中的不同理解点，从而使双方都感到处境十分窘迫，也可能由此而产生经济纠纷等。因此，主谈人应有责任将所有的大小问题列入脑海中，做到心中有数。这也是成功地展开洽谈工作的基本要求。

2. 抓住分歧的实质

因为人的文化修养和个性品格各不相同，故在谈判中，对于一个问题的回答往往会有多种策略和技巧。正因为如此，有时也会让人难以理解，甚至出现离题太远的现象。这就需要谈判者能够抓住分歧的实质，把握住洽谈发展的方向，切忌在慌乱中迷失方向。我们应具备平息混乱，清醒洽谈的思路，促使谈判向目标方向发展。具体应采取如下措施：

（1）善于及时清理已有的各种观点。通过清理可以告诉洽谈成员，哪些是有关的，哪些是无关的，以保留和重视有关的观点。

（2）对于有关的问题，要善于指出各种观点的分歧点。对于具有共同点的各种问题要善于对其进行合并同类项，从而归纳出真正的分歧点。

（3）对分歧点的实质性进行分析。通过论证要提出分歧所反映的实质，以使后面的谈判能够击中要害。

（4）提出应该讨论的新问题。根据分歧所反映的实质，抓住围绕实质的有关方面，从而找到能解决实质性分歧的有关问题，以便进一步加以解决。

3. 不断小结谈判成果

谈判者及时小结谈判成果是提高谈判效率的重要手段。无论谈判如何千变万化，所涉及之处都应有一定的目的。一旦经过了一些问题，应及时检查效果并对其做出评价和结论，同时认证该结论是否双方一致同意。若同意，则应予以小结，作为一个问题的结束。若不同意，则须进一步磋商。通过这样做可达到两个目的：一是向大家展示劳动成果，以振奋士气；二是避免重复劳动，浪费时间和精力。

4. 掌握谈判的节奏

谈判的节奏主要反映在时间的长短和问题安排的松紧程度两个方面。谈判展开后，双方条件已经亮出，何时争，何时让，争什么，让什么都有个节奏问题。洽谈时态度强硬与否，谈判时间安排得紧或松也是节奏问题。实践证明，谈判者把整个谈判节奏安排得好与差都会直接影响谈判的效果。

谈判如按时间和完成议题的数量来划分，可以有多种不同的划分方法。比如，双方预计谈判要一周的时间，则可大致以两天为一期。这样预计要谈三个回合。若谈判的议题有九个，则可以三个议题为一时期。若谈判程序为技术、合同条文、价格三个部分，也可视其为二三个时期。实际上，还可依谈判内容来进行划分，即全面交换技术、合同条文、价格条件为谈判的初期；在初期基础之上清理出各方面的分歧，并就此进行谈判为谈判的中期；对技术、合同条文、价格三方面的关键性问题进行最后一揽子的谈判为后期。总之，谈判各阶段的划分可依项目的大小，谈判内容的难易而各不相同，但基本原则是一样的。因此，谈判者只要掌握好划分阶段的技巧，就能够熟练地把握谈判的节奏。比如在谈判的初期，在掌握节奏方面应基于一个“快”字。具体表现在：技术性谈判要抓紧，日程安排也要满，态度要热烈、明朗而坚定。这样做旨在争取时间，为更艰巨的谈判进行准备。应尽力早日暴露双方的分歧，以便早做准备。热烈而坚定的态度，给对方深刻的心理影响，动摇对手的决心，以创造争取良好谈判条件的气氛。

在谈判的中期，谈判者在掌握节奏方面要稳健。该阶段是解决分歧的关键时期。由于广泛地交换意见，各种分歧均已暴露出来。谈判者要掌握“分歧的总分量”。将一些非原则、影响不大的分歧，争取在友好、和平、平等的交换条件中解决，从而使谈判不至于全面僵化，也不使自己全线退却。在此阶段保留一部分非原则条件的目的，是为了在最后磋商时讨价还价时使用。此外，还必须掌握对手的态度和诚意如何。如果对方态度很强硬，自己的条件也不可过快地让步，适当相持为好；如果对方有成交的诚意，也可主动选择先行退下，以做姿态。不论实际属于哪一种情况，均需做到有的放矢。

在谈判的后期，谈判者在掌握节奏方面要快慢相结合。谈判后期多为主要分歧或分量较重的矛盾。引起这些矛盾的原因也往往比较复杂，但不论哪一种原因引起的，在日后往往矛盾均比较突出。为此，解决时，谈判者谈判态度及节奏掌握在能快则快上，不能快则要有耐心，及时捕捉对方与自己利益的分界点。只有这样，才能成功驾驭洽谈的展开阶段。

厚黑智慧

一般地，任何谈判都会有成功的地方也会有失败的地方。我们最容易犯的错误是，对于程序与细节非常怕有纰漏，为此做了大量资料的搜集和准备工作，也对语言和专业知识做了充分重视，但是却忽略了谈判最核心的内容——策略。谈判策略是对双方谈判实力和筹码进行了深刻的分析以后，在谈判微观和谈判方向及技巧所作的战术。那种极具威力的战略战术真的是我们需要冥思苦想，细心领悟的！

谈判应遵守的几个原则

1. 只有在非谈不可时才谈判

如果要谈判的话，努力使自己处于一种没有必要进行讨价还价的地位。如果你能不进行讨价还价而得到你所想得到的一切，也确信那就是你所能得到的一切，那就把所要求的条款说出来并坚持不让步。决不要因你想做买卖的一时利益而背离这一立场。即使你想做买卖，也要让他们感觉到只能在枝节问题上交涉，核心问题是不可谈判的。

当然，这一点在实际中要真正做到却不容易，我们并不能完全不讨价还价就达到目的，事实是我们要常常经历讨价还价的各个历程。但是，牢记它的重要性是必要的。连修理水管的工人都知道，商议价钱最适当的时刻便是地下室正在大闹水灾的时候。总之，不到迫不得已的情况下，尽量不要与你的对手讨价还价。

2. 除非已有充分准备，否则不要和对方讨论任何问题

通常，谈判双方各就各位后，最初的一刻钟内便可以确定谈判总体框架。但谈判不可能在最初一刻钟内结束。后面的谈判将一轮接着一轮，花在辩论和争执上的时间很长。因此，这就要求谈判者必须事先有所准备。

那些进行了详尽的调查研究并做了充分准备的谈判人员，他们的亮相将分外有力。因为他们了解自己要达到的目标，也能确立对方的期望。如果对方不懂得这种博弈，或不知道当他还处在中间位置上时被卷入谈判之中，那么，他们的地位将是极其危险的。

总之，如果你没有准备好，就不要进入谈判。要抗拒“尝试”的诱

惑，因为，实际上没有未卜先知的聪明人。尽一切可能了解对方，他的境况如何，问题在哪里，谁是做决定的人。和有决定权的人谈判，不要和其他低级人员讨价还价。总之，在谈判之前，应做完你的调查、准备工作。

3. 谈判成功的基本条件是互利互惠，故在提出高要求时也应有退让

很难想象，一项交易只有某一方获利，而另一方亏损，或双方都亏损，而交易却能成功。即使某一方在经济上亏损，那么，他肯定在另一方面有所企图，这种“另有所求”也是一种利益。不会有人在谈判上不求利的。永远不要忘记，对方坐在会谈桌边与你商谈的原因是他相信可从谈判中获得利益。因此，互利互惠是各种谈判中必须遵循的原则。

在实际谈判中，有时提出一些高要求并坚持不松口是值得的。但有时你却必须退让，因为你必须意识到，获利是你谈判的目的。你的要求必须是有限的，它存在一个极限值。如果仅仅考虑自己一方，获利越多越好，而把要求定得过高，则可能使谈判陷入僵局，对方会撤退，把你的要求扫到一边去，因为他从你这里毫无利益可得，或获利极少。如果讨价还价带有冲突性，即在这种讨价还价中一方的赢利意味着另一方损失，那么，由这种讨价还价引起的僵局可能会导致一系列严重的后果。

可以提出高的要求，但必须让对方的希望挨得上边。也就是说，要让对方还有利可图。但是，你的要求与对方要求之间的差距越大，你必须发出的信号也越多。你必须做更多的事使他们靠近你，直到彼此均在对方的期望范围之内为止。只有在这样做了以后，你才可以把自己的要求公之于众，并获得成功。否则，你肯定达不到你的要求。

4. 保守自己的秘密，不要太早泄露全部实力

相信所有谈判者都明白这个道理：知己知彼，百战不殆。实际上，所有的谈判者都是尽力这样做的。各种谈判中，要求我们在谈判前有所准备，要清楚地了解自己和对手的各方面情况，才可能常胜不败。但是，我们也要认识到，我们的对手也在做着同样的工作。常识告诉我们：对方对我们知道得愈少，情势对我们就越有利。因此，在了解对手的同时，我们还有一件很重要的工作要做，那就是保守自己的某些秘密，不要让它泄露

或过早地泄露，以致让对方知道自己的全部实力。

现实充满竞争，让我们不能将自己的某些真正秘密轻易透露。慢慢地展现自己的力量，比马上暴露出全部力量更有效。慢慢展现会加强对方对我们的了解，使对方有相当的时间来适应和接受我们的观点。

以现在的情形看来，我们正处于比历史上任何一个时期都要危险的境况中，我们到处都被间谍包围。在谈判中使用间谍是极富诱惑性的，没有任何收益会比这个快。

下面的措施可帮助减少秘密泄露的危险，不过危险并不会完全消失。

（1）选择守口如瓶、稳重的人参加商谈。

（2）强调沉默的重要。

（3）不要让太多的人参与，而且只要让他们知道必要的部分就可以了。

（4）不需要知道的人，不要让他知道。

（5）提供给对方的资料应尽量减少，除非为了策略上的运用，否则减至最低程度。

（6）要将资料妥善保管，锁起来并派人看管。

（7）有时获取资料最简便的方法，是通过安全人员或其他雇员获得，所以，要防备这种方式的渗透。

（8）最后的底线只能让某几个人知道。

5．不可强求和恋战

讨价还价过程中不可急躁，要表现得从容不迫，很有耐心。但对于谈判者，无论是买方或是卖方，在谈判过程中，都不应过于拖延，表现出“恋战”的姿态，同时也不要表现出“特别热心”和“强求”。

谈判者对于对方的提案，不要表现得很热心，只要让对方感到你对此有兴趣即可，这会增加你的谈判力量。因为，你的目的是让对方自然而然地跟着你的思路走。但是，如果你的立场软弱，应先缓和一下两者之间的冷漠感，直接与对方见面，并且掌握双方之间亲切的人际关系。

对于自己喜欢而无法获得的东西，总会产生强烈的获取的意念，这是一般人本来就有的一种倾向。但对于谈判者而言，即使对某件事或某个物品有强烈的获取欲望，也不应表露得过于明显，更不可强求。否则，你的谈判力量将大大被削弱，并为此付出代价。

6. 向对方施加压力要有分寸

为了扭转谈判中的不利局面，促使对方降低原先的要求，或使对方对所讨论的问题产生足够的关心，我们往往需要施加适当的压力。在向对方施加压力时，一定要注意一点，那就是向对方施加的压力越大，对方所反击过来的抵抗力也越大。对方的抵抗力如果一再积累，一旦超过了限度，就会产生感情上的冲击反应，就会导致谈判破裂。所以，在施加压力时，掌握分寸是十分重要的。一般来说，向对方施加压力有3个重要的原则：

（1）在交易时必须不断地保持竞争的势头，在谈判过程中，替代方案越多越好。

（2）在不使对方产生敌意的情况下，有人情味地、温和地施加压力，使对方慢慢降低他的优势地位。

（3）削弱对方的地位。为达到这个目的，你必须努力操纵对方。最直接的方法就是不断地告诉对方，如果拒绝按你的条件交易的话，问题将会十分严重。

7. “以战取胜”的谈判策略

只在特定条件下使用“以战取胜”的谈判策略，是牺牲对方的利益来取得自己的胜利，其目的在于打败对方。

采取这种方法的危害性在于：

（1）失去了对方的友谊。

（2）失去了将来与对方开展更大业务性的机会。

（3）遭到对方的反击中，首先发起进攻的一方可能会被打败。

（4）由于对方被迫屈从，所以不大可能积极履行协议。

以战取胜的危害是如此严重，因而谈判高手极少使用。但也不尽然，在以下两种情况下，争斗不会造成太大的损失。

①一次性谈判。以后双方不会再遭遇，因而也就没有必要担心长远的买卖关系问题。

②一方比另一方实力强大得多。比如，一个实力雄厚的垄断者，他可从彼此相互竞争的任何一家供应者中买进某种商品；或是政府权力机构与私人企业之间的交易。

8. 要打破僵局，可变换交易形式

谈判遇到僵局，不能正常进行下去，如何打破僵局也就提上了日程。形成僵局有很多原因，价格上不能协调就是主要原因。其他还可能涉及一些双方尊严、个人权限等方面。抓住问题的症结后，可采取一些方法对症下药，或采用一些起辅助催化作用的措施。然而，打破僵局的人最好不是你，因为可能会有一些损失。

如果只能由你来解决问题时，你不妨试试以下几种方法：

（1）找一个调解人。有些不适合你说的话、你不能打通的环节，中间人往往能凭借他的特殊身份轻易做到。

（2）改变交易形式，把竞争的形式改为协作的形式。扩大范围，把双方的领导、工程技术人员和管理人员吸收进来，共同想办法解决问题。这样，可能会使双方原定的计划遭到很大的破坏，但往往可以取得好成绩。

（3）更换商谈人员。这个新人有机会抹杀以前所作的让步等，但有利的一点在于，新人提出新的建议或让步，也许会是一个扭转僵局的好开端。

（4）改期再谈。这是一种“回避策略”的运用，即暂时绕过僵局，待双方都收集到更多的资料或有了更合适的方案、安排等，再重新回到商谈中来。

（5）使谈判升级。安排高一级的会议或热线电话交谈。这种时候，高级人员的参与，一般情况下会给谈判加温，领导效应在关键时刻总是很起作用的。

（6）做一些微小的修改。比如，改变合同的形式、措辞和写法，改变计算方法，对购销商品的一些规格、条件做适当的修改。这些不会造成多大损失的修改，为对方带来了好处，表明你已经在挽救这笔生意了，下面就要看对方的了。

（7）给对方一些选择的余地，多为他提供几个方案。一个新的方案便很可能成为一轮谈判的新的开始。僵局便成为过去了。

9．确立谈判截止时间，有利于集中精力完成任务

每次或每轮谈判结束的时间必须加以确定。在这个问题上，对方的反应取决于自己提出问题的方式。如果采取以下的对话方式——“我已经订了11点30分的飞机票”，“如果在5月4日以前，我们还不能达成协议，那么，我们将要与其他人合作”，这样单方面宣布，常常被看作一种威胁，从而引起对方的不满和反驳。但它常常是希望“以战取胜”的谈判人员的一个有效武器。

如果截止时间由双方共同商定，则谈判气氛会由此变得和谐。

有一个确切的洽谈截止时间，是有积极作用的。因为，人们不可能长久保持旺盛的精力。随着谈判时间的延续，精力会不断下降，而在谈判即将结束之际，又会出现一次高涨。截止时间一经确定，谈判人员就会振作精神，提出建设性的解决办法并作出积极的让步。如果没有一个明确的截止时间，双方就会无休止地拖延下去，最后任何一方也不会达到预期的目标。

如果其中一方认为，确定谈判截止时间还为时太早，会对谈判产生消极的影响。此时，只要说一声“现在还不是时候”就可以了。

10．不与做不了主的对手多做纠缠

当你在谈判上费了九牛二虎之力，最后亮出底牌以为大功告成时，却发现对手空有头衔，并无实权做决定。这会使人火冒三丈，其实这和“我不能做主，先得和经理谈谈”的说法一样，称得上是历史悠久的商战老把戏。这是为了消耗你的精神，降低你的敏感和分析能力，并摸清你的底牌而采取的策略。

切记！谈判前，先别盲目相信对方堂皇的头衔，重要的是弄清楚此人是否有权拍板、签订合约。如果对方没有实权，先按兵不动，等到“当家人”现身，再谈生意也不迟。

厚黑智慧

谈判如蹦迪，技艺越好，掌声越响，收获越多。在唇枪舌剑和步步为营的谈判中，你要想方设法让对方作出最大的让步和妥协，最终达成协

议，必须疯狂起来才能所向披靡。

在谈判桌上疯狂蹦迪，这是一个高水平谈判者才能达到的境界。谈判席上，谈判者带些疯狂的精神面貌至关重要。

谈判中适当运用激将法

在这里说一个故事。明朝末年，闯王李自成进北京，将吴三桂的爱妾陈圆圆捉拿到大营。

李自成目光一扫陈圆圆的芳容，不由得心中一动，暗自道："果然是个天生尤物！"

坐在一旁的刘宗敏也被陈圆圆的姿色迷住了。

这种"祸水"绝不能留。李自成对侍卫示意说："把她拉出去，勒死！"

陈圆圆不等侍卫动手拖扯，自己站了起来，面对李自成，看他一眼，微微冷笑一声，然后转身就走。

兴许，陈圆圆的这一看一笑，把李自成的心给勾住了。李自成大喝一声："回来，你冷笑什么？"

陈圆圆听到闯王喝声，就又跪下，说："小女子早闻大王威名，以为是位纵横天下、叱咤风云的大英雄，想不到……"

"想不到什么？"闯王问。

"想不到大王却会畏惧一个弱女子！"

"我怎么会畏惧你？"

"大王，小女子也出自良家，堕入烟花，饱尝风尘之苦，实属身不由己。初被皇帝霸占，后被吴总兵夺取，大王手下刘将军将小女子抢来，皆非小女子本意。请问大王，小女子自身又有何罪过？大王仗剑起义，不是要救天下之无辜吗？小女子乃无辜之人，大王却要赐死，不是畏惧小女子又做何解释呢？”

李自成被陈圆圆这一席话问住了，许久不能回答。最后说道：“你且起来说话。”陈圆圆紧接着又陈述了杀她与不杀她的利害得失：“现在，大王如果把我这小女子杀了对大王毫无益处，却必定激起吴总兵更大的复仇心，吴总兵必会日夜兼程，追袭不休；如若大王饶小女子一命，小女子必感念大王不杀之恩德，则保证让吴总兵滞留京师，不再追袭大王……”

李自成被说服，没有杀陈圆圆，并且好生待她。最后，她又重归吴三桂，那是后话。

陈圆圆于生死关头没有向闯王讨饶示弱，而且利用他的高傲，也以“冷笑”傲之，以一个“畏”字激之，使李自成收回令侍卫“勒死”的命令，而她也得以脱险。从这个例子可以说明，激将法在谈判当中也很有效。

厚黑智慧

一场成功的商务谈判都是谈判双方出色运用语言艺术的结果。

在谈判中，双方各自的语言，都是表达自己的愿望和要求的。因此谈判语言的力度要强，表达方式要婉转，针对性要强，做到有的放矢。另外，谈判形势的变化是难以预料的，往往会遇到一些意想不到的尴尬事情，要求谈判者具有灵活的语言应变能力，与应急手段相联系，巧妙地摆脱困境才能一言胜过千军万马，克敌制胜于谈判桌上。

如何在谈判中占上风

1. 营造良好气氛

在谈判中，一个小小的细节都有可能改变对方对你的看法。因此，参加谈判时一定要注意自己言谈举止应与会场主题气氛相一致，应时刻提醒自己：任何一个不恰当的行为都会带来副作用，都会使自己失去一次成功的机会。过去我们曾有过这方面的教训，如一个外商要与一家乡镇企业的厂长签订一笔大宗交易的合同，在走向谈判室的走廊里，这位厂长向墙角吐了一口痰，随即用脚去擦，这位外商看见后，拂袖而去。

2. 绝不能取笑对手

谈判中宁可取笑自己，也绝不取笑对方。这是谈判中使用幽默的一项重要原则。这充分说明尊重对方的重要性。它包括如下几个方面的内容：与对手见面时要态度友好，表情自然，面带微笑，禁忌过分亲热；握手时第一次目光接触，宜表现出坚定和自信，使对手觉得你轻松自如，落落大方；禁忌慌慌张张、吞吞吐吐及缩手缩脚；在会谈之前应适当寒暄几句，这样易使会谈气氛变得融洽，但禁忌生硬地切入话题。

3. 尽量采取主动

在谈判中，占据主动就意味着获得更多的利益，因此，谈判中应采取下列措施在心理上压倒对方：①要充分暴露对方商品的缺点。对对方所有缺点加以揭露，借以达到战胜他的目的。如果对方很急时，要采取拖延战术。②尽量让第三者出面与对手洽商，采取迂回战术，或让多人分别协助你洽谈。③可采用合伙战术。告诉对方你有合伙人，你须与合伙人协商。尽量采用拖延战术，为了使对方服软，你可提出很多理由，予以拖延，例如，可佯称需一定时间筹集资金，刻意拖延时间。

4. 绝不首先让步

在谈判中，斗智斗勇的目的就在于不让对方有可乘之机。须知“一步放松，步步被动”，许多谈判的失败一方就是这样逐渐走向被动的。所以，成功人士指出，谈判时应为自己留下讨价还价的余地。让对方先开口说话，让他表明所有的要求，但要先隐藏住你自己的观点。让对方对重要的问题先让步，如果你愿意的话，在较不重要的问题上，你也可以先让步。要让对方努力争取所能得到的每样东西，因为人们对于轻易获得的东西不太珍惜，所以不要让步太快，晚点让步比较好些，因为他等待越久，就越会珍惜它。同等级的让步是不必要的，例如，对方让你60%，你可让他40%；如果对方说你应该让我60%时，你可以说，我无法负担来婉拒对方。不要做无谓的让步，但每次让步都要从对方那儿获得某些益处。有时不妨做些对你没有任何损失的让步。

记住：说“这件事我会考虑一下”也是一种让步。如果你无法吃到大肉，便想办法吃到三明治；如果吃不到三明治，至少也要得到一个承诺。不要掉以轻心，记住：每个让步都包含着你的利润。不要不好意思说“不”。大部分人都怕说“不”。其实，如果你说了够多的话，他便会相信你真是在说“不”。所以要耐心些，而且要前后一致。

厚黑智慧

切记，即使在让步的情况下，也要永远保持有利于全局的形势。假若你在做了让步后想要反悔，也不要不好意思，因为那不算是协定，一切都还可以重新来过。

谈判中如何巧妙提问

谈判语言的针对性，是指语言要始终围绕主题。

具体地讲，谈判语言的针对性包括：针对某类谈判，针对某次谈判的具体内容，针对某个具体对手，针对同一个对手的不同要求等。

谈判林林总总，五花八门，包括商务交易谈判，劳务买卖谈判，投资、信托谈判，租赁保险谈判，等等。商品种类的不同，决定了谈判种类的不同，有时即使是同类商务谈判，其内容也截然不同，这就要求谈判语言要有很强的针对性。具体到一次谈判过程来讲，谈判内容一旦确定之后，就认真准备有关资料，同时还要充分考虑到谈判桌上将要使用的相关语言和行话。只有有选择地、有针对性地使用谈判语言，才能充分保证谈判活动的顺利进行。

谈判语言要针对某个具体的对手。不同的谈判内容和谈判场合都有不同的谈判对手，需要使用不同的谈判语言；即使是同一谈判内容，由于谈判对手的文化程度、知识水平、接受能力、个性习惯的不同，也要求有不同的谈判语言。

谈判语言，还是针对同一谈判对手的不同需要，恰当地使用有针对性的语言，或重点介绍商品的质量、性能；或侧重介绍本企业的经营状况；或反复阐明商品价格的合理；等等。

总之，谈判语言要围绕重点，不枝不蔓，言简意赅。

谈判中应该适当地进行提问，这是发现对方真实需要的一种重要手段。

谈判，就是了解对方真实的需要，进而通过谈判解决问题。无论是对方个人的需要，还是他们所代表的团体的需要，都对谈判的成功起到至关重要的作用。

但这绝不是轻而易举能做到的。你必须运用各种技巧和方法，获得多种信息，才能真正了解对方在想些什么，谋求些什么。

谈判提问切忌随意性和威胁性。从措辞到语调，提问前都要仔细考虑。提问恰当，有利于驾驭谈判进程，反之，将会损害自己的利益或使谈判节外生枝。

1．谈判中提问的功能

（1）引起对方的注意。这种类型的提问，其功能在于既能引起对方的注意，又不会使对方焦虑不安。

（2）可获得需要的信息。这种提问往往都会有一些典型的前导字词，如“谁”“什么”“什么时候”“哪个地方”“会不会”“能不能”等。在发出这种提问时，谈判者应事先把自己如此提问的意图示意给对方，否则，很可能引起对方的焦虑。

（3）借提问传情达意。如：“你真的有信心在这里投资吗？”有许多问话表面上看来似乎是为获得自己期望的消息和答案，但事实上，却同时把自己的感受或已知的信息传达给了对方。

（4）引起对方思绪的活动。通过提问能使对方思绪随着提问者地问话而活动。这种问话常用到的词语有“如何”“为什么”“是不是”“会不会”“请说明”等。

（5）做谈判结论用。借着提问使话题走向结论，如：“该是决定的时候了吧？”“这的确是真的，对不对？”提出某一个问题，可能会无意中触动对方的敏感之处，使对方反感。所以，提问要注意对方的忌讳。

2. 谈判中的提问形式

（1）限制型提问。这是一种目的性很强的提问方法。它能帮助提问者获得较为理想的回答，减少被提问者说出拒绝的或提问者不愿接受的回答。

这种提问形式的特点是限制对方的回答范围，有意识、有目的地让对方在所限范围内作出回答。

（2）婉转型提问。这种提问是用婉转的方法和语气，在适宜的场所向对方发问。这种提问是在没有摸清对方虚实的情况下，先虚设一问，投一颗“问路的石子”，这样既能避免因对方拒绝而出现难堪局面，又能探出对方的虚实，达到提问的目的。例如，谈判一方想把自己的产品推销出去，但他并不知道对方是否会接受，又不好直接问对方要不要，于是，他试探地问：“这种产品的功能还不错吧？你能评价一下吗？”

（3）启示型提问。这是一种声东击西、先虚后实、借古喻今的提问方法，以启发对方对某个问题的思考并给出提问者想要得到的回答。

（4）攻击型提问。这种问话的直接目的是击败对手，故而要求这种问题干练、明了，击中对手要害。

（5）协商型提问。如果你要对方同意你的观点，应尽量用商量的口吻向对方提问，如：“你看这样写是否妥当？”这种提问，对方比较容易接受。而且，即使对方不能接受你的条件，谈判的气氛仍能保持融洽，双方仍有合作的可能。

厚黑智慧

提问是谈判的重要手段。边听边问可以引起对方的注意，引导他思考的方向；可以获得自己不知道的信息，尽量让对方提供自己未掌握的资料；可以传达自己的感受，引起对方的思考；可以控制谈判的方向，使话题趋向结论。

提出问题，应该事先让对方知道你想从这次谈话中得到什么。如果他明白了你的意图，他可以有的放矢地作出回答，你也就可以掌握大量信息。

谈判技巧有哪些很管用

谈判不仅仅是就事论事，谈判须使用技巧，一般有以下13种方式。

1. 给对方以信任

装出十分热心的样子，这样会增加对方对你的信任，使对方相信按你的条款达成交易是对的。

2. 高价低成

谈判时给自己留下较大的后退余地。开始时筹码要高，作出让步后，仍能按较高的目的达成交易。

3. 得到一个有威望的盟友

搬出与某个有威望或有影响项目的人物的关系，你就可以使对方接受你的条件，因为他会认为，通过这笔交易将间接与之发生关系的人或项目是有“威望”的。

4. 表明立场

表明立场并告诉对方，已无法再做让步。

5. 推诿责任

与对方真诚谈判，但准备签约时，可以表示：“我还得向上司请示”。

6．渔翁得利

你可让几个竞争者知道你正在同时与他们谈判。把同竞争者的会谈安排在同一时间，并使他们都等着见你。

7．各个击破

如果对方是一个谈判小组，先用你的建议说服对方的个别成员，被说服的那个人便会帮助你游说其他成员。

8．拖延时间

完全离开谈判桌一段时间，待情况缓和一些之后，再回来重新继续谈判。离开的时间可长（推说：将离开本地）可短（到盥洗室思索一会儿）。

9．保持冷漠

对对方既无表情也不说话，施加的压力也无动于衷。坐在那里像个大傻瓜，保持冷漠的面孔。

10．蓄意待发

如果你能比对方等待更久，你可能会赢得更大的胜利。

11．互相让步

最先提出建议的人，吃亏最小。

12．投石问路

正式做出决策之前，你先通过所谓可靠消息来源透露你的决定内容，这样就可以探得对方对决定的反应。

13．出其不意

让你的对手对你在战术方面有明显的、猛烈的、戏剧性的、突然的变化感到心慌意乱，让你的对手期望你的行动。

厚黑智慧

为了避免谈判失误，根据谈判规定进行谈判对抗，彻底摸清对方，并知道对手还有什么策略。我们就只是一味地出价，可最终还是不能得手。最后，总结了谈判经验，随机而动，最后出价，才是最稳重的谈判。

如何在冲突中占上风

1. 谈判是一场耐心的较量

激将法在施展过程中，往往是忍耐的较量，谁先失去耐心，谁便丧失冷静而败下阵去。

在洛克菲勒的轶事中，曾有一位不速之客突然闯入他的办公室，直奔他的写字台，并以拳头猛击台面，大发雷霆："洛克菲勒，我恨你！我有绝对的理由恨你！"接着那暴客谩骂他达几分钟之久。办公室所有的职员都感到无比气愤，以为洛克菲勒一定会拿起墨水瓶向他掷去，或是吩咐保安员将他赶出去。然而，出乎意料的是，洛克菲勒并没有这样做。他停下手中的活，和善地注视着这位攻击者，那人越暴躁，他就显得越和善！

那无理之徒被弄得莫名其妙，他渐渐平息下来。因为一个人发怒时，遭不到反击，他是坚持不了多久的。于是，他咽了一口气。他是准备好了来此与洛克菲勒作战的，并想好了洛克菲勒会怎样回击他，他再用想好的话去反驳。但是，洛克菲勒就是不开口，所以他也不知如何是好了。末了，他又在洛克菲勒的桌子上敲了几下，仍然得不到回响，只得索然无味地离去。洛克菲勒呢，就像根本没发生任何事一样，重新拿起笔，继续他的工作。

不理睬他人对自己的无礼攻击，便是给他的最严厉的迎头痛击。成功者每战必胜的原因，便是当对手急不可耐时，他们依然如故，显得相当冷静与沉着。

洛克菲勒用沉默作为应对手段，而挑衅者用激怒作为手段，所以，挑衅者便只有败走的份了。打仗要挑对手，激将得选莽汉。找那些冷若冰霜的人去激将，说不定像拿破仑碰上梅特涅或周瑜对上孔明，自讨无趣。

2．谈判之道，一唱一和

美国富翁霍华·休斯有一次为了大量采购飞机，与飞机制造商的代表进行谈判。休斯要求在条约上写明他所提出的4项要求，其中有项要求是没有退让余地的。双方各不相让，谈判中冲突激烈，竟发展到把休斯赶出了谈判会场的地步。

后来，休斯派了他的私人代表出来继续同对方谈判。他告诉代理人说，只要争取到4项中的那一项没有退让余地的条款就心满意足了。这位代理人经过了一番谈判之后，争取到其中包括休斯所说的那一项在内的几项。

休斯惊奇地问这位代理人，怎样取得如此辉煌的胜利时，代理人回答说："那简单得很，每当我同对方谈不到一块儿时，我就问对方：'你到底是希望同我解决这个问题，还是要留着这个问题等待霍华·休斯同你解决？'结果，对方每次都接受了我的要求。"

显然，休斯的面孔及其私人代表的面孔分别看来并无奇异之处，合二为一则产生了奇特的妙用，这便是唱红白脸的奥妙所在。这种策略的做法是，先由白脸出场，他采取咄咄逼人的攻势，提出过分的要求，让对方看了心烦，产生反感。然后，红脸出场，他以温文尔雅的态度、合情合理的谈吐对待对方，并巧妙地暗示，如果他不能与对方达成协议而使谈判陷入僵局，那么白脸先生还会再次出场。这番话会给对方心理上造成一种压力。在这种情况下，对方一方面会由于不愿与白脸继续打交道；另一方面会由于红脸的亲和态度而同红脸达成协议。

不同谈判中的白脸可以以各种不同的面目或形式出现，他们可能是人，也可能是某件事情；可能是真的，也可能是假的。估价的人、律师、董事会等都可能会扮演很称职的坏人。政策、原则、各种各样的程序也可以扮演坏人。例如，"我很同情你们，我也愿意考虑你们的立场，可是董事会是不会同意我这么做的。""我很愿意在这一点上同意你们的观点，可是政策不允许我这样做。"

不要以为对人笑脸相迎，一团和气，就能赢得谈判。一味地唱红脸，会使人觉得你有求于他，有巴结之嫌。越是这样，对方越会强硬，在谈判中占尽上风。在必要的时候，要给对方施加点颜色，用一些白脸手段刺激一下对方。当然，所谓刺激，并不是激怒或伤害对方，而是为了引起对方对某种事实的注意，更加重视自己，同时也提醒对方不要过分抬高自己的价码。刺激对方的方法是多种多样的，但作用和效应都能够引起对方的忧虑不安。在商务谈判中，许多场外行动都可能引起双方的注意，直接影响谈判桌上的形势，因而对商谈者起到刺激作用。例如，在商谈期间，还在继续和另外的商家接洽，在谈判过程中，突然有其他客商找上门来，暂时中断了正在进行的会谈，或抱怨商谈时间拖得太久，自己的日程活动安排得很紧，直接和其他客商交换资料等，这些是双方都非常敏感的举动，可以暗示给对方很多东西，使对方有紧迫感。

当然，这种场外刺激的方法不能乱用，因它们很具冒险性，容易伤害对方的感情和诚意。另外，切忌小题大做，故作声势，结果"假"客商赶走了真正的合作者，鸡飞蛋打一场空。所以，刺激对方必须巧妙，至少要表现出自己诚心诚意，也就是说要告诉对方："我并不是嫁不出去的女儿，而是确实钟情于你，就看你领情不领情了。"这样的刺激才会促进双方的理解与合作。

在谈判交际中，刺激对方的途径并不限于言语，一些事实会更有说服力。但是，如果你想继续合作的话，就应该通过一些细节进行暗示，不要过分伤害对方。例如，如果在价格上争执不下，你可以拿出新设计来要求对方，或者对订的货物提出意见，说明双方都要面对现实，才能有好的合作前景。

唱红脸白脸的一个变种就是演双簧。双簧策略能使谈判人员从骑虎难下的状态中得到解脱。在谈判中我们常常听到一方谈判人员之间进行这样的对话："老李，你今天上午怎么那么别扭？我本来想我们应该可以同意……""我认为他们有点道理。如果我们同意……"在这里，一方的谈判人员表面上好像采取了对方的立场，并向同伴建议做出让步。可是这种情况多半是在表演双簧：事先决定让一个人采取强硬态度，到了适当的时候，再由同伴提出折中方案；可是那位强硬分子却硬是作出一种姿态，表示老大不愿意。最后，在同伴的反复劝说下，才勉强同意。当然，对方得到了这个好不容易才到手的让步后，自然会对那个好人做出相应的回报。

在谈判中，还可以把双簧表演倒过来做。例如，你可以在不太重要的问题上先做一些让步。然后，在关系重大问题上你的同伴出面讲话了。他会对你说："你今天上午表演得很慷慨，但在这一点上，你不能再作让步了。我们已经让得太多了。"这时候，你把脸转向对方，为难地说："我现在已经无能为力了，一切都只好由你们决定了。"

从我们的描述中看来，这种双簧表演似乎是很明显的，骗不过一个有经验的谈判高手。但是在长时间紧张谈判的压力下，识破这种策略也是不容易的。特别是唱双簧的人配合默契、表演自然的情况下，当然，对方也有可能会起疑心，但他不能完全肯定那是表演。他可能会想："他们的这些话也许是真的，我可以趁这个机会想办法分化他们。"

3．点一点对手的穴道

任何一个谈判者，不仅应该清醒地意识到在谈判中自己究竟要得到什么，而且还要明确自己究竟能够给对方什么。因为谈判是彼此利益、需要的交换。自己的要求自己最清楚，而对方的要求则难以把握。因此，就一场谈判来讲，最重要的或许就是发现对手的需要，有的时候甚至是要以有意识的行动创造对手的需要。

在谈判中要能随机应变，抓住对方的弱点给予打击。有些弱点是事先已经被掌握的，而有些弱点则是在对谈时对方暴露出来的。两雄争辩，是双方理与气的较量，理是气的内核，气是理的锋芒，理直就气壮，理屈则气馁。但在一定条件下，气盛也能使理壮三分。出色的谈判家常常着意寻找对手的有关弱点，狠狠一击。如釜底抽薪，使对方的锐气顷刻消失，束手就范。所谓有关的弱点，是指对手论点上的错误、论据上的缺失、论证上的偏颇或其本身性格、行为、感情上的各种局限。诸葛亮舌战群儒的故事，是很值得谈判人员研习的。

诸葛亮初到江东，作为弱国的使者，而且独自一人，看上去势单力孤。江东的那些欺软怕硬的谋士，一个个盛气凌人。诸葛亮决心先打掉他们的气焰，所以出手凌厉，制人要害，像张昭这样的江东首席谋士，也不过勉强与诸葛亮周旋了三个回合。他突出的弱点是主张降曹，投降是既无能又无耻的表现。诸葛亮瞅准这一点，在历数刘备一方怎样仁义爱民、艰苦抗击曹操之后，话锋一转："盖国家大计，社稷安危，是有主谋。非比夸辩之徒，应誉欺人；坐议交谈，无人可及，临机应变，百无一能。——诚为天下笑耳！"这样就一下子点到了张昭的痛处，使他再也不能开口。

张昭以下的虞翻、步鹰、萍踪、陆绩、严峻、程德枢之流，都是上来一个回合就翻身落马的。如薛练与陆绩出于贬低刘备的目的，抬高了曹操的身份，这就犯了当时士大夫阶层中的舆论大忌。诸葛亮一把抓住这点，斥责他们一个是"无父无君"，一个是"小儿之见"，说得两个人"满面羞衡"，先后"语塞"。严峻与程德枢完全是迂腐儒生，责问诸葛亮"适为儒者所笑"，诸葛亮尖锐地指出："寻章摘句，世之腐儒也，何能兴邦立事""小人之德……笔下虽有千言，胸中实无一策。"甚至屈身变节，更为可悲。准确有力地击中对方的要害，使对方垂头丧气，理屈词穷。

在唇枪舌剑中，对手总有说漏嘴的时候，这正是穷追猛打的好机会。这种办法用于对付傲气十足的对手较易奏效，因为傲者一丢丑便像斗败的公鸡一样，会垂头丧气，沮丧不已。因此傲者比谦虚的人更容易打败。毫无疑义，任何人都不可能是十全十美的，难免有自己的弱点，而傲者一旦被别人抓住弱点进行攻击，也就瓦解了其傲气根本。

4. 退一步，进两步

有时候谈判中的一方，不太敢用退出来要挟对方，生怕谈崩了弄得鸡飞蛋打。所以，谈判老手都会不择手段地掌握对手的真正意图，摸清了底牌，便掌握了谈判的主动权。这时再以什么方式取胜，已是技术问题了。以退要挟达到进的目的，便是常用的一种。

巴拿马运河最早并不是由美国开凿的。19世纪末，一家法国公司跟哥伦比亚签订了合同，打算在哥伦比亚的巴拿马省境内开一条连通大西洋和太平洋的运河。主持运河工程的总工程师就是因开凿苏伊士运河而闻名世界的法国人雷赛布，他自以为这一工程不在话下，然而巴拿马环境与苏伊士有很大的不同，工程进度很慢，资金开始短缺，于是公司陷入了窘境。

美国早在1880年就想开一条连贯两大洋的运河。由于法国先与哥伦比亚签订了条约，美国十分懊悔。在这种形势下，法国公司的代理人布里略访问美国，向美国政府兜售巴拿马运河公司，要价1亿美元。美国早已对运河公司垂涎三尺，知道法国拟出售公司更是欣喜若狂。然而，美国却故作姿态，罗斯福指使美国海峡运河委员会提出报告，证明在尼加拉瓜开运河省钱。报告指出，在尼加拉瓜开运河的全部费用不到2亿美元。在巴拿马运河的直接费用虽然只有1亿多美元，但另外要付出一笔购买法国公司的费用，这样，开凿巴拿马运河的全部支出将达2.5亿多美元。

布里略看到这个报告后大吃一惊。如果美国不开凿巴拿马运河，法国不是一分钱也收不回了吗？于是他马上游说，表明法国公司愿意削价，只要4000万美元就行了。通过这一方法，美国就少花了6000万美元。罗斯福又用同一计策来压哥伦比亚政府。他指使国会，通过一个法案，规定美国如果能在适当时期内同哥伦比亚政府达成协议，将选择巴拿马开凿运河，否则，美国将选择尼加拉瓜。

这样一来，哥伦比亚也坐不住了，驻华盛顿大使马上找美国国务卿海约翰协商，签订了一项卖国条约，同意以100万美元的代价长期租给美国一条两岸各宽13公里的运河区，美国每年另外付租金10万美元。“欲进先退”的策略就是罗斯福成功的地方。最后，美国只用了很少的代价，就获取了巴拿马运河的开凿和使用权。

可是在许多情况下，对方的底牌很难摸清楚，可以用分析和推断来把把对方的脉。如果对手实在是打持久战，那么冒点风险以退出恐吓对方，也值得一试。也许他比你更不愿意谈判破裂，若真是如此，你即使表示退出也仍然有回旋的余地。

需求常常是双向的。你有求于对方，对方也有求于你。洞悉了这一点后，就应该利用对手这种弱势，在谈判中采取以退为进的方略，迫使对手做出妥协和让步。

厚黑智慧

了解对方是至关重要的。但有一点也很清楚，无论是谁都不愿谈判破裂，他们只是采取要挟的策略以达到自己的目的。所以，如果在谈判中你的对手要挟你时切莫上当；或者你知道了对方怕你撤出谈判时，你也可以装着马上就停止谈判的样子，让对方接受对你有利的条件。这其实也是谈判双方信息、信心和意志力的综合较量。

·第五章·

处世厚黑学，赢得天下

厚也者天下之大本也，黑也者天下之大道也，致厚黑，天地畏焉，鬼神惧焉。

如果我们仔细观察就会发现，在社会的竞争中取得最后的成功的人，通常不是那些机变灵巧、神通广大的所谓“聪明人”，而是那些看上去憨厚平实、不喜欢抛头露面的“愚笨人”。为人处世，要的不是展示在人前的小聪明，而是人前的愚，人后的智，只有掌握了大愚中藏智的技巧，办起事来才会得心应手。

过于精明的人，通常容易吃亏，因为凡事精明，就会在无形中挤兑了别人，侵犯了别人的利益，容易让别人有可乘之机，使自己陷入不利困境。所以厚黑学主张做事时不妨“愚笨”一点为好，有智慧而不炫耀自己，有才能宁可装糊涂，是聪明人的行为，以愚掩智只有一个目的，就是迷惑对方，战胜对手，获得成功。大愚中藏智，历来被推崇为高明的厚黑处世之道。历史上，在政治风云变幻中，危险随时会出现，一些明智之人通常通过扮傻装呆来逃避危难，保全自身。

厚黑学认为，有了关系好办事，因为有了关系就有了安身立命的依靠，有了生存竞争的资本。在现在这个人际复杂的社会，要办成一件事，都要动用明里暗中交织的错综复杂的关系网，不会拉关系、不善于拉关系的人，是不可能把一件事顺顺当当地办成的，更不用提难办的事情了。有了关系，才有人情，有了人情，才好说话，才能把难办的事顺利地办成。关系运用得好，就能赢得胜机，培养自己的人脉关系，是厚黑处世的一个极其重要的“潜规则”。

要脸厚能忍，可成万世功

孔子说过："小不忍则乱大谋。"人在社会上处世，难免遇到不顺心的事情，碰到与自己作对的人。出现这种情况，有的人主张宁折不弯，坚持自己的原则；有的人主张以其人之道，还治其人之身。而厚黑学则反对这种做法，认为为了一时的利益得失去和人对抗争斗，很可能会使自己陷入被动，碰得头破血流，最终得不偿失。

忍让是一个成功者所不可缺少的心理素质，只有处变不惊，才能以静制动，后发制人。忍让是一种能力，是善于把自己的思想感情隐藏起来，行人所不能行，是成人所不能成之事的首要条件，是一种积蓄力量、待机而发的战略战术，在为人处世中遇到受气之事时，不妨先忍耐一下，切莫凭自己一时的意气用事。历史和现实中的厚黑人士，都懂得权衡利弊，重视大利、不夺小利，当忍则忍、能忍则忍，能够忍得暂时的屈辱，磨炼自己的意志，寻找合适的机会。

西汉时的韩信，是淮阴人，家里贫穷，没有事干。曾有个人欺侮韩信说："你虽然又高又大，喜欢佩带剑，其实内心怯懦。"并当众辱骂韩信说："你若不怕死，就刺我一剑；如果怕死，就从我裤裆下钻出去。"韩信仔细看看，想了一下，俯身从那人裤裆下爬了出去，全街的人都笑韩信怯懦。

后来，滕公向汉高祖刘邦说起韩信，开始时刘邦不知道他，于是他就逃走了，萧何亲自追他，并对高祖说："韩信是无双的国士，你要争得天下，非要韩信不可。要拜请他，选一个日子，要斋戒、设立坛位、完备礼教才行。"刘邦答应了萧何，拜韩信为大将军。到刘邦取得天下之后，韩信又被封为齐王，位为淮阴侯。

中国有句俗话“大丈夫能屈能伸”，讲的便是大将韩信胯下受辱的故事。小不忍则乱大谋，为人切忌心高气傲。正是韩信的巨大忍耐力，使其功成名就。《朝天忏》称：“人之所以富贵为世所尊重，都是从忍辱中得到的。”

西汉张良有一段圯桥受书的故事。

有一天，他到下邳的圯桥上游玩，有个老头儿走过来，故意把鞋子扔到桥下去，并对张良说：“把鞋子捡上来。”张良大吃一惊，想要揍他。但那老头儿看起来年纪很大，张良强忍着怒气把鞋子拿上来，交给了老头儿。老头儿穿上鞋，说：“孺子可教。五天后的早晨跟我在这儿见面。”张良感到奇怪，跪下说：“好吧。”抬头一看老头儿不见了。五天后，张良来到桥头，老头儿已先到，看见张良很生气地说：“你来迟了，为什么？五天后再见。”五天后，鸡啼时张良去了，老头儿又先到，愤怒地说：“为什么又迟到了？你五天后再来吧。”又过了五天，半夜里张良就赶去了，过了好一会儿老头才来，老头儿高兴地说：“应当这样。”于是拿出一本书交给张良，说：“你读了这本书，就能做大王的军师。”说完就不见了。

天亮时，张良打开书一看，原来是《太公兵法》。张良刻苦攻读，后来，他辅佐刘邦取得了天下，刘邦说：“在帷幄之中谋划，在千里之外打胜仗，我比不上张良。”张良被后人称为汉代三杰之一，被刘邦封为留侯。

张良容忍了老头儿的蛮横要求，与老头儿素不相识却到桥下为他拾鞋，正是这种“忍”，老头儿认为张良“孺子可教”，最终把一部兵法书交给了他，可以说忍耐使张良成就了事业。

历史上有名的“廉颇与蔺相如”的故事，曾令多少英雄人物为之感动。其内容大家都非常熟悉。如果蔺相如仅因廉颇说了几句带有侮辱性质的话语而大发脾气，与廉颇互相指责，互相攻击，势必两败俱伤，给秦国以可乘之机。正是因为有了“忍”，忍一口“闲气”，便使一个国家得到安宁、和平，也正是因为有了“忍”，才获得了“刎颈之交”的朋友。可见“忍”是多么的重要。当然，并不是说一切事情均要忍，如果达到那种万事皆空的境界，打你的左脸，你便将右脸也送给对方，这就是一种无原则的“忍”。

对于个人来说，凡是一些非原则的事情都可以忍，譬如个人意气与利益等，对于一些原则性的问题，则坚决不能让步。因此可以说，忍也是有底线、有限度的。对于不可忍的问题，也应用“忍”的办法来处理，在冷静的心情下谋划，这叫“大义之忍”。

忍，不光是要能忍，还要会忍、善忍。自古以来，都把忍辱负重称为担当大任的美德。纵观古今成功人士之道，无不是靠忍而成就事业的。清代中兴名臣曾国藩之所以能在宦海中只浮不沉，就是因为他能够忍受莫大的耻辱。曾国藩一生志在功名，他清楚地意识到自己要的只是功名，而不是与人怄气。

曾国藩初办湘勇团练的时候，有一天巡抚所辖的绿营兵与湘勇起了冲突，绿营兵甚至在深夜闯入曾国藩的行台。曾国藩亲自将此事告知巡抚，那巡抚却毫不理睬。第二天早上，曾国藩只好将兵营迁出城外，以避免再与绿营兵产生纠纷。那时朝廷已有重用曾国藩的意思，因此有人很是不解，询问其中的缘故，曾国藩微笑说：“大难未已，吾人敢以私愤渎君父乎？”用现代的话来说，就是大敌当前，我怎能为个人利益而泄私愤呢？

湘勇训练成功后，曾国藩马上被朝廷委以重任，投身到镇压太平天国运动的战役中。曾国藩率领湘勇攻克汉阳、武昌等地，立下赫赫战功。曾国藩以及他的部下都认为朝廷一定会重重封赏，可是咸丰皇帝只下旨任命曾国藩为署理湖北巡抚。接旨后，众部下纷纷叫屈，曾国藩自己心里也很不满意，觉得与他的赫赫战功不相符。可是，接到圣旨未满十天，咸丰皇帝又颁下第二道圣旨，免去了曾国藩湖北巡抚的职务，只赏给他一个兵部侍郎的空衔。

更令人气愤的是，朝廷内部有人不断在咸丰帝面前大进谗言，诬陷曾国藩。大学士祁寯藻递上折子说：“曾国藩不过是一个在籍侍郎，一介匹夫而已。这样的人居住在乡间，有一呼百应的势头，恐怕会给朝廷带来祸害。”有的人甚至极其险恶地诬陷曾国藩有叛变的野心：“现在曾国藩的勇丁已经超过两万，他们对曾国藩都是忠心耿耿无所不从的。他们只服从曾国藩一人之令。奴才还请皇上三思：现在再授曾国藩巡抚之职，握有地方实权，后果将会如何？”

这种待遇对功勋卓著的曾国藩来说实在太不公平，但是他没有悲愤难抑，口出怨恨之言，更没有心灰意冷，一蹶不振。他只是默默地做好他的本职工作，暗中等待着机会的来临。

后来，曾国藩这样总结其忍辱负重之术：“好汉打脱牙和血吞。这句话是我生平咬牙立志的秘诀，自出乡关以来，所受屈辱数不胜数。庚戌、辛亥年间我被京城的权责们唾骂；癸丑、甲寅年间，我被长沙的权贵唾骂；乙卯、丙辰年间，我又被江西人民唾骂；在岳州、靖江、湖口三次败仗之际，更是受到上上下下的指责。总之，我在被打脱牙的时候，没有一次不是和着血往肚里吞的。”然而，正是凭着这种忍让功夫，曾国藩终于修成了官道上的正果。

俗话说：“人生不如意事十之八九。”的确，不要说十之八九，人生有时甚至事事都不能顺我们的心意。我们要想生存在这个反复无常的世界里，最重要的还是要学习曾国藩的“忍辱负重”之术，以便在人生的风口浪尖上“直挂云帆济沧海”。

忍耐能使人做成大事，成就大业，忍能让人在商业社会里得利。

忍的目的是为了争，争的方式可以是忍。在争中忍，在忍中争，二者融会贯通，才能在为人处世中，表现出非凡的气度、风度和力度，立于不败之地。

厚黑智慧

李宗吾先生的整篇厚黑学核心就是“忍”，人生一世，厚而无形，黑而无色，忍者无敌，忍者能存，与其说胜利者是战而得胜，不如说是忍到了最后。在为人处世中，百忍成金，百炼成钢，忍辱方能负重，忍常人所不能忍，方能办大事。

有人认为忍让无争、含垢受辱、宽恕容忍是软弱的表现、懦夫的行径，殊不知，这样的人才是真正具有大智、大仁、大勇的人物。事实上，在衡量自身条件尚无绝对必胜把握时，暂时的忍辱负重是必要的、必需的，能接受一切、忍耐一切，然后才能改变一切、战胜一切。一忍可以当百勇，一静可以制百动，一个人如果做到无所不忍、无所不容，那就能无事不成、无功不建了。厚黑学认为，一个人为了达到自己的奋斗目标，就必须在各种逆境中学会忍耐，忍受屈辱的能力是成就大业的必然前提。诚然，忍让是相对而言的，如果一味地奉行逆来顺受，那就会失去原则，丧失人格，更谈不上日后的成功了。

勇于说“不”，该黑时就黑

为“我”是人类的本性，不能说他是善，也不能说他是恶，告子“性无善无不善”之说最为合理。

社交中，我们常会遇到一些人的无理或过分的请求，但是对方可能是与自己关系较好或较深的人，比如朋友、同学、同事、上司等，碍于情面，感到不好意思拒绝对方，但是如果答应了对方的请求，自己则会受到损失，甚至陷入麻烦中，一时间举棋不定、犹豫不决。如果对方的请求对自己影响不大，可以“网开一面”，慨然应允，说不定日后你还可能因此得到对方的回报；但是，对于一些重大的、原则性的问题，你可就要慎重考虑了。

厚黑学指出，在涉及大是大非的问题上，在涉及你个人利益和前程的事情上，如果对方向你提出一些不合情理的要求，那么，你不应当顾及情面，该黑脸时要黑脸，向对方斩钉截铁地说“不”，予以拒绝。

隋文帝时，有个善于说笑话的人叫侯白。他讲的笑话不但好听，而且往往蕴含着一些人生道理，大家都爱听他的笑话。就连宰相越国公杨素也喜欢听他说笑话。这天，他应邀给杨素说了许多笑话，杨素听得兴起，也就忘了时间，等到侯白离开杨府时已是傍晚。谁知道刚一出府，又碰上了杨素的儿子杨玄感。这位公子和他爹一样，也非常喜欢侯白说的笑话，这次遇到侯白说什么也不肯放他回家，非要听他讲笑话。无可奈何，侯白只得站在路边给任性的杨公子讲起了笑话。

侯白说："从前有一只老虎，肚子饿极了，一大早就去野外找食吃。这时它看见地上躺着一只刺猬，老虎以为是块好肉，就想一口吞进肚里。不料，刚一张口，就被刺猬夹住了鼻子，疼痛难忍。老虎不知碰到什么怪物，吓得纵身逃跑，一口气跑回深山老林，又困乏又惊恐，便昏昏睡去了。老虎鼻子上一直带着刺猬，等老虎睡了，刺猬才放开老虎。这一下，不疼了，老虎这才想起自己腹内空空，从昨晚到现在还什么都没吃呢，饿得心发慌，便一跃而起又去找食。没跑出多远，便见到一棵橡树。低头一看，那橡树的果实毛茸茸的，跟小怪物（刺猬）似的，便心有余悸地说：'今天早上遇见了您父亲，现在又碰上了您。请让一让路，放我回家吧！我肚子里还空着呢。'"

杨玄感听了，不禁一阵脸红，这故事里的橡树果实不正是说他自己吗？这才发现自己缠着侯白讲故事耽搁人家吃晚饭了，真是不够礼貌。他诚恳地向侯白道歉，以后也没有再纠缠侯白。

在人际交往过程中，拒绝别人往往损伤别人的脸面，伤害别人的自尊心。因此，有时候不宜直接用"不"这个具有强烈对抗色彩的字眼，而是把否定性的陈述用肯定的形式表达出来，这往往能取得意想不到的效果，在达到目的的同时，还不会伤害到彼此之间的感情。

我们知道，明朝开国皇帝朱元璋是个杀人不眨眼的天子，天下百姓都忌他万分。一次，著名画家周玄素奉朱元璋之命入宫，在宫殿墙壁上描绘明朝的江山地理图。周玄素深知朱元璋的为人，不知他葫芦里卖啥药，画他朱家地图，弄不好，岂不是保不了脑袋。思虑再三，周玄素伏地请命："臣不曾遍走天下九州，孤陋寡闻，未敢受此命，奉请皇上先给出个草图，待臣再依此描绘润色，不知皇上意下如何。"周玄素用他的机智巧妙地拒绝了朱元璋。我们可以想象，如果周玄素直接拒绝了朱元璋，那下场是可想而知的。正是因为周玄素深深地了解朱元璋，他这样做，既保住了自己的脑袋，又维护了皇帝的自尊和面子。同时又显示了自己的谦恭和才华。

这个事例告诉我们，拒绝是一门艺术，需要有更高的学问。拒绝能够体现出一个人的品德、修养和学识。巧妙的拒绝可以使对方在你的拒绝中，同样能感受到真诚、善意与信赖！

历史上很多成功的人士都精通拒绝的艺术，在说“不”的同时，还能给足对方面子。

有个军官一再请求狄斯雷利加封他为男爵。首相知道此人才能超群，也很想跟他搞好关系，但军官不够加封条件，因此狄斯雷利无法满足他的要求。一天首相把军官单独请到办公室，对他说：“亲爱的朋友，很抱歉我不能给你男爵的封号，但我可以给你一件更好的东西。”

狄斯雷利放低声音说：“我会告诉所有人，我曾多次请你接受男爵的封号，但都被你拒绝了。”

消息传出，众人都称赞这位军官谦虚无私、淡泊名利，对他的礼遇和尊敬远超过任何一位男爵。军官由衷感激狄斯雷利，后来成了首相最忠实的伙伴和军事后盾。

首相的聪明就在于，他明白军官真正需要的不是一个男爵头衔，而是封爵之后的巨大荣耀。

我们强调做任何事都要有分寸，拒绝也不例外。拒绝他人既要让对方知难而退，又要不伤害其面子和自尊，让人有台阶下。拒绝是一门艺术，拒绝他人时应该遵循以下原则：

1. 首先就是说出真实情况。在拒绝的过程中，还想和对方保持良好关系，就要采取换位的思想、同情的语调来处理。有的人在拒绝的时候，因为不好意思而不敢实话实说，采用闪烁其词的方式反而让对方产生很多不必要的误会。其实，拒绝本是件很正常的事情，别人有求于你的时候，也多少会有这个思想准备。只要处理得当，因为拒绝而伤害关系的并不多；倒是拒绝的时候吞吞吐吐、模棱两可，反而让人反感，而更容易影响关系。

2. 要选择好拒绝的时间、地点和机会。当你拒绝别人的时候，这是必须考虑的因素：及早拒绝，以免耽误了对方的计划、伤害对方。要据实向对方表明你的态度，好让对方有所准备。坚决拒绝，避免迂回曲折。在婉言拒绝的时候，一定要让对方觉察到你的态度，不要绕了半天连自己都不知道表达的是什么意思，更别说对方能不能理解了。

3. 要给对方留个退路。当你拒绝那些总喜欢坚持自己的意见，自以为是的人时，要好好考虑。这种人的自尊心很强，直接拒绝的方式无疑会使他们下不了台。所以，你首先就要把对方的话，从始至终地再听一遍。当你仔细听完对方的话后，再决定怎样去拒绝和说服对方。最好能以引用对方的话"不肯定"他的要求的方式，给对方留下足够的面子，给他留一个退路。这类人都是聪明人，你"不肯定"，他也就心领神会了。

4. 用友情来说服对方。要让自己拒绝的意见不引起对方的反感，最好让他明白：你是他忠实的朋友，自己并不强迫他接受反对的意见，你是最关心他的人，是从他的长远利益来考虑的。

勇于说"不"，学会拒绝，不是要你刻意地去拒别人于千里之外，而是为了更好地保护自己，更好地使自己活跃在社会这个大舞台。因为，社会是复杂的，人与人相处不排除功利目的，你可能不会有意去伤害别人，但你不能保证别人会在有意无意之中伤害了你，不是任何场合、任何礼物我们每个人都能去、都能接受的。我们的工作、我们的职责很多时候驱使我们要克制自己，必须拒绝。其实，很多时候，适时的拒绝，有艺术的拒绝，不但不会遭到别人的忌恨，还会赢得别人对你的敬佩。有了勇气，你的智慧才能得以发挥，你的拒绝也会变得妙趣横生；有了谦恭，你的真诚才能使人相信，你的拒绝也会变成感动。

厚黑智慧

在这个纷繁复杂的社会，你可能或多或少地遇上一些自己不想做或不愿做的事情。而很多时候是内心里极不情愿，但又不便直接拒绝。因为人在社会上生活，要和形形色色的人打交道，即便你再正直，也不想把人家弄得很尴尬。无论对方是善意的还是别有用心。拒绝在某种程度上也是一门艺术。了解了拒绝，你就会在处理一些问题上把握好分寸。懂得了拒绝，你就会在一种很幽默的气氛中使自己和他人都不至于陷入两难境地。学会了拒绝，你就能在社会这个竞技场上游刃有余，永远立于不败之地。我们穷尽一生，都在不断与是非博弈，笑到最后的，无非是那个最懂得让步和最懂得拒绝的人。

大智若愚，大勇如怯

战国末期秦国大将王翦奉命出征，出发前他向秦王请求赐予良田房屋。

秦王说："将军请放心出征，何必担心呢？"

王翦说："做大王的将军，有功最终也得不到封侯，所以趁大王赏赐我临时酒饭之际，我也斗胆请求赐给我田园，作为子孙后代的家业。"

秦王大笑，答应了王翦的要求。

王翦到了潼关，又派使者回朝请求良田，秦王爽快地应允了。

手下心腹劝告王翦。王翦支开左右，坦诚相告："我并非贪婪之人，因秦王多疑，现在他把全国的部队交给我一人指挥，心中必有不安。所以我请求赏赐田产，名为子孙计，实为安秦王之心。这样他就不会疑我造反了。"

刘备是三国时期蜀汉政权的建立者，也是当时的重要的政治人物。刘备生活的年代正是东汉末年军阀割据之时。刘备年轻时就喜欢结交好友，关羽、张飞就是他肝胆相照的兄弟。在乱世之时，刘备也想有一番作为，于是就开始招兵买马，组织了一支不小的部队。

但是，他的这支部队若想在当时生存下来是不容易的。为了积蓄力量，保存实力，刘备只好投靠了曹操。曹操表面上非常尊敬刘备，但实际上却防备着他，因为曹操知道刘备是个大英雄，怕刘备以后会不利于他。刘备也知道曹操防着他，为了打消曹操的戒心，他就经常在家关着门，在院子里种菜，装出一副对时事漠不关心的样子。

有一天，曹操请刘备喝酒，议论当世英雄。刘备提到当时的一个大军阀袁绍，曹操从容地说："现在天下英雄，只有你我两个人。袁绍之流，算不上英雄。"刘备见曹操把自己说成英雄，不觉大吃一惊，手中的筷子也掉在了地上。这时，正巧天上响起一声巨雷，刘备为了掩饰自己的害怕心理，就说："古人说，迅雷风烈必变！这话真有道理。雷震的威力，想不到竟这样厉害。"他把筷子落地的原因轻轻地掩饰过去了。曹操见刘备如此胆小，打雷也怕成这样，以为他是个没有出息的胆小鬼，就对他放松了警惕。

刘备知道曹操始终对自己有戒心，就找机会从他那里逃走了。

刘备深知，自己羽毛未丰，势力单薄，在势力强大的曹操面前，随时都有被消灭的危险，因此必须将自己的政治抱负深埋于心，不能表露出丝毫的迹象，只有低调行事，装傻扮痴，让曹操觉得自己没有远大志向，从而放松警惕，才能摆脱险境。

康熙登基的时候还是个小孩子，大权完全掌握在辅政四大臣手里。这四大臣中以鳌拜战功最卓，野心最大，飞扬跋扈，横行无忌。他用尽心机独揽大权，给康熙造成极大的隐患。

当时，康熙只有14岁。他心里很清楚：自己的势力很单薄，如果要对鳌拜采取什么制裁，稍有不慎，势必酿成大变，危及皇位，甚至自己的性命也不保。

康熙权衡利弊，审时度势，想出了一个好办法。一方面，他再也不和鳌拜争辩了，鳌拜要怎样就怎样，而且他还加封鳌拜为一等公，表示特别恩宠。

另一方面，他在宫内亲自遴选了几十名身体壮健的小太监，天天与他玩"布库"的游戏，并请专人教练。

"布库"是满族的一种民间斗技游战，类似于我们今天的摔跤。鳌拜知道了这件事，以为是小孩子好玩，满洲习俗一向尚武，所以毫不在意，反而觉得康熙天天玩耍，不问政事，他更好肆意妄为了。

就这样，康熙跟小太监玩了一年多，到康熙八年（公元1669年）五月端午节前夕，他认为时机成熟了，便在鳌拜进宫朝拜那天，令小太监们一哄而上，把鳌拜拿下。

然后，他马上在乾清宫召集议政王大臣会议，将鳌拜的罪状宣示中外，没收家产，革去官职，将鳌拜的党羽十余人尽放斩首。对鳌拜，康熙念及他战功卓著，从宽免死，下旨永远囚禁。

如果你想打败对手，就要保证自己有足够的实力。如果自己的实力不足，最好的选择还是把自己隐藏起来，养精蓄锐，等待时机，一旦时机成熟，便可迅速出击，战胜对手。为人处世也是这个道理，如果我们想做某件事，但是眼前还没有足够的实力时，最好还是先积蓄自己的力量，等待适当的机会再出手。

隐藏自己不是无能和自我封闭，而是在坚信自己力量的同时所表现出来的宽厚。知识渊博的成功人士往往虚怀若谷，他们所具备的冷静、敏锐、谦逊是成功的前提和基石。

“大智若愚，大巧若拙”，明智之人不会夸口炫耀，只会以自己的成绩让人信服。他们懂得在不如意时隐藏自己，在时机成熟时亮出自己，该出手时就出手。

厚黑智慧

英国的一位评论家柯尔敦曾说过：“智者与愚者都一样愚蠢，其中的差别在于愚者的愚蠢是众所周知的，唯独自己不自觉；而智者的愚蠢是众所不知，而自己却十分清楚明白的。”

人生犹如战场，无时无刻不在斗智斗勇。在错综复杂的矛盾中，在重重叠叠的人际关系中，有的人总觉得自己聪明过人，说话办事喜欢表现自己，结果总是搬起石头砸了自己的脚。厚黑学指出，为人处世，不妨偶尔装一下傻，扮一下痴，隐匿自己的锋芒，这样可以麻痹对手，从而掌握竞争的主动权，在不显山不露水中实现自己的目的和愿望。

第一法：得饶人处且饶人

我想："冤家宜解不宜结。"

与人相处，难免有认识上的差异、利益上的纠纷、情感上的冲突、工作中的矛盾，也就存在谁是谁非、谁更有理的问题，一些人为了维护自己的颜面、争取自己的利益，得理不饶人，非要与人争个高下，拼个胜负，不惜对人恶语相加，甚至大打出手，结果平生事端，有的还因此惹上了牢狱之灾。

其实，世上的有些道理并不是能够讲清楚的，而且也没有讲清楚的必要。与人相处，得理不饶人，凡事都要讲个明白，不仅会伤害彼此的感情，而且会引起对方的不满，激起对方的反抗，将事态恶化，原本一些鸡毛蒜皮的小事就可能演变成一场激烈的"战斗"。厚黑学认为，这是极为愚蠢的举动。那些厚黑处世之士明白"山不转水转"，今天的敌人他日有可能成为自己的朋友，与人相处，有些事情没有必要过于计较、分清是非，做事要给自己留有余地，得理不饶人，将他人逼到绝路，自己也就没了退路。要有与人为善的心理，与人产生矛盾，首先要从自己身上找问题，心平气和地与人坦诚交换意见，通过道歉和接受道歉，互相谅解，化解矛盾。

汉代公孙弘年轻时家贫，后来成为丞相，但生活依然十分俭朴，吃饭只有一个荤菜，睡觉只盖普通棉被。就因为这样，大臣汲黯向汉武帝参了他一本，批评公孙弘位列三公，有相当可观的俸禄，却只盖普通棉被，实质上是装模作样、沽名钓誉，目的是骗取俭朴清廉的美名。

汉武帝便问公孙弘："汲黯所说的都是事实吗？"公孙弘回答道："汲黯说得一点没错。满朝大臣中，他与我交情最好，也最了解我。

今天他当着众人的面指责我，正是切中了我的要害。我位列三公而只盖棉被，生活水准和普通百姓一样，确实是故意装得清廉以沽名钓誉。如果不是汲黯忠心耿耿，陛下怎么会听到对我的这种批评呢？”

汉武帝听了公孙弘的这一番话，反倒觉得他为人谦让，就更加尊重他了。

公孙弘面对汲黯的指责和汉武帝的询问，一句也不辩解，并全都承认，这是一种非常高明的智慧！汲黯指责他“使诈以沽名钓誉”，无论他如何辩解，旁观者都已先入为主地认为他也许在继续“使诈”。公孙弘深知这个指责的分量，采取了十分高明的一招，不做任何辩解，承认自己沽名钓誉。这其实表明自己至少“现在没有使诈”。由于“现在没有使诈”被指责者及旁观者都认可了，也就减轻了罪名的分量。公孙弘的高明之处，还在于对指责自己的人大加赞扬，认为他是“忠心耿耿”，这样一来便给皇帝及同僚们以这样的印象：公孙弘确实是“宰相肚里能撑船”。既然众人有了这样的心态，那么公孙弘就用不着去辩解是不是沽名钓誉了，因为自己的行为不是什么政治野心，对皇帝构不成威胁，对同僚构不成伤害，只是个人对清名的一种癖好，无伤大雅。

对方无理，自知吃亏，你于“理”明显占过对方，放他一条生路，他会心存感激，来日也许还会报答你，就算不会图报于你，也不太可能再度与你为敌。这就是人性。

得理不让人，伤害了对方，有时还会连带伤害对方的家人，甚至毁了对方，这有失厚道。得理让人，也是一种人情积蓄。

人海茫茫，却常“后会有期”。你今天得理不让人，谁知他日你们二人会不会再相逢？如果到时候对方势旺而你势弱，你就可能吃大亏了！“得理让人”，这也是为自己以后做人留条后路。

清代康熙年间，当朝人称“张宰相”的张英与一个姓叶的侍郎，两家比邻而居，叶家重建屋子，将两家公共地弄墙拆去并侵占三尺，张家自然不服，引起争端。张家立即发鸡毛信给京城的张英，要求他出面干预，张英却作诗一首：“千里家书只为墙，再让三尺又何妨？万里长城今犹在，不见当年秦始皇。”张老夫人看见这封家书，立即命人退后三尺筑墙，而叶家深表敬意也退后三尺。这样两家之间即由从前的三尺巷变成了六尺巷，被百姓传为佳话。

《菜根谭》中指出，“径路窄处，留一步与人行；滋味浓的，减三分让人尝。此是涉世一极安乐法。”这句话旨在说明谦让的美德。凡事让步，表面上看好像是吃亏，但事实上由此获得的必然比失去的多。做人也应该把目光放远一些，这样人生之路才会越来越宽。

我们都知道，每个人的智慧、经验、价值观、生活背景都不相同，因此与人相处，不管是在利益上还是在是非上，争斗都是难免的。

在我们周围，常常会遭遇这样那样的争斗和竞争，即使你无意“过招”，但在别人的不断逼迫下，你还是会不由自主地陷入争斗的漩涡中去。而大部分人一陷入争斗的漩涡，便“一发不可收拾”，一方面是为了面子，另一方面是为了利益，因此一得了“理”便不饶人，非逼得对方鸣金收兵或竖白旗投降不可。然而“得理不饶人”虽然会让你暂时吹着胜利的号角凯旋，但也会成为下次争斗的前奏——“战败”的对方失去了面子和利益，他当然要“讨”回来。如此“你来我往”，其结果只能是纠纷不断、两败俱伤。

两人对论，各执己见，这是常有之事，但是道理是不欺人的，绝无两张面孔。在这种情况下，应小心机智地加以处理。有时不妨站在对方立场上，谨慎修正自己的观点，从别人的思想角度考察自己的动机。只有如此，你才不会盲目地谴责他人或盲目地自我辩护。

小王和小梅是一对交往已经两年的情侣，小王个性虽强，脾气尚称温和，小梅个性也差不多，但情绪较为不稳，易被小事惹怒。由于小梅口才甚佳，因此和小王若有争执，不管谁对谁错，小王总是“输”得有一肚子发作不出来的气。

有一次，两人又为了一件事吵架，小王基于每次都无力招架，就只好采取沉默战术，任凭小梅如何说，他只是沉默。小梅并没有因此而收兵，反而逼问小王此举“用意”何在，一连逼问半个小时，小王终于说：

“那我们分手算了！”

小梅也是个个性强的人，当场就同意分手了。

事实上，这并不是小梅想要的结果。

人与人之间，尤其是掺杂感情在内时，谁是谁非，有时候是很难弄得明白，也不必去弄得太明白的，因为对与错往往是主观的认定，而主观又受到当时的气氛、自己的情绪以及二人相处经验的影响。因此本来没什么大不了的事，甚至根本谈不上“错”的事，经过主观意识的作用，便会复杂起来，如果硬要在这上面“辩争”得一清二楚，便会有一方被言语伤害。

所以，与人在言语上的交锋应考虑到能不争不辩最好，如非争非辩不可，则不宜过于尖锐，除非辩论比赛，或牵涉到生死存亡之事，否则不必把对方逼到墙角，因为对方会为了不显得软弱而反扑。

爱逞一时口舌之快者大多是心浮气躁又习惯指责他人的人，在他们的内心世界里根本就没有“忍”字可言。只要不顺心就见事骂事、见人骂人，为的是排遣胸中的忧烦。但他们根本就没有想到，自己焦躁的情绪得到宣泄了，被骂者的心理感受如何呢？对于有逞一时口舌之快者，最重要的是要不断培养自己的耐性，多站在对方的立场上考虑问题。

厚黑智慧

俗话说，与人方便，与己方便，争强好胜、处世无方最容易得罪人而招来横祸，与人共事的人只要受了你的气，就可能会与你作对。而得理让人则会赢得他人的感激和尊重，得理之时让三分，这样既给了别人颜面，也给自己留了退路。为人不可太狠，做事不可太绝，是厚黑学中的一个重要“处世经”。当与人发生冲突时，如果以海纳百川的胸怀处理事情、对待对方，情况往往就会往积极的一面发展。虽然你有“得理不饶人”的权利，但又何妨“得理且饶人”呢？给对方让开一条生路，让对方有个台阶可下，为他留点儿面子和立足之地，对自己的将来也是有百利而无一害的。

厚脸法：示弱也是强者

行之而不惹焉，习矣而不察焉，终身自由。

《孙子兵法》说："兵者，诡道也。"孙子的原话是：能而示之不能，用而示之不用，近而示之远，远而示之近。"示弱"是中国古代的军事策略思想，能够造成敌人和对手的轻敌之心。在现实中，弯腰做人，以弱示人，也是一种为人处世的哲学和安身立命的手段。

现实中，有的人张扬个性，争强好胜，表现自我，不懂得弯腰做人的道理，争面子、争所谓的一口气，结果给自己造成很大的伤害，有的伤害覆水难收，永远都无法弥补。厚黑学认为，为人处世，要知进知退，退一步，路更宽，暂时弯腰，是为了养精蓄锐，以待时机，这样的退后再进则会更快、更好、更有效、更有力，而弯腰则会增强以后的爆发力和冲劲，退是为了以后再进，暂时放弃某些有碍大局的目标是为了最后实现更大的成功。这弯腰中本身已包含了进的含义，这种弯腰更是一种进取的策略。

生活中，有时必须要弯腰做人，以退换进，特别是遇到比自己强的对手，更是要如此。只有做到暂时的"退"，才能有以后的"进"，否则就会像台风中的树木被连根拔起，或被拦腰折断。

武则天年方14岁便已艳名远扬，被唐太宗召入宫中，不久被封为才人，又因性情柔媚无比，被唐太宗昵称为"媚娘"。当时宫中观测天象的大臣纷纷警告唐太宗，说唐王朝将遭"女祸"，有一个女人将代李姓为唐朝皇帝。种种迹象表明此女人多半姓武，而且已入宫中。唐太宗为子孙后代着想，把姓武之人逐一检点，作了可靠的安置，但对于武媚娘，由于爱之刻骨，始终不忍加以处置。

唐太宗受方士蒙蔽，大服丹丸，虽一时精神陡长，纵欲尽兴，但过了不多久，便身形枯槁，行将就木了。武则天此时风华正茂，一旦太宗离世，便要老死深宫，所以她时时留心择靠新枝的机会。她没有就此“撤离”，而是分析形势，为下一步的发展做好了打算。太子李治见武则天貌若天仙，仰羡异常，两人一拍即合，山盟海誓，只等唐太宗撒手，便可仿效比翼鸳鸯了。

唐太宗一听，连声说“好”，并命她即日出宫，“省得朕为你劳心了”。唐太宗本来是要处死武媚娘，但毕竟自己很喜欢她，心里多少有点不忍。现在武媚娘既然敢于抛却一切，脱离红尘，去当尼姑，那么对于子孙皇位而言，就不可能有什么危害了。

武媚娘拜谢而去。一旁的太子李治却如遭晴空霹雳，动也动不了。唐太宗却在自言自语：“天下没有尼姑要做皇帝的，我死也可安心了。”

李治听得莫名其妙，也不去管他。借机溜了出来，径直去了媚娘卧室。见媚娘正在检点什物，便对她呜咽道：“卿竟甘心撇下我吗？”媚娘满脸无奈的忧伤，她回身仰望太子，叹了口气说：“圣命难违，只好走了。”“了”字未毕，已泪如雨下，语不成声了。太子道：“你何必自己说愿意去当尼姑呢？”武媚娘镇定了一下情绪，把自己的担心告诉了李治：“我要不主动说出去当尼姑，只有死路一条。留得青山在，不怕没柴烧。只要殿下登基之后，不忘旧情，那么我总会有出头之日……”

太子李治佩服武媚娘的才智，当即解下一个九龙玉佩送给媚娘作为信物。太子登基不久，武则天即被招入宫中。

武则天的聪明之处在于，能识别“风紧”还是“风松”，她在危难面前能迅速分清主次，并能果断地选择“退”，从而保住了自己的性命。“风松”了，她又再回来。等到时机一旦成熟，武则天果断地由退转进，成为中国历史上声名赫赫的一代女皇。

曾有一位记者，去拜访一位政治家，目的是获得有关他的一些丑闻资料。然而，还来不及寒暄，这位政治家就对想质问他的记者制止说：“时间还长得很，我们可以慢慢谈。”记者对政治家这种从容不迫的态度大感意外。

不多时，仆人将咖啡端上桌来，这位政治家端起咖啡喝了一口，立即大嚷道："哦！好烫！"咖啡杯随之滚落在地。等仆人收拾好后，政治家又把香烟倒着插入嘴中，从过滤嘴处点火。这时记者赶忙提醒："先生，你将香烟拿倒了。"政治家听到这话之后，慌忙将香烟拿正，不料却将烟灰缸碰翻在地。

平时趾高气扬的政治家出了一连串洋相，使记者大感意外，不知不觉中，原来的那种挑战情绪消失了，甚至对对方产生了一种亲近感。

这整个过程，其实是政治家一手安排的。当人们发现杰出的权威人物也会有许多弱点时，过去对他抱有的恐惧感就会消失。而且由于受同情心的驱使，还会对对方产生某种程度的亲密感。

向别人故意"弯腰示弱"，可以减少乃至消除不满或嫉妒。才华出众或位高权重被人嫉妒是难免的，在一时还无法消除这种社会心理之前，用适当的"弯腰"方式可以将其消极作用减少到最低程度。

"弯腰示弱"能使处境不如自己的人保持心理平衡，有利于交际时掌握主动。

在社会上，必须善于选择"弯腰示弱"的内容。地位高的人在地位低的人的面前不妨掩饰自己的学历，表明自己实在是个平凡的人；成功者在别人面前多说自己失败的记录、现实的烦恼，给人以"成功不易""成功者并非万事大吉"的感觉；对眼下经济状况不如自己的人，可以适当诉说自己的苦衷，诸如健康欠佳、子女学业不妙以及工作中存在的诸多困难，让对方感到"他家也有一本难念的经"；某些专业上有一技之长的人，最好承认自己对其他领域一窍不通，袒露自己日常生活中如何闹过笑话、受过窘等。至于那些完全因客观条件或偶然机遇侥幸获得名利的人，更应该直言不讳地承认自己是"瞎猫碰上死老鼠"。

"弯腰示弱"可以是与个别人接触时推心置腹的交谈，幽默的自嘲，也可以是在大庭广众之下，有意以己之短，比人之长。

"弯腰示弱"有时还要表现在行动上。自己在事业已处于有利地位，取得了一定的成功，在小的方面，即使完全有条件和别人竞争，也要尽量回避退让。也就是说，平时对小名小利应淡泊些、疏远些，因为你的成功已经成了某些人嫉妒的目标，不可以再为一点微名小利惹火烧身，应当分出一部分名利给那些暂时处于弱势中的人。

为人处世，懂得“弯腰示弱”有时可以是人际交往中掌握主动权的“灵丹妙药”。

在人际交往中，“弯腰示弱”并不是自己无能的表现。一个人，总有他不知道、不太了解的地方。俗话说，“金无足赤，人无完人”，一个事事都“知道”的人反而会引起别人的不信任，倒不如坦率地承认自己的弱点，让别人更加全面地了解自己，这样他会觉得你更加真诚可信。

在我们的一生中，如果要使自己在人生旅途中一帆风顺，少遇挫折，学会“弯腰低头”，对每个人来说都是一门必不可少的学问。弯腰做人也是一个人步入社会必备的自我保全手段，熙来攘往的社会处处风雷激荡，时时风云变幻，只有甘于弯腰之人才能在社会的风雨中获得更多的人生保全。

厚黑智慧

人在社会行走，与人相处，有时要学会弯腰低头，低调做人。一个人才华横溢，锋芒毕露，是很容易受到别人的攻击的。因为你的流光溢彩使周围的人相形见绌，黯然失色，所以，你越能干，事情做得越完美，就越容易得罪人。厚黑学认为，凡事当留有余地，不要那么锋芒毕露、咄咄逼人。厚黑处世之士，总是能做到这一点：让别人感到他很重要，但他却不会对别人造成威胁。要做到这一点，有时就需要弯腰低头，示弱以人。这就是“以能问于不能，以多问于寡，有若无，实若虚”。明知故问，给别人一个表现的机会；明明知道他不如自己，也去向他请教；明明自己懂得很多，但表面上要做出一副什么都不懂的样子。这样，你就可以减少一些来自他人的攻击和中伤了。

刚柔相济，能刚能柔真丈夫

李宗吾发明一种拳术，称其为“无极拳”。据说，他是把气功和太极拳整合为一，随意动作，师其意而不泥其迹，略略掺入些黄帝内视法、天隐子存想法，并会通庄子所说“真人之息以踵”的道理而成此拳法。他说这种拳法，睡时、坐时、读书作文时、与人谈话时，都可以运用。他说如果把这种拳术传出来，不但为厚黑教主，而且可以称为无极祖师。

我们常常看到，一些过于刚硬的物体往往容易折断，不能久用，而那些柔软的东西却百折不变其形，经久耐用。这一情况同样适用于为人处世方面。一个人性格过于刚强，就容不得周围的人和物，最终也必被外界所不容，为他人所抛弃，人生遭挫，功败垂成。

李宗吾先生一生最佩服老子，将他的著作视为“厚黑圣经”。老子曾这样评论强和弱的关系：“人之生柔弱，其死也坚强。草木之生也柔脆，其死也枯槁。故坚强者死之徒，柔弱者生之徒。是以兵强则灭，木强则折。强大处下，柔弱处上。”他对水的外柔内刚的生存智慧推崇备至：“天下莫柔于水，而攻坚强者莫之能胜，以其无以易之。弱之胜强，柔之胜刚，天下莫不知，莫能行。”水总是往低处流，流入最安静最没有声息的地方，从最低的地方仰望高处；水没有形状，在圆形的容器中，它是圆形的；在方形的容器中，它又变成方形的。可以说水是最没有刚、最没有形的东西，然而它又拥有强大的力量，占有绝对的优势。可为滔天巨浪，摧枯拉朽，吞噬一切，可以洞穿坚硬的岩石，冲垮坚固的堤岸。

可见，柔并不等于弱，刚也并不一定等于强，关键在于如何去利用它，如何恰到好处地利用它。厚黑学认为，为人处世，最忌逞刚好强、缺乏柔和退让之心，刚可压柔，但柔也可克刚。所以得天地之道，最适合的处世方式应该是能刚能柔、刚柔相济。

颜真卿是中国历史上著名的大书法家，也是唐代最杰出的忠贞大臣。安禄山起兵叛乱时，河北二十余郡望风而降，只有他以一座小小的平原郡城，孤军抵抗，誓不降贼，成为抗击叛军的中流砥柱，赢得唐玄宗极大的赞叹。此后，他历经唐肃宗、代宗和德宗数朝，官至太子太师，德高望重，天下景仰。然而，这样一位名震天下的忠臣，却因与当朝宰相卢杞有过节而最终被叛军杀害。

颜、卢两家曾是世交，父辈曾携手并肩浴血沙场，为刎颈之交，但即使如此，卢杞在自己羽翼丰满之后，却再也容不下颜真卿这样的老前辈。最初，卢杞想把颜真卿挤出朝廷，便问他："想安排你去外地任职，你看哪里对你比较合适？"

颜真卿生平性情刚烈，疾恶如仇，听了这话，便在朝堂中当众回答说："我这个人由于性情耿直，一直被小人所憎恨，遭到贬斥流放也不是一次两次了。如今我老了，希望你能有所庇护。当年安禄山杀害了你的父亲，将首级传到我那里，以威胁我投降，我见到你父亲脸上的血迹，不敢用衣巾擦拭，而是用舌舔干净的，难道你还不能容下我吗？"

几句话说得卢杞满脸通红，心中却对颜真卿更痛恨了。不久，割据淮西的节度使李希烈起兵反叛朝廷，很快便攻下了汝州，引起朝野很大的震动。德宗问卢杞如何平息叛乱，脸厚心黑的卢杞决心利用这个机会除掉颜真卿，便对德宗说："李希烈是个年轻的悍将，恃功傲慢，他的部下不敢阻止他。如果朝廷能派出一位儒雅重臣，向他宣示陛下的恩德，陈述逆顺祸福的道理，李希烈必然会革心悔过，这样就不必大动干戈而将他收服。颜真卿是四朝重臣，忠直刚强，名重海内，人人敬服，他去最为合适。"

卢杞的这番话表面上说得冠冕堂皇，完全是为了迅速平叛，丝毫也没有陷害颜真卿之意。不辨忠奸的德宗皇帝没有听出卢杞的弦外之音，完全听从了他的意见。朝中一些有识之士为之震惊，有人劝告颜真卿说："你这一去必然会遇害，最好暂且留下来，看一看朝廷会不会有新的平乱措施。"颜真卿慨然道："国君之命，怎么能够不从？"还有人甚至上书朝廷说："让一位元老重臣去送死，这是国家的耻辱！请将颜真卿留下吧！"

颜真卿义无反顾，受命即行。到了李希烈那里以后，李希烈使出各种手段，用尽威逼利诱之能事，劝颜真卿拥戴李希烈为天子，并许愿封他为宰相。颜真卿对这一切均不为所动，大义凛然，断然拒绝，对叛军严加痛斥，最后终于被杀害。

颜真卿的人品气节固然令人可敬，但是他的为人处世态度却是不可取的。在尔虞我诈、钩心斗角的封建王朝的官场中，可谓处处充满杀机，时时飞来横祸，不知忍让退步、忍辱负重、意气用事、刚直不阿，是很容易遭人打击和暗算的。假如颜真卿稍微改变一下自己的性格，以"柔软之心"与卢杞周旋，不与之正面对抗，那么结局就不至于这么悲惨了。

在历史上，厚黑之士总是将自己装扮成弱者，用"柔"作为自己的护身符，用"柔"赢得他人的好感，博取他人的同情，换取他人的帮助，最终换得的是自己的仕途一帆风顺，功成名就。

后人评价说，清末中兴名臣曾国藩就是一个能柔能刚、能弱能强之人。那么他柔弱在什么地方？刚强在什么地方呢？

清朝末年，朝政掌握在西太后手中，她是清政府的实际统治者，但是清末的江山却是靠曾国藩维持的。曾国藩比慈禧大二十四岁，早死三十六年，可以说他为官一生，荣辱升降都是由一个女人控制着。曾国藩可以算得上是清王朝的一个忠臣了，但是任何一个注定灭亡的朝代，那些企图力挽狂澜的所谓忠臣其实都是很成问题的。曾国藩也一样。他可以说是清末"功盖天下而主不疑"的社稷栋梁。他是用什么方法逃过"功高震主"的悲剧结局，尤其是在西太后那样阴狠毒辣的铁腕下？

曾国藩作为一个汉人，受到满清政府的赏识，开始走的就是上层路线。最初他在京城做官时，只是礼部的一个小职员，他有目的地结交了一位亲王。太平天国刚起事时，亲王向咸丰举荐曾国藩说："此人胆大心细，才堪大用。"于是咸丰召见了他。不久就让他回湖南老家组练湘军，把剿灭太平天国的重任寄托在他身上。

曾国藩没有辜负清室的希望，他从1853年组建湘军，用了九年时间，终于打垮了已经占领了半壁河山、几乎夺得全国政权的洪秀全。在他全线告捷，清王朝又可以吁一口长气的时候，咸丰因纵欲过度而身亡，政权落在了西太后手中。而曾国藩当时正如日中天，功高盖世，达到了人生事业的顶峰。若按封建社会的常规，接下来所面临的必然是“敌国破，功臣亡”的结局。然而曾国藩对此早有准备，他以一套又一套太极拳的柔劲就把所有险情化解了。

后世有人说，曾国藩所以被称作中兴名臣，一代圣相，共有十三套大本领，其中十一套没有流传下来，传世的只有两套：写了一部相书《冰鉴》，再就是大量的日记和家书。

清朝自入关后，以一个被传统的大汉族思想视为“蛮族”的名分来统治整个中国，面对明的和暗的“反清复明”的潜流，除了依靠比明朝更正确、更高明的统治艺术外，只能以特务组织驾驭各级官吏。这是整个清朝期间一直沿用的传统的统治手段。慈禧太后以一女人专政，特务组织更是其须臾不可离的控制文武大臣的工具。所以，当时曾国藩的日记与家书，尽写一些养猪农作的家务琐事，与其说是给家人子弟看的，不如说是写给西太后看的，目的自然是消除她的疑心，表示自己不过是一个求田问舍、怀无大志的乡巴佬。

大致浏览曾国藩的处世哲学，始终是以“内用黄老，外用儒术”为其总则，亦即“能柔能刚，能弱能强。舒之弥四海，卷之不盈杯”。在他率兵第一次攻陷太平军据守的武汉，消息传到北京后，咸丰大为高兴，情不自禁赞扬了曾国藩几句，当时身边的近臣就说：“如此一个白面书生，竟能一呼百应，未必是国家之福吧！”咸丰听了，脸上的笑容马上消失，久久沉默不语。

面对这种大祸即将临头的险恶局面，曾国藩立即又打了一套漂亮的“太极拳”。他首先用“御”劲退出一部分军权，并裁减四万湘军；又用“封”劲把南京的防务让给旗兵，由他发全饷；用抢来的钱财建筑贡院，提拔江南士人，一下子就封住了朝野的铄金之口。此计一出，果然朝廷上下交口称誉。曾国藩不但没招致祸患，反而更加取得了清廷的信任，赐一等侯爵，双眼花翎。至此，曾国藩荣宠一时。

曾国藩善用黄老之术以柔制刚，从他给弟弟曾国荃的一首诗中也可以看出来。其诗云：左列钟铭右谤书，人间随处有乘除。低头一拜屠羊说，万事浮云过太虚。

诗中的屠羊说是一个帮助被伍子胥打败逃亡在外的楚昭王复国的隐士。昭王回国后再三请他出来做官，他坚辞不受，宁肯继续过他摆摊卖肉的清贫日子。曾国藩借用这一典故告诉弟弟："你知道我为什么在办公桌的左边挂满了朝廷的奖状，右边放了一大堆告发我们、咒骂我们的传单吗？人世间的事本来就如天平一样，这头高了那头就低，既不应有了功就忘乎所以，也不能被人骂就垂头丧气。只要效法屠羊说的做法，把一切都看开了，荣誉也罢，毁谤也罢，都不过是蓝天上的一片浮云，一会儿就会被风吹散，成为往事。那时，蓝天依然是蓝天，只剩虚空无垠，碧海无边。"

这倒不是曾国藩故作清雅，他无论是在京做官还是行军打仗，一生中都十分注意修身养性。他的生活起居极有规律：早起，静坐，养气；然后处理公务；每天坚持写日记，无论多忙，都要抽出时间给家里写信。对人对己，他都非常强调立志、求知、敬恕、忠信、反省、慎独、谨言、有恒、勤俭、谦虚。他一直认为最理想的生活方式是以耕为本，以读为先。他反复告诫子弟，只要占住耕、读这两条，方能进可攻，退可守，家族长保富贵，个人立于不败之地。

事实就是这样，在很多情况下，刚并不意味着强，柔也不意味着弱。有时候问题"冷处理"比"热处理"效果要好得多，"柔"常常能起到"刚"不能起到的作用，问题就在于我们怎样运用。

真正的"刚强"之人是刚与柔的结合体，既有勇猛斗士的威力，也有沉静柔弱的平和。他们处变不惊，刚柔相济，行动时干练、迅速，不为感情所左右；退避时，能审时度势、全身而退，而且能抓住最佳机会东山再起。他们的柔弱，是面对挫折与逆境积蓄力量的柔弱，是冲破暂时的黑暗、换取日后扬眉吐气的潇洒人生的柔弱。

在强大的对手高压下，在面临危机的时候，采取藏刚于柔、匿强于弱，扮作“可怜”的样子，往往可以避灾逃祸，转危为安。面临险境或遇到突发事件而装柔扮弱，这比临危不惧和视死如归的壮烈要明智得多。留得青山在，不怕没柴烧，以柔弱与对手周旋，确实不失为一种高明之术。

厚黑智慧

老子说过：“最柔弱的东西，往往能挤进最坚硬的东西之中，因为无形的力量能够存在于有形的事物之中。”而道家的另一位著名人物列子也曾说：“常胜的方法有，不常胜的方法也有，常胜的方法是柔弱，不常胜的方法是刚强。”这说明了柔能克刚、柔能胜刚的道理。厚黑学认为，人生在世，不能至刚不柔，至刚则易折；也不能至柔不刚，至柔则难立。而应该当柔则柔，当刚则刚；刚中有柔，柔中有刚；刚柔相济，相得益彰。

如果在我们这个世界上只有刚。那么它就会断裂。没有人世的韧性和圆滑，没有了通融和婉转，一条道路走到黑是最不明智的执着。当我们在面临前途障碍时，就应该学会迂回，以柔制刚，与其直撞到南墙头破血流还不如绕个大圈，那样的话虽然会耽误一些时间，但是毕竟还能到达目的地。文武之道，一张一弛，该强硬的时候就强硬，该忍气吞声的时候就忍气吞声，亦刚亦柔、刚柔相济才是王道，才是最佳的处事原则。

脸厚些，说说谎也无妨

善于批评的人，捧之中有批评，旁观的人看他在上司面前说的话，表面上句句是阿谀逢迎，其实在暗地击中要害，上司听了，汗流浃背。善于捧的人批评之中有捧，旁观的人看他傲骨铮铮，句句都是责备上司，其实听的人满心欢喜，骨节都酸了。

人们在谈人与人之间应该如何相处的问题时，都觉得应该遵循诚实的原则，“精诚所至，金石为开”，这固然是对的，诚实能够取信于人，但是绝不可以把事情绝对化，以为“精诚”所至，任何“金石”都会为之动容，这恐怕不是生活的全部。生活是错综复杂的、丰富多彩的，有时秘而不宣，声东击西，说一些与事实不符合的话，反倒能收到好的效果。有时你再怎么推心置腹，那“金石”总是不开，在这种情况下，如果不采用变通的手段，是不能达到交际目的的。

俗话说：“适当的谎言是权宜之计。”由此可知，在某些场合还是有说谎的必要的。比如，对着一个其貌不扬的人说：“你实在长得很丑。”说这话的人可谓是最真实不过了，他说了大实话。但是，对于他的这句实话，别人将有何种评语呢？相信，98%的人都会认为这个人太残酷，太缺乏常识。称赞他正直诚实的人恐怕很少。

厚黑学认为，有些事情可能从正面说不通，如果适当地编造一些谎言，让对方信以为真，可能会比说实话的效果更好。

在一次盛大的舞会上，实话先生见到一位风韵犹存的老女人，他走过去向她行礼，说：“您使我想起您年轻的时候。”

老女人微笑着问：“怎么样？”

“很漂亮。”

“难道我现在不漂亮吗？”老女人带着几分戏谑问。

实话先生非常认真地说：“是的，比起年轻的您，您的皮肤松弛，缺少光泽，还有皱纹。”

老女人的脸一阵白一阵红，尴尬地瞪着那双略微愠怒的眼睛，刚才的自信得意消失了。

这时，撒谎先生来到老女人面前，彬彬有礼地邀请老女人跳舞，说：“您是舞会上最漂亮的女人，如果您能接受我的邀请，我将是舞会上最幸福的人。”

老女人眼睛顿然闪出迷人的神采，她伸出了应允的手。

撒谎先生和老女人在舞池里跳了一曲又一曲，老女人沉浸在无比的幸福之中。

实话先生坐在一边看着这对年龄不相仿的舞伴，撒谎先生微笑着对老女人说了句什么，那老女人突然间像萌发了青春活力，全身洋溢着生命的激情与魅力，舞跳得就像个年轻人，一个出色、漂亮的年轻女郎！

舞会结束了，实话先生叫住刚送走老女人的撒谎先生，问道："跳舞的时候你对她说了什么？"

撒谎先生说："我对她说，'我爱你，你愿意嫁给我吗？'"

实话先生惊愕地瞪大眼睛，气愤不已地说："你又在撒谎了！你根本不会娶她。"

"没错。可她很高兴，难道你没看见吗？"

两人争执不下，各走东西。第二天，他们各自从邮差那里得到一函讣闻："×日于×地参加×的葬礼。"在墓地他们不期而遇，他们的目光落在了棺木中，那里躺着的正是那位老女人。

葬礼结束后，一位仆人走过来，将两封信分别交给了实话先生和撒谎先生。实话先生打开信后看到这样一行字："实话先生，你是对的。衰老、死亡不可避免，但说出来却如雪上加霜，我将把一生的日记赠送给你，那才是我的真实。"

撒谎先生打开了老女人留给他的遗书："撒谎先生，我非常感谢你的谎言。它让我生命的最后一夜过得如此美妙幸福；它让我生命的枯木重新燃起了青春的活力；它化去了我心中厚积的霜雪。我将把我的遗产全部赠送给你，请你用它去制造美丽的谎言吧！"

实话往往很伤人，即使是最亲近的人也不例外。而谎言有时能起到实话所不能起的作用，善意的谎言也是很美丽的非功过，它比那些刻板的真诚效果要好得多。

赫蒙是美国著名的矿冶工程师，毕业于耶鲁大学，又在德国的佛莱堡大学拿到了硕士学位。可是当赫蒙带齐了所有的文凭去找美国西部的大矿主赫斯特的时候却遇到了麻烦。那位大矿主是个脾气古怪又很固执的人，他自己没有文凭，所以就不相信有文凭的人，更不喜欢那些文质彬彬又专爱讲理论的工程师。当赫蒙前去应聘递上文凭时，满以为老板会乐不可支，没想到赫斯特很不礼貌地对赫蒙说："我之所以不想用你，就是因为你是德国佛莱堡大学的硕士，你的脑子里装满了一大堆没有用的理论，我可不需要什么文绉绉的工程师。"聪明的赫蒙听了不但没有生气，反而心平气和地回答说："假如你答应不告诉我父亲的话，我要告诉你一个秘密。"赫斯特表示同意。于是，赫蒙对赫斯特小声说："其实我在德国的佛莱堡大学并没有学到什么，那三年就好像是稀里糊涂地混过来一样。"

想不到赫斯特听了笑嘻嘻地说："好，那明天你就来上班吧。"就这样，赫蒙轻易地在一个非常顽固的人面前通过了面试。

也许有人认为赫蒙那样做不合适，问题是能不能做到既没有伤害别人又能把问题解决。就拿赫蒙来说，他贬低的是自己，他自己的学识如何，当然不在于他自己的评价，就是把自己的学识抬得再高，也不会使自己真正的学识增加一分一毫；反过来，贬得再低也不会使自己的学识减少一分一毫。赫蒙隐瞒自己学历的事应该算是说谎了，但是这样做的目的是得到这份工作，他通过说谎而达到自己的目的，这又有何不可呢？

生活中，我们不需要谎言。但是，如果谎言能帮助自己办成一件好事，那么这个谎言也就没有那么恶劣了。因此厚黑学认为，在人际交往中谎言几乎是不可缺少的。有些人说自己从来不说谎言，这句话本身就一定是谎言。任何一个人获悉亲戚病重或朋友遭难，就会时常说一些与实际情况完全不符的谎言。在这个意义上讲，世界上没有不说谎言的人。

说谎的对立面是诚实，诚实自古以来被人们看成一种美德。但是诚实要看在什么时间、什么地点、面对什么人、讲述什么事情。有时，谎言不一定全是坏话。人与人相处是没有绝对诚实的，有时谎言和假象更能促进友情和爱情。

雨果的不朽名著《悲惨世界》里那个主人公冉阿让，本是一个勤劳、正直、善良的人，但穷困潦倒，度日艰难。为了不让家人挨饿，迫于无奈，他偷了一个面包，被当场抓获，判定为“贼”，锒铛入狱。

出狱后，他到处找不到工作，饱受世俗的冷落与耻笑。从此他就真的成了一个贼，顺手牵羊，偷鸡摸狗。警察一直都在追踪他，想方设法要拿到他犯罪的证据，把他再次送进监狱，他却一次又一次逃脱了。

在一个风雪交加的夜晚，他饥寒交迫，昏倒在路上，被一个好心的神父救起。神父把他带回教堂，但他却在神父睡着后，把神父房间里的所有银器席卷一空。因为他已认定自己是坏人，就应该干坏事。不料，在逃跑途中，被警察逮个正着，这次可谓人赃俱获。

当警察押着冉阿让到教堂，让神父辨认失窃物品时，冉阿让绝望地想：“完了，这一辈子只能在监狱里度过了！”谁知神父却温和地对警察说：“这些银器是我送给他的。他走得太急，还有一件更名贵的银烛台忘了拿，我这就去取来！”

冉阿让的心灵受到了巨大的震撼。警察走后，神父对冉阿让说：“过去的就让它过去，重新开始吧！”

从此，冉阿让洗心革面，重新做人。他搬到一个新地方，努力工作，积极上进。后来，他成功了，毕生都在救济穷人，做了大量对社会有益的事情。

善良的谎言，其用心当然也是善良的，因为这是为了减轻不幸者的精神痛苦，帮助其重振生活的勇气。即使此人以后明白了真相，也只会感激，不会埋怨。即使当时半信半疑，甚至明知是谎话，通情达理者仍会感到温暖、宽慰。明知会加重对方的精神痛苦，但仍要实言相告，即使不算坏话，也该算是蠢话。

说谎要把握一个度，如果信口开河，不负责任，谎话连篇，那么就成了真正的谎言了，这样的谎言有百害而无一利。谎言必须是有益的，必须是善良的，说谎要掌握以下三条规则。

第一，真实。谎言是无法真实时的一种真实。当人无法表露自己的真实意图时，就选择用一种模糊不清的语言来表达真实。例如一位女孩穿着新买的时装，问朋友是否漂亮，但朋友觉得实在难看时，就可以模糊作假，回答说："还好。""还好"是一个什么概念，是不太好或是还可以？这就是谎言中的真实。它区别于违心而发的奉承和谄媚。

第二，合情合理。合情合理是谎言得以存在的重要前提，许多谎言明显是与事实不符的。但因为它合乎情理，因而也同样能体现人们的善良、爱心和美好。经常有这样的问题：妻子患了不治之症不久将要死去，丈夫为之极感颓丧。他应该让妻子知道病情吗？大多数专家认为：丈夫不应该把事情的真相告诉她，也不应该向她流露痛苦的表情，以增加她的负担，应该使妻子在生命的最后一刻尽可能快活。当一位丈夫忍受着即将到来的永别时，他那与实情不符的安慰反而会带给人们以心灵的震撼和感动，因为在这里，谎言包含了无限艰难的克制。

第三，必需。是指许多谎言非说不可。这种必需有时候是出于礼仪。例如，当一个人应邀去参加庆祝活动前遇到了不愉快的事情时，他必须把悲伤和恼怒掩盖起来，带着笑意投入到欢乐的场合。这种掩盖是为了礼仪的需要，怎能加以指责？有时候说谎是为了摆脱令人不快的困境。例如，美国曾经就一项新法案征求意见，有关人员质问罗斯："你赞成那条新法案吗？"罗斯说："我的朋友中，有的赞成，有的反对。"工作人员追问罗斯："我问的是你。"罗斯说："我赞成我的朋友们。"

厚黑智慧

谎言与真话是相对立的，自古以来，诚实一直被人们看成一种美德，"一诺千金""言必信，行必果"，这些都强调了说真话、做人要诚实的重要性。但是厚黑学认为，诚实固然重要，但也要分清时间、地点、场合、事情、对象。社会是复杂的，人有各种各样的人，每个人心中所想的和你都不一样，不分时间、地点、场合、事情、对象，把什么都说出来，会给自己带来很大的麻烦，甚至会造成严重的后果。人与人之间相处没有必要绝对地诚实，凡事讲求绝对诚实，有时反而事与愿违，达不到目的。适当地说一些善意的谎话，会使人际关系更加顺利、融洽。谎话是社交的良方，也是厚黑学处世的一大秘诀。

见人说人话，见鬼说鬼话

我逢着人说人话，逢着鬼说鬼话，请问当今之世，不说鬼话，说什么？我这部《厚黑丛话》，人见之则为人话，鬼见之则为鬼话。

生活中，并不是所有人在所有时间和所有场合都能喜怒形于色，大多数人的内心都是深藏不露的。如果不善于揣摩对方的心理，说出来的话可能就会显得冒失，造成尴尬局面，让对方扫兴，从而使人际关系变得紧张。

厚黑说话高手都善于察言观色，他们能够根据不同的情况、不同的地点、不同的人物来说话，比如和聪明的人说话，语气要内敛；与愚笨的人说话，可以锋芒毕露；与地位高的人说话，态度要尊敬；与地位低下的人说话，要谦逊有礼；与上司说话，须用奇特的事打动他；与下属说话，要用切身的利益说服他。

《红楼梦》中的王熙凤，就像一个高明的心理学家，她非常善于察言观色、辨风测向，经常是对方还没有说出口时，她便已经猜到了；若是对方刚说，她就已经办到了。

林黛玉刚进贾府，王夫人问："是不是拿料子给黛玉做衣裳呀？"凤姐答："我早都预备好了。"

脂砚斋评《红楼梦》曾这样说：她并没有预备衣料，她是机变欺人，但是王夫人就点头相信了，像这样的例子多得很。还有在大观园那个诗社，探春这里刚出口说，凤姐我们想请你做个"监社御史"，凤姐马上就猜到：你们是缺个"进钱的铜商"，你们是想要我兜里的银子。那么她说："我明儿立刻上任，放下五十两银子给你们慢慢做会社东道……"这边刚刚说，她那里早就猜到了，大家都笑起来，所以李纨说："你真是个水晶心肝玻璃人。"

凤姐这种善于察言观色、揣测对方心理的例子还不算什么。有的时候，她还可以一百八十度地大转弯，同一件事情，原来还这样说，现在又那样说，但是她都说得入情在理，十分动听。

邢夫人要讨鸳鸯，便先来找凤姐商量，说老爷想讨鸳鸯做妾，就把这件事先跟凤姐说，凤姐一听，就连忙说："别去碰这个钉子。"她脱口而出："老太太离了鸳鸯，饭也吃不成了，何况说老爷放着身子不保养，官儿也不好生做。"反而劝告邢夫人，"明放着不中用，反招出没意思来，太太别恼，我是不敢去的。"她先这样说，觉得这个事情根本是不行的，但是这个邢夫人，一点儿也听不进去，反而冷笑说："大家子三房四妾都使得，这么个花白胡子的……"意思说要个妾有什么不可以，她说老太太未必好驳回，反而埋怨凤姐，说我还没有去你倒说我不是。凤姐听了邢夫人这话，知道邢夫人听不进去。见邢夫人心性大发，凤姐知道方才那番实话全不对路，就立即调头转向，改换话锋，连忙赔笑："太太这话说得极是，我才活了多大，知道什么轻重，想来父母跟前，别说一个丫头，就是那么大的活宝贝，不给老爷给谁。"而且她举出例子，她说那个贾琏，就是贾赦邢夫人的儿子，"琏二爷有了不是，老爷太太恨得那样，但是见了面，依旧拿心爱的东西赏他"。是说老爷太太待贾琏，父母待儿子这样，如今老太太待老爷自然也是那样了。

你看她这个出言何等现成，何等有说服力。当时邢夫人又喜欢起来。同样是讨鸳鸯这件事，一正一反的两番说辞，同出于凤姐之口，居然都通情达理，动听入耳。像这样能够顺应对方心理，急转直下又不着痕迹地本领，我们在《红楼梦》里，只有在凤姐身上可以看得到，所以我们说凤姐的这种机变之速真是能够让人叹为观止。

说话时，学会察言观色是很重要的。不同的人，应该如何对他说话；不同的场合，应该说什么样的话；不同的时间，又应怎么说话，都是很有讲究的，都要有不同的说话方式。见什么人说什么话，到什么山唱什么歌，灵活多变、机智变通，这是厚黑说话高手的一大重要处世智慧。

叔詹是春秋时期郑国大夫。当初重耳逃亡时路过郑国，郑文公没有按礼仪招待重耳，还说了一些不礼貌的话。叔詹劝郑文公不要得罪重耳，郑文公就是不听。于是，叔詹又劝郑文公杀了重耳以绝后患，郑文公也不肯听。

后来重耳果然做了国君，就是晋文公，他决定出兵讨伐郑国以示报复。郑国国小兵少，打不过晋国，向晋国求和。晋国不答应，明确提出只有交出叔詹才可以饶过郑国。叔詹得知后主动去见郑文公，要求去见晋文公。郑文公答应了。

晋文公得知郑国真的交出了叔詹后，就准备杀死叔詹。这一天，叔詹来到晋国，晋文公命令手下人准备了一口大鼎，打算将叔詹扔进鼎中煮死。叔詹请求说："我只有一个愿望，就是让我把心里话全说出来，然后再领受死罪。"晋文公答应了。

叔詹说："上天有意降祸给我们郑国，让我们的国君曾经对您无礼。那时我就曾劝告我们的国君说：'您这样做不行。晋公子自身精明能干，只是时运不济才流落到我们这个地方，他手下的人也都很有才能，都有将相之才，我们应该乘机和他搞好关系才对。您现在得罪了他们，万一他将来回到国内做了君主，必定会称霸诸侯。那时他想起您以前对他的无礼行为，必定会派兵攻打我们郑国，灾难就会不可避免地降临到我们头上了！'可惜当时国君没有听从我的劝告，现在果然灾祸临头了。尊敬有才华有德行的人，又能防止祸患降临到自己国家头上的人，难道不是有智慧的人吗？如今我又宁可牺牲自己的生命以换取国家的平安，这样的人难道不够忠诚吗？"说完，叔詹就自己走到鼎边，握着鼎耳大喊道："从此以后，凡是以智慧和忠诚侍奉国君的人，都将和我叔詹同样下场啊！"

晋文公听了，深受感动，不但下令不要杀他，并且以隆重的礼节招待他，还护送他回了郑国，并取消了讨伐郑国的计划。

对不同的对象选择说话的侧重点，是实现说话目的的关键。文中叔詹开始说自己劝郑文公不要得罪重耳，说明了自己的远见卓识；后来到晋国主动赴死，是为国家尽忠，为君王解难，以此换取晋文公的同情和赏识，最终不仅保住了性命，而且受到了尊重。现实中要根据谈话对象的身份和性格来合理选择谈话的方式，往往能取得最佳的效果。

生活中，我们时常听到有人指责某些人“少根筋”“没脑子”“缺心眼”，说的就是不看情况胡指瞎说、信口开河。说话不分对象，不考虑对方的所思所想，语无顾忌，很容易说出一些冒冒失失的话，让对方怫然不悦，不再听你的话，造成交流受阻，难以达到目的。见什么人说什么话，其中是有很多技巧的。具体来说该怎么做呢？应当做到以下几点。

1．看对方的性格和性别特征

对方性格外向，你就可以随便一些，开开玩笑、斗斗嘴，他会很自然地接受；如果对方性格内向、敏感，你就可以讲一讲适合的笑话，让他开朗一些。针对不同的性格的人，你应该学会说不同的话。另外，还要分清性别说话，比如，同样说人胖，男性会一笑置之，而女性则可能会把脸拉下来，自尊心受到伤害，这就是性别带来的差异。所以，同样的话对男人和女人的作用是不一样的。

2．看对方的身份特征

要想收到理想的表达效果，就应当看对象的身份说话，对什么人，说什么话。如果不看身份说话，人们听起来就会觉得别扭，甚至产生反感，那势必要影响交际效果。

3．看对方的兴趣爱好

比如和有小孩的女性说话，可以说说孩子教育和柴米油盐酱醋茶；和公司职员说话，可以说说经济环境等问题……他们便会不由自主地告诉你很多关于他自己和工作上的事情。如果你根据对方的兴趣爱好进行说服，善于引导，对方便会不由自主地告诉你很多关于他自己的事情。

4．看对方的年龄特征

老年人喜欢别人说他年轻，而小孩就不喜欢大人总是说他太小；中年人喜欢别人说他事业有成，家庭美满，而年轻人就喜欢别人说他有闯劲有活力，不同年龄层次的人喜欢不同的话题。

5．看对方的心理需求

不同的人会有不同的心理需求。如果你懂得一点心理学，就很容易把话说到人的心窝里。

6. 分清内外、悲喜场合

场合中全都是自己熟悉的朋友，那么说话就可以推心置腹，天南海北，无所不谈，甚至一些放肆的话说出来也无伤大雅；但是如果在场的都是交往不深的人，就要克制着点自己，不可肆意妄为，办事情也要公事公办，不要不分对象乱套近乎。同样，说话还应该和场合中的气氛相协调，不能在喜庆的场合说些丧气话，也不能在悲痛的时候说喜庆的事，让人心里别扭，甚至恼怒。

如果你能把握上述原则，说话时自然不容易出错。“见什么人说什么话，到什么山唱什么歌”，可以帮助你与各种各样的人打交道，分清界限，理清场合，拥有良好的人际关系，在各种社交场合如鱼得水，游刃有余。

厚黑智慧

察言观色是一切人情往来中操纵自如的基本技术。不会察言观色，便无法探知对方的虚实，更无法把握说话的分寸。置身一个环境，必须先搞清人和人的关系，搞清身边每个人的所好所忌，搞清人们喜欢听什么厌恶听什么，人们高兴听什么就对他们说什么，讨嫌的话绝对不说。特别是面对互相矛盾的双方，他们会左右逢源，两面讨好，说此好，能挠到痒处，引来发自内心的欢喜；论彼非，能点到痛处，触及软肋，让人频频颔首。厚黑学主张，在说话时要注意多观察一个人的地位、性格、品质及其流露的内心情绪，善于听出一个人的话外之音，随机应变，见什么人说什么话，如此才能成为一个受人喜欢的人。

说话说到心坎上才最妙

“高明的木匠能教人按规矩做，却不能告诉你技巧。”这就要求求官的人细心体会，最要紧的是在说话的时候，要有分寸。

大家都知道，安抚宠物时最基本的方法就是顺着毛轻轻抚摸，每当主人有这个动作的时候，宠物就满意地发出满足的叫声！作为高等动物的人，也有这样的心理，喜欢别人顺着自己的意愿说话。

人人都喜欢听好话，在社交中，如果你能够摸清一个人的喜好，说一些好听的话，必定能达到事半功倍的效果，因此适当地说一些恭维的“马屁话”是必不可少的。要想别人听从你的话，按你的意思行动，就要注意照顾对方的面子，投其所好，曲意逢迎，把话说到对方的心坎上。照顾对方的心情，给别人留足面子，别人就会从内心对你产生感激，不轻易产生抵触情绪，即使你说的话他不太爱听，所提的意见他可能不赞成，也会改变主意，采纳你的建议。这就是李宗吾在厚黑学中阐述的一个重要的厚黑说话术。

战国末期，秦惠文王任用张仪做相国，用连横政策对付诸侯的合纵政策，取得了巨大成功。张仪先后去魏国四次，终于劝说魏哀王尊秦王为帝。接着，张仪以商于之地欺骗楚怀王，引起秦、楚两国在蓝田大战，结果楚军惨败，被迫与秦国结为盟邦。

张仪又趁势去威胁韩王，他说：“韩国的地势险恶，百姓都居住在山区，赶上一年粮食歉收，就得吃糠度日。土地方圆不满九百里，国库没有积存两年的粮食。大王的军队全国不足三十万，而且还包括那些砍柴煮饭的杂役。如果除去防守驿站边防的兵卒，现有的军队只不过二十万罢了。然而，秦国的军队却有一百多万，有战车上千辆、战马上万匹。那些勇猛的战士，能弯弓射箭、挥戈上阵的，多得不计其数。那些精良的战马，一跃两丈、奔驰迅速地，也多得数不尽。山东六国的兵士披甲戴盔，会合在一起与秦军作战，秦国的士兵却赤膊上阵，左手提着人头，右手拿着兵器，结果大败六国的军队。秦国的兵士真像孟贲、乌获那样的古代勇士一样勇敢，他们攻击弱小的国家，就像千钧的力量砸在鸡蛋上面，没有不胜利的。而那些诸侯国多数不衡量自己国家土地的狭小、军队的怯弱，反而听信结党营私的小人的甜言蜜语，说什么‘听从我的计策，可以称霸天下’。没有比这种不顾及长远利益，而听从短浅的意见的做法更贻误国君您的了。假如大王不臣服于秦国，秦国会派军队占领宜阳，断绝韩国通往上党地区的道路，然后再向东取得成皋、荥阳，大王的国家便被分裂了。服从秦国，便能得到安定；不服从秦国，便将遭受危险。如果顺从楚国，背叛秦国，就会招来仇怨，要想国家不灭亡，是不可能的。秦国最希望的事，是削弱楚国。如果，大王西面侍奉秦国，而攻打楚国，秦王必定高兴，大王也能从楚国那里得到土地，实在没有比这计策更好的了。”

韩王听从了张仪的建议。张仪返回，秦惠王封赏给张仪5个都邑，封他为武信君。

秦王又派张仪去劝说齐滑王。张仪到了齐国见到齐滑王，对他说：“当今天下论富足没有能够超过齐国的，朝中的大臣都是同姓父兄，人民众多，富足安乐。但是，为大王出计策的人，都是只求暂时的愉快，而不顾国家长远的利益。那些主张合纵的人游说大王，必定会说齐国西面有强大的赵国，南面有韩国和魏国。齐国是背靠大海的国家，土地广大，人民众多，兵卒强健，战士勇敢，秦国再强大也对齐国毫无办法。大王赞许他们的说法，却不衡量实际情况。我听说，齐国和鲁国打了三次仗，三次都是鲁国胜利，但是鲁国却因此而衰弱，随之而灭亡了。名义上虽战胜，而实际上却亡国，这是什么原因呢？那是因为齐国大而鲁国小啊！如今秦国和赵国相比，就同齐国与鲁国相比一样。秦、赵两国在黄河和漳水边上交战，打了两次，赵国都战胜了秦国。但是等到第四次交战后，赵国损失了几十万军队，最后仅存都城邯郸。赵国虽然名义上取胜了，但国家却破烂不堪，这是为什么呢？还是因为秦国强大而赵国衰弱啊！”……

“如今，秦、楚两国已经联姻，结为兄弟之邦。韩国向秦国献上宜阳、魏国向秦国献上河外，赵国也在渑池与秦国会盟，割让河间一带地方侍奉秦国。假如大王不臣服秦国，秦国必将让韩、魏两国攻打齐国南边，让赵国的军队全力渡过清河，指向博关。这样一来，齐国的都城临淄将受到威胁，到那时，齐国想臣服也来不及了。望大王考虑一下吧！”

齐王说：“齐国地处偏僻，远在东海边上，从来就不曾考虑国家的长远利益，多亏您为我们打算。”于是，他答应了张仪的服从秦国的要求。

张仪便离开齐国，到赵国去劝赵王："秦国派遣我这个使臣，来给大王您献上一个计策。大王率领天下诸侯来共同抗拒秦国，使得秦兵15年之久不敢走出函谷关，大王在各国声名远扬，秦国非常畏惧和佩服。这期间，秦国只能修治战车，磨砺兵器，练兵习武；努力种田，积存粮食，防守边境，不敢稍微有所行动，唯恐大王责备我们的过失。如今依靠大王的督促，秦国已经攻下巴蜀，兼并了汉中，占领了东、西二周，得到了传国的九鼎，防守着黄河南岸的白马津。秦国虽处在偏僻荒远的地方，但心怀愤懑的日子已经很久了。"

"现在，秦国有一支不算精良的军队，驻扎在渑池，正准备渡过黄河，越过漳水，进占番吾，聚集到邯郸城下，并准备效法武王伐纣的做法，在甲子这一天，与赵国交战。秦王因而慎重地派遣我为使臣，来敬告大王。

"算来大王最相信的，而且依靠他来推行合纵政策的人，就是苏秦。苏秦蛊惑诸侯，颠倒黑白，混淆是非。他想暗中颠覆齐国，却使自己被车裂在刑场上。现在各国诸侯无法再联合为一体，已经是显而易见的事了。如今，秦、楚结为兄弟之邦，韩、魏都已经向秦国称臣，成了秦国东边的藩属国。齐国也献上生产鱼盐的地方给秦国，这就等于斩断了赵国的右臂。断去右臂而和人争斗，失去同党而孤立，赵国的危险实在是迫在眉睫啊！"

"现在假设秦国联合四国军队共同攻打赵国，赵国将不得不将土地分成四份给参战的四国。我私下里为大王着想，最好的办法是和秦王在渑池会谈，互相见面，在口头上做个约定，请求军队不要进攻。希望大王早做决定。"

赵王听了，急忙解释说："先王在世的时候，奉阳君专权，蒙蔽欺压先王，那时我还身居在宫内，跟随师傅读书，不参与国事。等先王去世后，我年纪还小，继承王位的时间还不长。后来，我也暗自揣摩，诸侯联合而不服从秦国，不是国家的长远之计。所以，我将改变以往的做法，准备割让土地给秦国，以赎回以前的过错。我正在预备车辆，前去请罪，正好接到使者您明智的劝告。”

赵王答应了张仪的建议。于是张仪又动身北去燕国劝燕王，成功地说服燕王献上5座城池，亲秦弃赵。实现了连横策略。

张仪凭一己之力说服各国，运用语言的艺术令人叹服。他善于观察和揣摩各国国君的心理，加以区别地进行劝说是其成功之处。劝韩王时刻意对比韩国的弱小和秦国的强大，劝赵国则利用外交方面的优势，从全局分析。另外，紧抓住合纵联盟的失败对各国君主造成的心理影响，能恰到好处地找到各国君主最担心之处，也是游说成功的基础。

说话目的无非是让对方接受自己的观点，因此关键在于知道对方内心是怎么想的，要善于捉摸对方的心理，洞察对方的内心隐微之处，这样才能做到知己知彼，说话能够打动人心，有的放矢，产生效果。

我们都知道唐朝的魏徵是个敢于直谏的名臣，但他同时也是个懂得恭维人的人。

魏徵是中国难得一见的谏臣，他对唐太宗一向直言不讳，曾先后进谏多达二百余次，直陈太宗的过错。然而，即使像魏徵这样的诤臣，也不见得老是说些让太宗生气下不了台的话，偶尔他也懂得说些恭维的话，或用委婉的措辞，以若无其事的态度让太宗听得龙颜大悦。

有一回，魏徵进宫觐见太宗，深深地低着头说：“老臣一向为国鞠躬尽瘁，往后当然也会坚守岗位，不负陛下所托。但是请陛下不要把老臣视为忠臣，就当作良臣吧！”

于是，太宗便问道：“忠臣与良臣，有何不同呢？”

魏徵说：“当然有所不同。所谓良臣，非但其本身可受世人称赞，而且也可以为君主带来名君的隆誉。但是，忠臣就不一样。忠臣非但自己会遭受被诛杀的横祸，而且君主也会背上暴虐无道的罪名，国家也会灭亡，最后也许只留下‘曾经有位忠臣’的名声流传后代。由此可见，良臣与忠臣有天渊之别呢！”

太宗听了大受感动，说：“我知道了。希望你能信守刚才的话，我也会小心谨慎，以免有所失误。”并且，还赐给魏徵一份丰厚的奖赏。

“使臣为良臣，勿使臣为忠臣”，这句话实在很耐人寻味。即使是以直言敢谏闻名的魏徵，有时也要以如此委婉的言辞，说自己所得的美名都是多亏有他这样的名君，如此一来哪天魏徵又因为直言而让太宗下不了台时，便可以“良臣”提醒太宗。魏徵这样的恭维，运用得实在太绝妙了。

人是有自尊心的，总希望得到别人的尊敬和信赖，因此，有时即使明知对方说的是奉承话，亦会欣然接受，而越是自视甚高的人越是有这种倾向。要想让一些自尊心特强的人听从你的意见并不容易。要这种人点头颔首，必须针对他的自尊心，强调其能力，满足其优越感，在他的自尊心膨胀之后，必会为你好好地努力一番。

在处世中，与人说话，要尽量避免矛盾，稳中求安，这样就比较好说服他人。那么，怎么才能做到这一点呢？在这里，有一条简单的原则：顺着对方的思路走，即根据对方的意思往下接话。如果是在领导面前，就是要揣摩好领导的意图之后，全力维护领导的权威，尊重领导的意见，这样就能做到“天下太平”了。

汉高祖刘邦平定天下之后，开始论功行赏。刘邦认为萧何功劳最大。但是他的意见与众臣的意见相左，大家都说“平阳侯曹参身受七次伤，而且攻城略地，功劳最大，应当排第一”。经过激烈的辩论之后，刘邦心中还是想将萧何排在首位。

此时，只有一人真正领悟了这个至高无上的上司的意图，这个人就是关内侯鄂君。为了保全领导的面子，更是为了在上司面前为自己赢得资本，他不顾众大臣的反对，挺身上前说道：“群臣的评议都错了！曹参虽然有攻城略地的功劳，但这只是一时之功。皇上与楚霸王对抗五年，时常丢掉部队，四处逃避。而萧何却常常从关中派兵员填补战线上的漏洞。楚、汉在荥阳对抗了好几年，军中缺粮，都是萧何转运粮食补给关中，粮饷才不至于匮乏。再说皇上有好几次转战山东，都是靠萧何保全关中，才能接济皇上的，这才是万世之功。如今即使少了一百个曹参，对汉朝又有什么影响？我们汉朝也不必靠他来保全啊！我主张萧何第一，曹参其次。”刘邦听后，非常高兴，便把萧何排在了第一。

刘邦想把萧何排在第一位，但众人不同意，此时，他急需一个人站出来帮他说话，而鄂君恰恰看透了刘邦的心思，于是“不顾众臣反对”，“力荐”萧何为第一大功臣。他这么做，自然是想为自己捞取政治资本，让刘邦对他刮目相看。

从这个故事中，我们可以看出，与人交流是需要摸清对方的脉络的，要想办法把话说到对方的心坎上。其实，不光是鄂君，其他臣子也想拍刘邦的马屁，但是他们没有看出刘邦的真正意图，争论了半天也没有把话说到刘邦的心里，所以说得再多也是没用的废话。因此，我们与人沟通、交流，要把话说到对方的心坎上。而把话说到对方的心坎上，是有讲究的。

例如，与智能型的人说话，凭借的是见闻的广博；与见闻广博的人说话，凭借的是辨析的能力；与善辩的人说话，就要简明扼要；与上司说话，就要用奇妙的事来打动他；与下属说话，就要用好处来说服他；别人不愿意做的事情，就不要勉强；对方所喜欢的，就模仿而顺从他；对方所讨厌的，就避开而不谈它。能做到这些，就算利用好了你的舌头。正因为如此，我们在为人处世中，应该“投其所好”地多说一些顺心话。

厚黑智慧

与人说话时，如果直言不讳、丝毫不加掩饰地指出对方的缺点，假如对方宽宏大量、宰相肚里能撑船，事情还好办，但是如果对方心胸狭窄，脾气暴躁，听不得别人的反对意见，那么他就会对你心生厌恨，事情就会变得很难办了。厚黑学告诉我们，在为人处世中，应该“投其所好”，多说一些恭维的好听话，即使你内心有自己的想法，说话时也要注意方式，尽量说一些让对方高兴的话，如此你就能突破对方的心理防线，让对方“龙颜大悦”欣然听命，从而从对方那里换取你自己想要的东西，赢得更多的帮助。

退是进，进退自如是高人

项羽对刘邦说：天下纷纷扰扰多年，仅仅因为我们两人罢了，我希望与你决一死战来分胜败。汉王笑着道歉说："我宁可斗智不斗力。"这笑着道歉几个字，不是厚又是什么？后来鸿沟划定了，楚汉讲和了，项羽把作为人质的汉王的父亲妻子送还，率兵东归，汉王忽然撕毁盟约，派大兵跟随其后，把项羽逼死在乌江边，这不是黑又是什么？

我们大家都知道这样一句俗语："明知山有虎，偏向虎山行"。大意是说一个人遇到困难时不能有畏惧退缩心理，而应知难而上，奋勇直前。其用意是正确的，但是从另一方面来说，一个人如果不顾自身的条件和所处的局势，不知好歹一个劲地向前冲，到头来常常会弄得身败名裂的下场。一个人自表其功，自矜其能，只知道进不知道退，其人生路途必然坎坷曲折，其命运必定多舛多难。历史上凡是这种人，十有八九要遭到猜忌和打击从而走向失败。

生活中，你可能有这样一种体验：在借助锯来加工木材，将其裁制成人们需要的种种规格时，不管是人自身作用力的发挥，还是锯条在木材中的运行，总是既有"进"的方向，也存在"退"的姿态。而正是在这样一种"退"与"进"的深刻把握之中，人们完成了工作，满足了生活的需要。

一个人在社会上与人相处，要权衡各方面的轻重利弊，洞察事情背后隐藏的种种危机迹象，经常变换着各种处世方式，时而前进，时而隐退。这是处世过程中的正常现象，是为了生存、保护自己的需要，也是厚黑处世高手们常用的手段。

孙武，原是齐国人，姓田。他的祖父是齐国的大夫，在战争中立过大功。后来，由于田氏家族与其他家族之间发生争斗，结下仇怨，家庭遭遇不幸，孙武为了避难，于是逃到了吴国。

孙武来到吴国以后，一面带领人垦荒种地，发展农业生产，一面精心研究军事战争。孙武几十年如一日，不辞艰辛地钻研军事，而不求扬名于世。

公元前522年，楚国的大臣伍子胥被楚平王追杀，逃亡到了吴国，投奔了吴王僚，后来被吴王僚的堂兄公子光收为心腹。公子光因为属于他的王位被吴王僚所得，早已心怀怨恨，一直预谋伺机夺回王位。伍子胥投奔公子光后，公子光发现伍子胥有过人的才智，大喜过望。但是，要想完成夺取王位这样的大事，仅有伍子胥是不够的，于是，公子光派伍子胥四处访贤，寻找人才。

孙武隐居在吴国，伍子胥对此早有所闻，终于找到一个机会去拜见他。伍子胥与孙武见面以后，以十分诚恳的态度和孙武交谈。伍子胥说："我听说先生研究兵法已经很久了，能否给予指教呢？"孙武谦逊地说："我不过为了减少些田野生活的寂寞，看一看先人打仗的故事，哪里能说得上研究呢？您过奖了。"伍子胥一向富于心计，所以在谈话的过程中，尽量避开一些敏感的话题，只是以仰慕的口吻，向孙武讨教一些问题。

过了一段时间，伍子胥再次拜访孙武。孙武将伍子胥请到了内室，伍子胥继续以更诚恳的态度说："我身怀大仇，亡命吴国，不知道未来是什么样子呢。只是生来就愿意结交天下豪杰，愿意听从贤士指教，先生能否满足我呢？"孙武见伍子胥的确是以诚相待，如果再推辞，就说不过去了，于是和伍子胥谈起了自己多年来研究军事战争的心得体会，并列举了许多战例，严密细致地分析了成败的原因。

通过这次交谈，伍子胥越发觉得，要想使吴国强盛起来，父兄之仇得以雪恨，自己的抱负得以实现，非孙武的帮助不能。

精诚所至，金石为开。在伍子胥的精诚感动下，孙武这位有着盖世奇才的军事家，终于走出了田园山野，步入政坛，到吴国做了军师。

公元前506年，吴楚两国爆发了一场大的战争，在这场战争中，孙武非凡的军事才能得到了充分发挥。孙武针对楚国的情况，以及吴国的实力，制订出一套切实可行的作战计划，在粮草的准备和调兵遣将上，都作了精细的安排。

楚国得知消息后，也作了充分的准备。楚王命沈尹戍全面分析了吴楚两国军队的情况，并预测开战后可能出现的各种局面，在全面分析预测的基础上，制订了克敌制胜的策略。

沈尹戍根据己方所处的地势，命令手下大将囊瓦率兵镇守汉水南面，主要控制战船，然后乘乱袭击吴军。战斗开始后，囊瓦迅速过江从正面向吴军发起进攻，这样一来，吴军就处于左右受敌、背水一战的不利境地了。他所采用的这种战术，可以说是制胜良策，如果能实施，必能大败吴军。然而，孙武早已料定沈尹戍会这样做，就将计就计，等囊瓦发现已太晚了。在吴军的两面夹击下，楚军实在难以抵挡，死伤无数。楚军大败，吴军大获全胜。

十几年的戎马生活，孙武为吴国的兴旺强盛做出了重大贡献，尤其在伐楚的战争中，更是劳苦功高。战争结束后，吴王阖闾大宴群臣，把酒言欢，论功行赏，封官晋爵。吴王征求众臣意见，谁的功劳最大，众臣一致认为首功非孙武莫属。众臣的推举，正合吴王心意，所有受赏的将臣中，孙武的赏赐是最丰厚的。

然而，出乎吴王阖闾的预料，孙武坚决不受吴王的封赏，而后又提出辞呈要告老还乡，解甲归田。对此，众人都大惑不解。

孙武说："我本是乡野之人，承蒙大王厚爱，深感荣幸。为吴国征战，我只是尽了一点作为臣子应尽的义务，高官厚禄，实在愧不敢当。这些战功、政绩的取得，都是大王的功德无量啊！如今，我年事已高，请求大王恩准，让我回归田园，过平淡的生活。"

回想十几年的朝夕相处，阖闾十分了解并钦佩孙武的为人和不贪功名利禄的高贵品质，阖闾十分敬佩。现在，江山坐定，万象更新，阖闾实在不愿孙武此时离开他，怎奈孙武去意坚决，任凭吴王如何好言相劝，终究不能使孙武回心转意。

急流勇退，未必就是懦弱无能的表现，未必就是遇难畏惧、临阵脱逃的借口。有时候，急流勇退正是心灵高度的跨越，睿智思索的最佳抉择。孙武不贪名利，经受住了权力的诱惑，摆脱了政治斗争的阴险狡诈、血腥暴虐，告老还乡。学会放弃，学会急流勇退，弃旧图新，自己的生活就会有一个新的起点。

范蠡是楚国宛人，年轻时就显示出了不同凡响的才智。为了不苟同于世俗，躲避凡夫俗子的妒忌、非难，就佯装狂痴，潜心博览群书，探讨济世经邦之策。

勾践即位后，大夫文种到宛访求人才，听说范蠡时痴时醒，便断定他是个非凡人物，于是他亲自前往拜访。开始时，范蠡不知道文种是否有诚意，于是一再回避。后来看到文种求贤若渴，便对他的兄嫂说："这几天有客人要来，请借衣冠相候。"果然，文种又来造访范蠡。他们俩志同道合，促膝长谈，纵论霸王之道。文种将范蠡举荐给勾践，成为勾践的股肱之臣。

吴国厉兵秣马，越国也磨刀霍霍。勾践在范蠡等大臣的精心辅佐下，革新内政，国力日益强大。面对威胁日益严重的吴国，越国企图采取先发制人的策略，一举打败吴国。

公元前494年，已到吴国夫差发誓报仇的时候，勾践急于先举兵攻吴。范蠡极力反对。他深知越国的实力还不足以打败吴国，更何况作为胜利之师，越国还骄悍轻敌，于是劝阻勾践说："天道充盈而不溢出，强盛而不骄悍，不劳而矜其功，实在是逆于天而不和人。若是强行去做，一定会危及国家，害及己身。"勾践不听，发兵攻吴。两国军队在夫椒进行决战，吴军大胜，直捣越国境内，占领了越国首都，迫使勾践率五千残军退守会稽山。

这时，越国已经处于生死存亡的紧急关头。勾践身陷绝境，身边都是残兵败将，亡国的恐惧不由袭上心头。他神情凄然地对范蠡说："我不听先生之言，自寻祸患，现在该怎么样才好呢？"

范蠡非常沉着地说："目前，宜卑辞厚礼，贿赂吴国君臣。倘若不行，可屈身以事吴，等待转机。”

勾践在夫差允诺他投降之后，就亲自带领妻子和大臣范蠡去吴国侍候吴王夫差。他们在吴国三年，受尽屈辱，用尽心机，最后终于赢得了吴王的信任。三年之后，勾践被放归故里。回国之后，越王就常常把苦胆放在床头，坐着躺着的时候都仰头看看苦胆，喝水吃饭时也尝尝苦胆，经常问自己：“你忘了会稽之耻了吗？”他还励精图治，亲自耕种，虚心向有才德的人求教，优待宾客，救济百姓，与人民共渡难关，最后终于打败了吴国，并且使越国成为诸侯国中的霸主。

范蠡追随勾践二十多年，献计献策，忠心耿耿，屡建奇功。勾践称霸后马上封他为上将军。灭吴以后，越国君臣设宴庆功，范蠡看到群臣皆乐，唯独越王勾践郁郁寡欢，立即猜到了勾践的想法。俗话说，飞鸟打光了，好的弓箭该收藏起来了；兔子打完了，就轮到把猎狗烧来吃了。越王为人长颈鸟喙，鹰眼狼步，可以共患难，不可以同安乐，况且一个人在名声很大的情况下，很难永保安宁。

他们从北方回到越国之后，范蠡上书给勾践，说：“你知道我对功名利禄看得很淡，当初是您的诚意和友情感动了我，我才来协助大王成就大业。如今，这些都已经实现了，请允许我辞官。”

勾践见到此书，气恼地把范蠡叫来，说：“你和我一起复兴了越国，我们应该共享富贵，我正准备拿出一半国土分封给你，你怎么能离开呢？难道你不相信寡人？如果真是这样的话，我是不会放过你的。”

范蠡答道：“君王您当然可以实行您的命令，但是我也要实现我的意愿。”不过，范蠡看到事情可能会弄僵，只好口头上暂且答应。范蠡回到家中，赶紧打点行装，当天夜里，带着家人悄悄出城，乘船北上到了齐国。

他改名换姓，自称“鸱夷子皮”，在齐国海畔定居下来，买了一块地，带着家人过着农耕生活。由于他善于经营，很快就致富了。凑巧，这时齐王下令地方官荐贤，当地官员把“鸱夷子皮”推荐给齐王。齐王认为他才能出众，过了一段时间就要授予他宰相职位。范蠡叹息道：“住在家里就积累千金财产，做官就达到卿相高位，这是平民百姓能达到的最高位了。长久享受尊贵的名号，不吉祥。”于是他潜逃回到家中，把家财分散给当地的乡亲们，携全家悄悄离开齐国，到了宋国的陶邑，改名自称陶朱公，以经商为业。不久，他又成为当地的富豪，资产巨万，远近闻名。

自从范蠡不辞而别之后，大夫文种很是孤单，又见勾践日夜享乐，不像原来那样敬重自己，深感前途渺茫，心灰意冷，常常称病不上朝，于是有人向勾践进谗言，诬告文种企图谋反。尽管文种反复解释，都无济于事。越王勾践赐给文种一把宝剑，说：“先生教我七种计谋征服吴国，寡人只用了其中三种就打败了吴国。还有四种计谋留在你那里，请去跟随先王，试行余法吧！”再看所赐之剑，乃是吴王当年命伍子胥自裁之剑，这真是历史的莫大嘲弄。

范蠡不贪功利，两度逃官，正说明他懂得功高震主的道理。退而归隐，终于避免了在残酷的政治斗争中丧生。范蠡功成身退，虽说是他所采取的远避祸患的一种对策，但能够在纷繁的政治斗争中看轻功名利禄，决然退出历史舞台，也是不容易的。

功成名就之后要懂得明哲保身。有识之士在荣誉面前居安思危，在错误面前也承担责任，绝不见功劳就抢，见错误就推，只有具备了这种素养，才能算得上是完美和清高的人。相反，迷恋名位而至死不悟的人，是很悲哀的。

退一步未必就是失败，有时，退一步是为了进两步，甚至是三步、四步。五代后梁高僧契此，俗称布袋和尚，他曾经作过这样一首偈子：

手把青苗插满田，低头便见水中天。

六根清净方为道，退步原来是向前。

这是对人生处世以退为进的一个很好的概括。在我们的人际交往、生活事业中，有时看似退步，实则是往前进了。

在社交场合中，保持强硬的口气固然重要，但当个人在某些方面确实做错的话，不妨坦然地松一松口，接受他人的意见反而会给别人一种豁达的感觉。同时，你也在无形之中取得了意想不到的收获。

某山区支部书记带领群众修路时，放炮炸石砸断了一家农户的梨树，这棵梨树是这家农户的财源，主人揪住支书要他赔。

支书说，秋后一定赔偿，但主人不肯，主人的兄弟一拥而上，把支书好一顿打。村里的党员和群众都火了，要求狠狠整治打人者。第二天开村民会，闹事的也觉得理屈，准备挨整。

不料，支书竟先做检讨："老少爷们，我还年轻，得大家帮扶。哪个活我安排错了，哪句话我说得不对，大家提出，我做检讨。"被打的事竟一字不提。

后来，闹事的人找到支书当面认了错："你是为全村，我是为自家，我错了！今天你咋说，我咋干，听你的。"

支书是很懂得交谈之道的。为了开辟富裕之路，他忍下了个人委屈。但是，他的忍让和退缩，不是懦弱，而是一种坚强，说软话同时也是一种方法，一种有效的以退为进的方法。表面上支书是让步了，其实他是往前迈了一大步。因为他的豁达、大度，让村民们对他心服口服，在将来的日子里，村民们肯定会全力支持他的工作。

把这个例子引入我们的人际关系中同样适用。我们在处理复杂的人际关系时，难免会碰到一些性格倔强或一时冲动的人，在别的方法难以奏效时，可以试试以退为进的方法。

天地万物都有一个由盛而衰的过程，人世兴衰也是如此。李宗吾先生的厚黑"隐退经"指出，当事业和人生处于顺境而趋于鼎盛期时，应及早做好抽身隐退的准备，以免将来进退维谷无法脱身。厚黑人士都懂得见好就收的道理，他们在成功时会急流勇退，在辉煌时会走向平淡，藏起自己的锋芒，低调处世，从而在险象环生的社会里全身而退。

厚黑智慧

人生往往就是如此，在一进一退之间，既可以成就一段精彩的人生，同样也可以使那唾手可得的成功在瞬间灰飞烟灭。这取决于个人在这进退之间所作的取舍。因此，不论处于何种情况，既要做好奋力前行的准备，又要有全身而退的计划，在这一进一退之间游刃有余，获得最大限度的利益。

· 第六章 ·

办事厚黑学，天下无难事

现代社会，人们都比较注重实惠，人与人之间来往相处，有时是以利益来维系的。如果你自身条件优裕，在交际中就显得引人注目，占有了优势，你不求别人，别人可能来求你。工欲善其事，必先利其器，厚黑学提醒人们，在社会中要想办好事情，不能单纯地只依靠别人来解决，有时要变换思维，与其求人，不如求己，在平时注意积累各种资源、背景等，拥有别人所没有的“王牌”，并利用手中的“王牌”，诱惑别人为自己办事，这样你就掌握了办事的主动权，并能够得到丰厚的回报。

情感开道：眼泪就是软刀子

刘备全在脸皮厚，依曹操，依吕布，依刘表，依孙权，依袁绍，东蹿西走，寄人篱下，恬不知耻，而且生平善哭，著《三国演义》的人，更把他写得惟妙惟肖，遇到不能解决的事情，对人痛哭一场，立即转败为胜。

人非草木，孰能无情？仁慈心、同情心是人类情感世界中最基本的组成部分，世界上每个人差不多都具有同情弱小和怜恤受难者的仁慈感情。利用这种人性中善良的光辉可以照亮自己的世界。用自己坎坷遭遇的愁容和凄凉悲怆的眼泪，可以使对方的感情之水为之荡漾，即便铁石心肠，也会网开一面，伸出热情之手，答应并帮助你把事情办成。

求人帮忙，关键要打动对方的恻隐和同情之心，这样可以赢得他人的帮忙，你所求的目的就可以达到。而眼泪则是这种打动他人恻隐之心的最好武器。

据说凶残的鳄鱼在吃掉到嘴的食物之前，总要流下一串串的“伤心”眼泪，装出一副慈悲的样子，厚黑学指出，这正是鳄鱼的狡诈之处。鳄鱼要吃掉别的动物，却要挤出几滴眼泪，分明是想告诉人们，自己本性是善良的，并不想残害别的动物，只是不得已而为之。

历史上，各类厚黑家都懂得眼泪的作用，为了达到升官发财、排斥异己、铲除对手的目的，他们不顾及自己的脸面，厚着脸皮“挤出”眼泪，以此博取对方的同情和援助。哭的花招千奇百怪，哭的程度千差万别，而哭的效果则千人一面，最终“功成圆满”，无一例外地获得了自己想要的东西。哭得妙的得了天下，哭得次一点地哭出个官运亨通，再哭得差一点的也换得了几枚钱币，活得有滋有味。

民间流传着这样一句话：刘备的江山是哭出来的，可以毫不夸张地说，刘备之所以能当上皇帝、三分天下，与他爱哭、善哭有莫大关系。作为“一代明主”的刘备，其哭的手段被他发挥得淋漓尽致。

众所周知，赤壁大战后，刘备按诸葛亮的安排，用诡计夺取了军事重镇——荆州。周瑜气得金疮迸裂，决心起兵与刘备决一雌雄，经鲁肃劝说才罢兵言和。但周瑜认为刘备占据荆州是东吴称霸的心腹大患，便命鲁肃去向刘备讨回荆州。最初，刘备以辅助侄儿刘琦为理由赖着不还。刘琦死后，鲁肃又去讨荆州，诸葛亮以“天下者天下人之天下，非一人之天下”来辩护，并立下文书，取了西川后再归还荆州。鲁肃无奈，只好空手而回。后来，刘备娶了孙权的妹妹，做了东吴的乘龙快婿，孙权又让鲁肃讨还荆州，厚脸皮的刘备已经黔驴技穷，问计于军师诸葛亮：“鲁子敬三番五次来讨荆州，均是先生劝退而去，今又来取，不知军师有何良策？”

诸葛亮说道：“若是鲁子敬提起荆州事，主公只管放声大哭，待哭到悲切处，我自出来劝解，荆州无大碍也”。

鲁肃来到堂上，双方互相谦让。坐下来后，鲁肃说：“如今刘皇叔已经是东吴女婿，也就是我鲁肃的主人。既是自己人，我就直话直说了。”

刘备说：“子敬不必谦虚，有话直说。”

鲁肃说：“小人奉吴侯军命，专为荆州一事而来。皇叔借去许多时间了，一直未还，今日既然两家结了亲眷，就算是一家人了，希望皇叔今日交还荆州为好。”

鲁肃说完后，等候刘备答复。哪知刘备无话可说，却用双手蒙脸大哭不已。哭得天昏地暗，地动山摇。鲁肃见刘备哀声嘶哭，泪如雨下，不禁惊慌失措，急忙问道：“皇叔为何如此？难道小人有得罪之处？”

那刘备哭声不绝于耳，哭成个泪人儿，哭得泪湿满襟，鲁肃则被刘备哭得胆战心惊。这时，诸葛亮摇着鹅毛扇从屏风后走出来说道：“我听了很久了，子敬可知我的主公为什么哭吗？”

鲁肃说：“只见皇叔悲伤不已，不知其原因，还望诸葛先生见教！”

诸葛亮说：“这不难理解！当初我家主公借荆州时，曾经立下取得西川时便还给东吴的文书。可是仔细想想，主持西川军政大事的刘璋是我家主公的兄弟，大家都是汉朝的骨肉。若是兴兵去攻打西川，又怕被万人唾骂，若是不取西川，还了荆州无处安身；若是不还，那东吴主公孙权又是舅舅。我主处于这两难困境，子敬又三番两次地来讨，因此泪出痛肠，不由得放声大哭。”

诸葛亮说罢，又用眼色暗示刘备，刘备耸肩摇膀，捶胸顿足，大放悲声。鲁肃原是厚道之人，见刘备放声痛哭，心中动了恻隐之心，以为刘备真的是为无立足之地而哭，便起身劝道：“皇叔且休烦恼，待我与诸葛先生从长计议。”

诸葛亮说：“有烦子敬回见吴侯，将我主烦恼转告。再待一段时间，等我主有了安身之地，再奉还荆州如何？”

鲁肃见刘备哀痛之极，只好答应。

刘备是很会哭的，尤其是他想当皇帝的那一幕哭得恰到好处。曹丕废了汉献帝，自立为大魏皇帝的消息传到成都后，自立为王的刘备大吃一惊，刘家天下易主怎能不惊？刘备此时羽毛已经丰满，很想弃王而称帝，但是又不好说出口。昔日曹操虽然独霸朝政，但傀儡皇帝还在，天下名义上还属刘家，如今曹丕废主自立，这简直是逆天而行，怎么办？刘备虽然远在四川，但无时不想问鼎中原。此刻见时机成熟，自立为帝的条件已成立，但怎好出口？只好用哭来暗示心迹。于是，水米不进，又使出撒手锏，每日痛哭，令百官挂孝，遥望许昌而祭之，这一次由于是想当皇帝，于是不仅痛哭，而且哭出病来。干脆不理政务，把一切大事全部交给诸葛亮。

诸葛亮自然知道刘备的“哭因”。这时正好有人夜间捕鱼，捞到一块金光灿灿、瑞气盘旋的玉玺。诸葛亮终于找到了治疗刘备痛哭的药方，遂率群臣上表奏请刘备当皇帝。

刘备看了后，果然停止了痛哭，却又故作愤怒，怪诸葛亮等人陷他于不忠不孝。但是经诸葛亮等人苦劝，刘备终于高高兴兴的自立为帝，改国号为“大蜀”。

刘备的几哭，正印证了老百姓说的那句话：“刘备的江山是哭出来的。”这种以哭来打天下、保住江山的所谓“大英雄”手段，真可谓前无古人，后无来者。

眼泪就是一把结结实实的软刀子，大多数人对这类“软刀子”往往掉以轻心，总以为它不如“硬刀子”那样可怕。但事实上却正好相反，“软刀子”往往具备更大的杀伤力。

人非草木，孰能无情。人心都是肉长的，没有哪个人会面对别人的眼泪无动于衷。因此用眼泪作为“武器”来打动人心不失为一种妙法，只是这种方法需要自己放下面子，并且要把握好时机和分寸，方能屡试不爽。

一家酒店曾经用一年时间来解雇一位高大魁梧的领班。想要解雇一位努力工作的人并不是说句“你被解雇了”那么简单。通常酒店会经由人事部门的经理安排与职员会晤，然后解释酒店的立场并介绍一些其他工作供其选择。员工在接到暗示后，通常会自行另谋发展，甚至替酒店省下一笔遣散费。经过是这样的：在过去的12个月当中，人事经理与这位领班会晤了4次。而每次都在尚未进入主题时，领班已经泣不成声了。也许他有演戏的天分，但是对这位人事经理已经达到了绝佳的效果。每次经理部都对酒店领导说：“如果必须开除他，你们自己去说吧，我办不到。”

就这样，领班一直在那家酒店做了下去。

这位领班巧妙地利用眼泪这一软武器，让找他谈话的人都碰了软钉子。一个大男人声泪俱下、声情并茂地把自己的困难说出来，这样的场景能不打动人吗？可以这样说，眼泪是打动他人恻隐之心的最好武器。

汽车巨头亨利·福特公司的贸易业务很忙。他们的桌子上总是堆满了各种催账单。福特每次都是大概看一眼后，就把账单扔在桌子上，对经理说：

“你们看着办吧，我也不知道该先付谁的好！”

但是有一次，他从一大堆的催账单中抽出一张对财务经理说：

“马上付给他！”

这是一张传真来的账单，除了列明货物标的、价格、金额外，在大面积空白处还画着一个头像，头像正在滴着眼泪。

“看看，人家都流泪了，”福特说：“以最快的方式付给他吧！”

这个催账人是否真的在流泪我们不得而知，他之所以急着催账，可能另有苦衷或急需资金，他的几滴眼泪能迅速引起对方的重视，以最快的速度要回了大笔货款。这样看来，这眼泪的威力实在是无与伦比！

厚黑智慧

人们的内心都有同情弱者的心理，当一个人涕泪涟涟、泪流满面时，人们就会产生怜悯之心，对所哭之人表示出同情和关怀之心，这样的人有求于人，人们都不会拒绝。所以在求人办事的关键时刻，学会不失时机、可怜兮兮地滴下几滴眼泪，会很容易激起对方的同情心，首先使彼此在感情上靠近，产生共鸣，这就为问题的解决打下了基础。这种“遍洒泪弹”的求人办事之术，是古今中外成就大业的，尤其是政治家们最善于使用并屡试不爽的招数。李宗吾先生坦言，如果一个人能把哭和笑的功夫运用到家了，就没有办不成的事。求人办事时，不妨“哭一哭鼻子”，由眼泪这个软刀子打开办事的通道。

求人办事不妨先送几顶高帽子

恭就是卑躬折节、胁肩谄笑之类，分直接、间接两种，直接是对上司而言的，间接是指对上司的亲戚、朋友、差役及姨太太之类而言的。

人们常把阿谀奉承的行为称作“给人戴高帽”，而喜欢别人溜须拍马则被称作“喜欢戴高帽”。李宗吾先生认为，这个世界上没有人能够对别人的赞美话、送高帽举动无动于衷，多给人戴几顶高帽子，往往在求人办事的过程中获得意想不到的效果，实现办事的目的。

厚黑学认为，在处世中，即使你的能力再强，智慧再高，不懂得和别人的相处之道，也不可能得到别人的尊重和喜爱，因此，要学会用巧妙隐秘的方式给对方以夸奖，切中对方的要害，你的办事之路会顺利许多。

有位朋友叫万霖，人送外号“万事通”。意思是说他无论办什么事都能畅通无阻，让人羡慕不已。他有个朋友叫李凯，最近一直为孩子调动工作的事头疼不已，东跑西跑，就是办不成事，想起好友万霖精通办事之术，特意跑来向他请教。万霖指点朋友说："办事就要会求人，要办成事就得让人家喜欢你，愿意帮助你，要想做到这一点，起码你嘴得甜点吧，你得会捧着人说话，你要多赞美他，说他爱听的话，做到这一点，事不就好办了吗？"李凯如梦方醒，兴冲冲地走了。没过多久，听说他儿子调动工作的事成了。

这位"万事通"先生完全掌握了拉关系办事、获得别人好感的诀窍，那就是先赞美再说事。我们的日常生活中，难免会有求于人的时候，事儿是否能办成，还要看你是否能与对方拉好关系，讨对方的喜欢。我们都知道，赞美别人能增加别人对你的好感，如果你能在求人办事时，恰当地赞美对方，那么对方在获得心理满足之后也一定会乐于满足你的要求。

求人办事时赞美别人和在一般交往时赞美别人还有不同，前者的赞美应当更有针对性。

心理学证明：当一个人骄傲地谈到他的专长，或他所取得的成绩时，你适时地提出与之相关的要求，在这样的时刻，他拒绝你的可能性最小，你的要求得到满足的成功率最大。所以，当你有求于人时，就需要运用赞美，营造一个合适的氛围，使你的需求最大可能和最大限度地得到满足。

某研究所的高级工程师梁某和妻子两地分居十多年了，钱花了很多，礼品也送了不少，不知为什么，妻子就是调不过来，这件事搞得梁某筋疲力尽，但也无可奈何。这不，在他妻子调动过程中起关键作用的某局局长又换人了，新上任的是从外地来的刘局长，梁某听说这位刘局长能急人之急，为群众办真事、实事，他先了解了几个受刘局长帮助的例子，然后登门拜访。

梁某见到刘局长之后，一开始没谈自己此行的目的，先是对刘局长进行恭维，说他做的比较突出的政绩，是真正为人民做实事的公仆。刘局长也很谦虚，"哪里，哪里，他们的确有困难，有的已经分居好几年了，就是调不到一起，我只是做了自己应该做的事情。"到了这个关口，梁某就提出了自己的问题："刘局长，我也有点小事，需要麻烦您，我和妻子已两地分居十多年了，一直没有解决，本来不打算找了，听大家都说你的政绩，心中仰慕，来请您帮帮忙。"接着梁某介绍了一下自己的情况，刘局长让他回去等信。

果然没过几天，一纸调令到手，梁某全家团聚。

在这个事例中，梁某是有求于人的，他所求的正是这位刘局长的分内之事，并且这位局长也因实实在在地为百姓办实事而名声远扬，梁某首先对局长进行赞美，使局长在兴头上轻松地给他把事儿办了。如果像有些人，只知道自己诉苦，去让别人帮忙，激发别人的同情心，这是不够的。在话题展开即问题提出之前，先行赞美是很好的铺垫。

其实，"高帽"就是美丽的谎言，既取悦了别人，又帮助了自己。要让人乐于相信和接受，就不能像把傻孩子说成天才那样离谱；其次，"高帽"也要美丽高雅，不能俗不可耐，糟蹋自己也让别人倒胃口；再者便是不可过白过滥，毫无特点，不动脑子。

求人办事，如果对所求者不是那么熟悉，先不要急着下结论。察其言，观其行，掌握了真实情况再决定送一顶什么样的帽子。

英国著名作家柯南道尔一般都不会给别人签名留念。

一次，他收到一封从巴西寄来的信，信中说："我很希望得到一张您亲笔签名的照片，然后，我将它放在我的房间里。这样的话，我不仅天天可以看见您，而且我坚信，若有贼进来，一看到您的照片，肯定会吓得屁滚尿流，逃之夭夭！"柯南道尔收到信的当天，就很爽快地为那人寄去了一张他自己亲笔签名的照片。

可见"高帽子"的妙用！求人办事时，"戴高帽"一定要"戴"得合适，有句话说："看什么鱼，放什么饵；见什么人，说什么话"，给人戴高帽是万万不可乱戴的。其最佳途径不是从他的事业、才学、品德方面下手，而是从他的相貌下手。因为一个人不论长相如何，都可以给他戴高帽：见到瘦子你就说他身体健康能吃能喝能跑能跳；看到胖子，你可以对他说，心宽体胖一生衣食不缺；对鼻子大的，你可以说悬胆鼻，主富贵；

鼻子扁的，你可以说是他好脾气性情温和；眼睛大的，你就说他明亮有神，闪耀智慧；脸有麻子的，你可以说他麻子三分贵；秃头的，你可以说是智者的象征。

求人办事时，一定要在小处着眼，虚处做功，单拣好听的话说，拣喜欢的事去做，挖空心思迎合所求之人。只要挠到对方的心窝里去，对方才能心情舒畅，通身舒坦，所求之事就会变得容易得多。

“戴高帽”是一种能够很好地达到目的的谋略，也是为了生存的一种手段和技巧。如果办事者在财力方面没有一定实力，那么就得在不花本钱的“高帽子”上多下点功夫。戴得妙，保证可以获得立竿见影的效果。但送“高帽子”一定要送得恰到好处，这关键就是要投其所好，摆出一份诚挚的心意及认真的态度。否则会弄巧成拙，落得个适得其反的结果。

有个人名叫布鲁塞尔，他从事推销这个行业已经有很多年了。他想：如果多费点心思，也许能跟那位生意做得很大、信用也极佳的铅管匠技师伯洛克林成为业务伙伴。不过，这个铅管匠技师是个粗枝大叶、蛮横粗犷的人。因此，布鲁塞尔刚开始见到他时就受到了打击。

这个铅管匠技师常常坐在办公桌的椅子上，嘴里叼根雪茄，每次一看到布鲁塞尔就这样说：“你走吧！我今天什么也不要，别在这儿浪费我的时间！”

由于布鲁塞尔公司的领导想在长岛皇后村买一栋房子，开设分公司。而那房子正巧在那位铅管匠技师的附近，那么，他对房子周围环境的概况一定很熟悉。所以，布鲁塞尔就尝试着运用另外一种新的办法——请人帮忙的心理学技术。他决定找个时间去见一下那位技师，并且准备这么说：“×先生，我今天不是来跟你谈生意的，是想请你帮个小忙。如果你方便的话，只需要花您1分钟时间就足够了！”

那技师毫不在乎地说：“嗯！好吧。你肚子里有什么主意，快说出来！”那技师嘴叼雪茄，看上去一副财大气粗的样子。

布鲁塞尔说：“我打算在这皇后村开一家分店，你对这儿的情形，相信比谁都清楚，所以特地来向您请教。您认为这个计划怎么样？”

技师不紧不慢地说："这是一个前所未有的情况！"一般情况下，这个技师对推销员一向都是咆哮怒斥，但是今天却一反常态，到底是怎么回事呢？原来是那位大公司的推销员来请教他，征求他的意见，使他有一种高贵感。他拉过一张椅子，指了指说：你坐下。

这次，对待布鲁塞尔的来访，技师花了一个钟头，详细地把皇后村铅业方面的情形告诉了布鲁塞尔。他不但赞成布鲁塞尔在皇后村开设分店，并且替他规划出购置地产的程序，以及购物、开业方面的张罗，同时又以一家具有规模的铅业公司的营业方案让他参考。

世人总是喜欢听好话，喜欢被别人奉承，一个人受到别人的夸赞，是很难拒绝他人的要求的。因此，在求人办事的过程中，学会巧妙地"戴高帽"，就会达到预期的效果。

厚黑智慧

俗话说"良言一句三冬暖"，人一旦受到赞扬，被认定其价值时，总会喜不自胜，在此基础上，你再提出自己的请求，对方自然就会爽快地答应下来。厚黑学认为，心理上的亲和，是别人接受你意见的开始，也是转变态度的开始，因此，求助者要想在求人办事过程中取得成功，一个行之有效的方法就是多多称赞对方，多送几顶高帽子给他。一旦对方"戴"上了你送的高帽子，他就不好意思再拒绝你的要求，从而答应你提出的条件。要想在求人办事这条路上走得更加顺畅，就必须学会这一招。需要注意的是，送高帽也要注意场合和分寸，而且要显得有诚意，否则效果会适得其反，吃力不讨好，使事情陷入困境。

厚脸套近乎，学会感情投资

大凡人的天性，都以"我"为本位，我与母亲相对，小孩只知道有"我"，所以从母亲嘴里将糕饼取出，放在自己嘴里。

我们写文章讲究“文以情动人”，同样的道理，在求人办事时，也可以以感情为突破口，以各种方式拨动对方的心弦，引起其情感上的共鸣，从而达到办事的目的。求人办事并不总是在熟人之间进行，有时不得不闯入陌生人的领地。当我们进入一个陌生的人际环境里，想要迅速打开局面，首先要寻求办事的突破口。有了突破口，便可以以点带面或由此及彼地铺展发挥开去，从而说出自己的诉求，促成对方将事情办成。大凡厚黑人士，在求人办事时，都不吝啬自己的感情，厚着脸皮千方百计地与人套近乎、拉关系，他们认为只要事情能够办成，要不要面子是次要的。

清朝大贪官和珅，人们骂他的贪得无厌，但不得不佩服他的钻营本领。他懂得利用厚脸皮，进行感情投资，所以能够扶摇直上，位居一人之下，万人之上，经年不倒。而多少个忠臣义士，即使英名传世，可都难免祸及身家，他们的本事没有完全施展开，就做了枉死鬼。对国、对家、对天下苍生和自己的家人，对自己刻苦一生的艰辛和远大抱负都是巨大的损失。一样的事有不一样的达成路径，忠臣义士选的是路径最直接、风险最大的一条，结果败者多；奸臣们所选的是曲折迂回的路，所以达成了心愿，也严严实实保护了自己。

求人办事，求人者与被求者双方会有一种距离感，这会让谈话难以融洽的进行。这时我们就可以通过一些让两人关系更亲密的技巧，让彼此之间的距离缩短。

只要留心，一见面对方就有很多外在和内在的信息展现于你眼前，如年龄、衣着、身体状况、生活习惯、爱好兴趣，甚至神态心理等，抓住这些特征，借题发挥，与人套近乎，就有助于把事情办成。

小梁第一次踏进人事局局长家，刚落座，里边出来一位穿中山装的老人。打个招呼，小梁立即发现老人胸前戴着一个大圆的毛主席像章，于是说：

“老伯，您这个像章是从韶山带回来的吧。”

“呵呵，小伙子蛮有眼力的。我这像章呀，可是十几年前的真货，那时候我在韶山……”

“你跟他说毛主席啊，几天几夜只有他讲的哟。”老人儿媳走过来笑着插言，“我爸可是正正经经的思想研究协会会员哩。”

小梁的一个发现便打开了这个家庭的话匣子，谈话的气氛非常融洽，办事的效果自然也不会差了。

一天晚上，小张到某同事家做客。自我介绍后，挨着一个五六岁的女孩坐下，笑盈盈地问：“小朋友上幼儿园了吧？”

小女孩睁大眼睛点点头。

“会拍手掌吧？——千年蛇妖白素贞，下凡来报许仙恩——”

“我会说，我会拍！”小女孩一下被小张给逗乐了，伸出双手便和小张玩了起来。很快，小张和小女孩打成一片，旁边小女孩的爸爸妈妈也格外开心。

后来，小张成了这位同事的好朋友。

小张的交际成功就在于他平时做了有心人，积累了小孩的某些游戏知识和手段，并适时施展出来，发挥了作用。

通过所求之人家中的老人、孩子等亲人为纽带，达到办事的目的，是一种比较理想的办事的方法。除此之外，称呼对方的昵称或者直呼其名，也可以拉近彼此的距离，达到成事的目的。

用心理学的观点看，当两人心理上的距离越来越靠近时，他们的称呼也从头衔到姓、到名。也有些人虽然见面不久，不算是亲密，但若你极欲亲近对方，也不妨以对方名字或昵称来称呼。

一位教师讲述他自己经历的事：“某次有位从前我教过的学生来要求我为他做媒，当时我便问他两人的关系何以会如此快速的进展。他回答说：‘某次我与她见面时，她突然直接喊起我的名字，使我顿时感到与她的关系是如此的亲近。’而在此之前他们两个只以姓氏互称而已，可见称呼对两人心理上的距离有很大的影响。”

因此，找人办事时如果一时难以接近，不妨利用称呼的方式拉近彼此的距离，而且口吻必须自然，不可让对方感觉你是在装腔作势。两人的距离若是因此而接近，那么事情就很容易解决。

李宗吾先生认为，感情投资，不在乎有没有东西或者东西的多少，有些时候也许一钱不值的东西也能笼络人心。

在福克斯波罗公司的早期，急需一项存亡攸关的技术改造。

有一天深夜，一位科学家拿了一台确实能解决问题的原型机，闯进了总裁的办公室。总裁看到这个主意简直难以置信，便思考该怎样给予奖励。他把办公桌的大多数抽屉都翻遍了，总算找到了一样东西，于是躬身对那位科学家说："这个给你。"他手上拿的竟是一只塑料香蕉。

但别看香蕉小，却使那位经过多少个不眠之夜才得以成功的科学家感到心满意足，因为，它是一种荣誉，是一个人成功的标志。这些东西看似不值钱，却因为融入了一种感情，表明了自己得到了上司的一种承认、一种尊敬。在这种感情的投资下，下属自然肝脑涂地而在所不辞了。

厚黑智慧

人都是有感情的动物，每个人都有被人爱的需要，同时又都会有仁慈心、同情心，因此，通过运用一些让两人关系更亲密的技巧，满足别人情感上的需要，可以拉近彼此的距离，造成融洽的沟通氛围，以顺利地达到自己办事的目的。这就是为什么那些厚黑人士在为人处世中习惯运用"感情术"的原因。厚黑处世时，"虚情假意"地进行感情投资，说到底是为了追求回报。因为，既然是投资，就要有回报，最好的结果当然就是小本大利了。

好事多磨，办事得耐心

要有耐心，不能着急，今日不生效，明日再来，今年不生效，明年再来。

俗话说："人心都是肉长的。"不管事情有多难办，对方有多难缠，只要你善于用行动证明你的诚意，就会促使对方去思索，进而理解你的苦心，从固执的框子里跳出来，那时你就“磨”出希望了。

求人办事的时候，很多人都觉得“求人难”，简直是“跑断腿、磨破嘴”，因为你有求于人，所以对方自然有摆谱的资格，通常都不会很痛快地答应你。这时，只有多“磨”才能办成想办的事。不过“磨”也要讲究策略，既要锲而不舍，又要显示出你的真诚，用耐心的等待和理解来感动别人，软化对方的意志。“磨”能使对方不断积累微小的心理负担，当这种心理负担大到一定程度时，对方就只能让步了。

有一个在单位待了很多年的职员老闫，由于政治问题一直没有得到转正，于是他想出了一个办法——请管人事的经理吃饭。很俗套的办法，但他的做法却与别人不一样。

在饭桌上，他只是多要菜，劝经理喝酒，和经理拉家常，而对于转正的问题，一直到饭局结束都闭口不提。过了一段时间，他又提出要请经理吃饭。经理心想：这回他该把求我的事提出来了吧，可第二次还是与第一次一样，他还是什么都没说。就这样，到了第三次请经理吃饭的时候，经理沉不住气了，说：“老闫啊，你是不是有什么事求我啊，尽管说吧。”老闫说：“没事，没事，就是一起吃吃饭。”到了第四次请他吃饭，经理实在是过意不去了，于是他热切地拉住老闫的手说：“老闫啊，你有什么难处，尽管说出来，我一定替你办！”老闫见他话说到了这份上了，于是放心地说出了自己转正的问题。结果经理一下就拍板了：“什么话都别说，这事早应该办了，我一定给你做主，你就请好吧！”

这就是事前做足了功夫却不把窗户纸捅破，直到最后让被求的人沉不住气了，反而主动地求你把所求的事说出来的一种巧妙的方法，但这样做的前提是，必须让人感觉到你的诚恳，不能让人认为你是在耍无赖而起反感。

当我们求人遭到拒绝的时候，更不能恼羞成怒，“买卖不成仁义在”，应该表现出足够的耐心，而不是烦躁、恼火或发怒。你应该理智地控制自己，表现出对对方处境和心态的理解，以及对转机到来的期待与自信。这样就能够在精神上使自己处于强有力的地位，摆出一副“打持久战”的架势，这样便会对对方的心理产生震撼。更要学会见机行事，用积极的行动去影响对方，见机行事，才能增大成功的概率。

出色的办事人员通常具有许多人们所不具备的素质，而忍耐可以说是其中最重要的一种。所谓好事多磨，这个“磨”字就可以理解为忍耐。一般来说，忍耐所表现的是对对方处境的理解，是对转机到来的期待和对求人成功的自信。有了这种心境，我们就能在精神上使自己处于强有力的地位，能够方寸不乱，调动自己全部的聪明才智，想方设法去突破僵局。即使消耗一定的时间也是值得的。

从另一个角度来说，“磨”也可以理解为“泡蘑菇”，“泡蘑菇”消耗的是时间，而时间恰恰是一种武器。时间对谁都是宝贵的，人们最耗不起的就是时间。所以，如果我们以足够的耐心摆出一副“打持久战”的架势与对方对垒时，便会对对方的心理产生震慑，以“泡”对“拖”，足以促其改变初衷，加快办事速度。所以，我们要沉住气，耐心地牺牲一点儿时间，反而可以争取到更多的时间。

某学院校舍建设急需20吨沥青。校方派一位助理到物资部门申领，但负责此事的处长推说工作忙，要等两个月才能提货。助理非常着急，他怎么能等两个月呢？而事实上，仓库里是有现货的，处长之所以没给他办，只是因为他没“进贡”。了解到这一情况后，他更是怒从中来。

但他竭力控制自己的感情，思索解决办法。他手头一无钱二无物，再说他不想来那一套。他决心和处长“泡”。

从第二天起，他天天到处长办公室来，耐心地向处长恳求、诉说。处长感到烦，不理睬他。处长不理他，他就坐在一边等，一有机会就张口，彬彬有礼，不吵不闹，恳求诉说。处长是急不得火不得，推不起赶不跑。当他“泡”到第五天的时候，处长就坐不住了，他长吁一声：“唉，我算服你了。照顾你这一次，提前批给你吧！”

有没有足够的耐心，还与人们的自尊心强弱有关。有些人脸皮太薄，自尊心太强，经不住人家首次拒绝的打击，只要前进一受阻，他们就脸红，感到羞辱、气恼，要么与人争吵闹崩，要么拂袖而去，再不回头。这些人看起来虽然很有志气，却是没有能力办成大事的失败者。

当然，“泡蘑菇”除了有耐心之外，还要具有一定的方法和原则。例如，我们可以不厌其烦地登门拜访，申诉我们的理由和要求，但别指望很快就能得到答复和处理，对于这种事，要有长期作战的心理准备。

“软磨硬泡”是一种特殊的求人办事术。它能以消极的形式争取积极的效果，可以表现自己不达目的不罢休的决心和毅力，给对方施加压力，也可以增加接触机会，更充分地表明自己的态度、思想和感情，以影响对方的态度，达到办事的成功。

这种厚黑办事术看似简单，但也不是人人都能做得到的。其中的学问有很多，要想熟练运用这种办事术，必须掌握以下几种窍门：

1．长于自控忍耐。足够的耐心是软磨硬泡的前提和基础。当求人办事受阻出现僵局时，人们的直接反应通常是烦躁、失意、恼火甚至发怒。然而，这无助于事情的解决。你应理智地控制自己，采取忍耐的态度。这时，忍耐所表现的是对对方处境的理解，是对转机到来的期待和对求人成功的自信。有了这种心境，你就能够在精神上使自己处于强有力的地位，能够方寸不乱，调动自己全部的聪明才智，想方设法去突破僵局。即使消耗一定的时间也在所不惜。

2．善于见机行事。软磨硬泡，不仅要能泡，还要会泡。换言之，泡，不是消极地耗时间，也不是和人家耍无赖，而是要善于采取积极的行动影响对方、感化对方，促进事态向好的方向转化。俗话说：人心都是肉长的，不管双方认识距离有多大，只要你善于用行动证明你的诚意，就会促使对方去思索，进而理解你的苦心，从固执的框子里跳出来，那时你就“泡”出希望了。

3．巧用语言攻心。有时候你去求人，对方拖着不办，并不是不想办，而是有实际困难，或心有所疑。这时，你若仅仅靠行动去“泡”，很难奏效，甚至会把对方“泡”火了，缠烦了，更不利于办事。

如遇这种情形，嘴巴上的功夫就显得十分重要了。要善解人意，抓住问题的症结，巧用语言攻心。说话是开启心灵的钥匙。当你把话说到点子上时，就会敲开对方心灵的大门。

总之，求人办事，很难一次就成功。事情能否办成功，耐心和坚持是关键。被人拒绝，不能灰心丧气、知难而退，即使再顽固的人也经不起你的折腾，这就是充满韧性的厚黑求人办事术。

厚黑智慧

有些人在求人办事时，脸皮太薄，自尊心太强，经不住人家首次拒绝的打击，只要碰到钉子，办事受阻，他们就感到羞辱气恼，要么与人争吵闹崩，要么拂袖而去，再不回头。厚黑学是非常反对这种做法的，认为这样做的最终结果，只能导致自己只顾面子不顾及事情，捡了芝麻丢了西瓜，于事丝毫无益。因此，我们在求人办事时，为了达到目的，脸皮不妨厚一点，被人拒绝，以笑脸相迎，软磨硬泡，死缠烂打，巧妙周旋，只要还有一丝希望就要全力争取，不达目的决不罢休，从而促成对方改变初衷。

谁说事难办？礼到自然成

礼就是送东西，送分大小两种：大送，把银圆钞票一包包地拿去送；小送，如春茶、火腿及请上餐馆之类。所送的人分两种，一是掌握用人大权的，二是虽未掌握用人大权但能助自己一臂之力的人。

求人办事，仅仅依靠三寸不烂之舌，是很难打动人心的。如果你空手而去，常常是空手而归。这时就要发挥礼物的作用了。

古语说，“礼尚往来”“来而不往非礼也”，天下没有免费的午餐，别人费心费力为你办事，如果得不到什么回报，即使嘴上不说，内心也会感到不平衡的。有句俗语说得好，“衣人之衣者，怀人之忧”，意思是说，穿了别人的衣服，怀里就会装着别人的心事或隐忧。换句话说，收下了别人送来的礼物，就得为别人办事。所以，厚黑学认为要想求人办事，就得首先学会给别人送礼。厚黑人士在求人办事时，也总是免不了要带上点对方喜欢的东西，并以“微薄之礼，不成敬意，还望笑纳”等为托词，让对方感到不好拒绝而收下，从而下意识地为其出力办事。

春秋时期，晋国首先称霸，成为诸侯中的大国。当时在晋国南面还有两个小的诸侯国，一个是虞国，一个是虢国。虞、虢两国同姓近支，关系很密切，又因为都是小国近邻，唇齿相依，很早就订有盟约，一旦有事，两国互相派兵援救。长期以来，这两个小国就用这种办法在强国的夹缝中生存，也没有哪个强国有实力能一举同时吞并这两个国家。

这时候，晋国的晋献公为了进一步扩充疆土，称霸各国，就想兼并邻近的虞、虢两个小国。但要想吞并这两个小国，并不是很容易的事情，因为这两个国家之间关系不错。晋如果袭击虞，虢会出兵救援；晋如果攻击虢，虞也会出兵相助。

公元前658年，晋国大臣荀息向晋献公献上一计。他说：“要想攻占这两个国家，必须要离间他们，使他们互不支持。虞国的国君贪得无厌，我们正可以投其所好。”当时，晋国有两件镇国宝物——屈产良马和垂棘之璧，晋献公每日都要骑驾良驹、赏玩美玉。荀息建议晋献公拿出这两件镇国的心爱宝物——屈产良马和垂棘之璧，送给虞公。献公有点舍不得。

荀息说：“大王放心，只不过让他暂时保管罢了，等灭了虞国，一切不又回到你的手中了吗？”献公依计而行，派出使节来到虞国，向虞公表达了两国交好之意，并将两件镇国的宝物送给了虞公。虞公得到良马和美璧，又自以为结交了强大的晋国，高兴得嘴都合不拢。

晋国拉拢了虞国后，就故意在晋、虢边境制造事端，终于找到了伐虢的借口。晋国要求虞国借道让晋国伐虢，虞公得了晋国的好处，所谓“拿人手短，吃人嘴软”也只得答应。虞国大臣宫之奇听说后，马上进宫再三劝说虞公：“这件事不能办的，我们虞、虢两国，世代交好，唇齿相依，虢国一亡，唇亡齿寒，晋国是不会放过虞国的。而且，强国环临，如果失去了虢国这个长期以来的伙伴和军事上的盟友，我们的国家很快就会灭亡！”

虞公却说：“我们已经结交上了强大的晋国，现在晋国终于有求于我们了，我们怎么也不能得罪啊，得罪晋国岂不马上惹祸上身？为了交一个弱朋友而去得罪一个强有力的朋友，那才是傻瓜哩！”于是就同意了晋国使用虞国的道路，进攻虢国。为此，虞、虢两国断交了。

晋军顺利地通过虞国道路，前往攻打虢国。没有虞国的帮助，弱小的虢国很快就被晋国打败，晋国没有费什么力气就取得了胜利。晋军班师回国时，晋军统军大将里克把劫夺的部分虢国财产送给虞公。虞公大喜过望，越来越认为结交晋国、放弃虢国是正确的选择，就盛情款待晋军大将里克。里克这时趁机装病，称不能带兵回国，而且需要暂时把部队驻扎在虞国京城附近。虞公毫不怀疑，还自以为有晋国的大军在国内驻扎，其他强国就不敢随意来犯。

几天之后，晋献公亲率大军借口前去迎接班师回国的里克，来到虞国，虞公出城相迎。晋献公就约请虞公外出打猎。虞公打猎不一会儿，就看见京城中起火。等到虞公赶回城外时，京城已被晋军里应外合强占了。就这样，晋国又轻而易举地灭了虞国。

晋国士兵又从虞公的住所搜出了晋国战前送给虞公的宝物——屈产良马和垂棘之璧，送回到晋献公的手中！

虞国之所以被晋国灭亡，原因有很多，但与虞公贪图小利、看不到危险有直接关系。战争总是围绕着一定的利益进行的，因此“利而诱之”谋略应用在作战过程中屡试不爽。在现实生活中，这一谋略也被人们用于办事的各个领域中。

对濒临饿死的人来说，送一颗萝卜比送一座金山更让人感之于心。送礼要讲究艺术，要因时间、地点、人物而不同。用句成语说就是因人而异，因事而异。给富甲一方的人送肉吃他会不屑一顾，而给落魄街头的乞丐送一块肉，他会高兴得手舞足蹈。因为饥饿的人最需要的是食物，只要能填饱肚子，不管东西是否好吃，他都喜欢。而给一个衣食丰裕的人送米送面，他肯定看不上眼，因为他不需要这些东西。由此，送礼就要送到点子上，要送对方最喜欢、最想要的东西。

战国时期，卫子期在蔡国当大夫，很受蔡国国君器重。可惜蔡国在当时的小人少，经常受大国欺负。为此，卫子期深感不安，与国君商量要找个大国作为庇护。最后，他们挑中了地处邻毗的楚国。

可是怎样才能将这种意思传达给楚王呢？又怎样才能成功呢？还有，应怎样做才能做到既顾及国家体面，又可达到目的呢？

这事困扰了卫子期很长一段时间，他日思夜想，终于想出了一条出路：找楚王身边的侍从公羊独。公羊独是蔡国山齐郡人，与卫子期是同乡。

于是，卫子期化装成一个商贾前往楚国都城郢。

到了公羊独的府第，卫子期托仆人将一盒东西送进去给公羊独。不一会儿，只见公羊独亲自带领家人前来迎接卫子期。

是何物竟使得公羊独如此看重呢？原来，卫子期当时在国内也为要送公羊独什么礼品深感头痛，他知道公羊独家产庞大，富可敌国，如送黄白之物公羊独肯定不稀罕，于是他出奇制胜，特叫人准备了蔡国山齐郡的特产咸鱼干20马车，一路浩浩荡荡开往楚国。

公羊独在楚国什么都有，什么也不缺，但他有一个癖好，就是爱吃自己家乡产的咸鱼干，可一直苦于吃不到正宗的咸鱼干，这次，卫子期以如此大“礼”相赠，他焉能不喜，焉能不乐呢？

这个例子告诉了我们“送礼”的时候，怎么送，送些什么，有很大的学问。卫子期实在很高明，他抓住了公羊独这个老乡的癖好，投其所好，很顺利地见到了公羊独。

送礼是人之常情，但怎么送，送什么是关键，尤其是对于富有的人，你给他送礼会使他对你提高警惕，并且有时候你自己觉得礼品已够重了，可对方却根本没放在眼里，这时你就应该考虑一下怎样选择对方喜欢或价格适当的礼品了。有时候，礼品不在于多么贵重，重要的是要送到对方的心坎上。

查尔斯先生在纽约一家大银行供职。有一次，他奉命写一篇有关某公司的机密报告。他只知道有一家工业公司的董事长拥有他需要的资料，于是便去拜访这位董事长。当他走进办公室时，一位女秘书刚好从另一扇门中探出头来对董事长说，今天没有什么邮票。

“我替儿子收集邮票。”见此情景，董事长对查尔斯解释。

查尔斯先生说明他的来意，开始提出问题。但董事长的说法含糊、概括、模棱两可。他不想把心里的话说出来，无论查尔斯怎样好言相求都没有效果。这次见面的时间很短，没有实际效果。

查尔斯想起董事长的秘书说的话——邮票，12岁的儿子……他也想起他们银行的国外部门搜集邮票的事——从来自世界各地的信件上取下来的邮票。

第二天，查尔斯又去了。让人传话进去说，他要送给董事长的儿子一些邮票。董事长高兴极了，用查尔斯的原话说：“即使竞选国会委员也没有这样热诚！他紧握我的手，满脸笑容。‘噢，乔治！他一定喜欢这张。瞧这张，乔治准把它当作无价之宝！’董事长连连赞叹，抚弄着那些邮票。整整一个小时，我们谈论着邮票。奇迹出现了，没等我提醒他，他就把我需要的资料全都告诉了我。不仅如此，他还打电话找人来，把一些事实、数据、报告、信件全部提供给我。出门我便想起一句一个新闻记者常说的话：此行大有收获！”

查尔斯满载而归，只因为他送对礼物了。有些人认为，只有礼物够贵重，才能体现送礼人的情意重，但他们却忘了“礼轻情意重”的古话。就像上例中的查尔斯，邮票对他来说简直不值几个钱的，但是对替儿子收集邮票的董事长来说，就是无价之宝了。所以，查尔斯送邮票是送到董事长的心坎上了，董事长自然是心花怒放，也就什么资料都会提供给查尔斯了。

所以，送礼时要费点心思去考虑送什么礼物。善于送礼的人，所挑选的礼物总是经过细心的选择，正中受礼人的下怀。这样，你还没开口，事情就办成了一半了。

厚黑智慧

有“礼”走遍天下，无“礼”寸步难行，礼物在人际关系中起着至关重要的作用，常常被人用作社交的润滑剂、办事的敲门砖。在厚黑学看来，大多数人都有贪小便宜的心理，利用这种心理，在办事时不失时机地给对方送一些礼物，使对方感到有好处可得，他自然会对你心生好感，从而滋生“投桃报李”的想法，寻思为你办点事情以作为回报。要想在人际交往中顺顺当当地把事情办成，就要学会这种“文雅”的厚黑办事术。一旦你将礼物送出去了，你还没有开口，事情也就办成一半了。

厚脸认个错，只要事情能办成

我说：“就怕你厚得不彻底，只要彻底了，没有前进不成功的。”

一般情况下，我们找人办事时都是居于弱势地位的，如果以强硬的口气与对方商谈，是很难取得效果的，这时，我们不妨采取欲扬先抑的做法，贬低自己，承认自己的不足和错误之处，事情往往会柳暗花明，意外地获得解决。谦逊的人总是会受到人们的欢迎，承认自己的错误，无疑也就抬高了对方，对方对你的警戒和敌视心理会减轻，你再开口向对方提出你的观点和要求，对方也就不好再反对和回绝了。

厚黑学认为，当对方坚持自己的意见，甚至显示出一种居高临下的姿态时，你可以通过向对方检讨自己的错误，示弱乞怜，获得对方的同情，然后步入正题，实施“谈判”，从而让对方屈从和改变主意，反客为主，把事情办成。

1909年，毕洛夫公爵时任德国首相高位，当时的德国已经走到最后的一个皇帝——威廉二世时代了。

那时，发生了一件震惊世界的大事。威廉二世在英国发表了一个公开的荒谬的声明，同时还发表在《每日电讯报》上，他宣布他是唯一的同英国友好的德国人，还为反对日本进攻的威胁建立了舰队，以及拯救英国免受俄国和法国的欺凌和其他一些内容。

人们从来没有见过一个欧洲帝王在和平时期讲出这样的话。这个声明激起了整个大陆人民的公愤，这种议论吓坏了威廉二世。在这种情况下，威廉二世要求毕洛夫公爵为他承担罪过，他想让毕洛夫公爵宣布一切罪过不在自己身上，他说这番话时，是毕洛夫公爵给他提的建议。

对于威廉二世的这一意见，毕洛夫表示抗议："我不能想象，在德国和英国，有谁能相信我能建议您说这番话。"

当毕洛夫把这话说完时，立刻明白了自己犯了多大的错误：皇帝暴怒了。他喊道："你以为我是头驴，像这样的错误只有我会犯，而你却永远都不会犯！"

这个时候，毕洛夫终于明白了，他不应该谴责皇帝，而应该先夸赞他。但他现在已经这样做了，再后悔也来不及了。因此，毕洛夫采用了另外一个方法。在皇帝批评过他以后，他开始称颂皇帝。这样的做法会达到很好的效果。他接着说："我根本不能达到陛下的水平。陛下，您不仅在军事上、航海事业上，而且在自然科学方面，在很多方面，您都高我一筹。陛下，每当您谈到风雨表和电话或谈爱克斯射线时，我都不懂，只能洗耳恭听，赞叹不已。在这些问题上我是外行，没有一点化学和物理知识。"毕洛夫接着说："但是，我有一点历史知识，也许在政治上，特别是在外交方面，说不定会有一些用处。"

毕洛夫始终在抬高皇帝，贬低自己。之后，皇帝原谅了他。他喊道："我不是总跟你说吗？我们总是互相配合得很好的。所以说，在以后，我们也应该互相支持才对。"

在他们谈话的过程中，他几次握毕洛夫的手。后来，他握着拳头宣布："如果谁对我说反对毕洛夫的话，我会毫不犹豫地给他一个耳光。"

在皇帝发怒的情况下，毕洛夫及时救了自己。正是因为毕洛夫巧妙地先把自己的错误说了出来，才避免了一场灾难的发生。同样，在找人办事的过程中也应该谨记这一点，如果要想让对方按自己的意图办事，就必须先承认自己的错误，唯有如此，对方心里才会产生一种平衡感，才会帮你的忙。

成功学之父卡耐基住的地方，几乎是在纽约的地理中心点上，但是从他家步行一分钟就可到达一片森林。等到了春天的时候，黑草莓丛的野花白白一片，松鼠在林间筑巢育子，马草长得高过马头。这是一块没有遭到破坏的林地，叫作森林公园。他常常带着雷斯到公园散步。雷斯是他的小波士顿斗牛犬，这只小猎狗友善而不伤人；因为在公园里很少碰到行人，一般情况下，他都不给雷斯戴口罩或系狗链。

有一天，卡耐基带着雷斯在公园散步。这时，他遇见一位骑马的警察，这位警察好像迫不及待地想要把他的权威表现出来。

他申斥卡耐基："你为什么让你的狗跑来跑去，而不给它系上链子或戴上口罩？难道你不知道这是违法的吗？"

卡耐基回答："是的，我晓得，不过我认为它不会在这儿咬人。"

"你不这么认为！法律是不管你怎么认为的。在这儿，它可能会咬死松鼠，或咬伤小孩子。这一次也就算了，我不再追究，但假如下回我再看到这只狗没有系上链子或套上口罩在公园里，你就亲自去跟法官先生解释吧。"

卡耐基照着他说的，客客气气地答应了。

但是，雷斯好像不喜欢戴口罩，卡耐基也不喜欢看它戴上口罩的样子，因此决定碰碰运气。起初事情很顺利，但是，没有过多长时间，麻烦就来了。一天下午，他们在一座小山坡上赛跑时，又遇到了另一位警察。

这一次，卡耐基没有等警察开口就先发制人。他说："警官先生，这下你当场逮到我了，我有罪，我没有托词，没有任何借口了。上个星期，有一位警察警告过我，若是再带小狗出来而不给它戴口罩就要对我进行处罚了。"

警察回答："好说，好说，我知道没人的时候，谁都忍不住要带这么一条小狗出来玩玩。"

卡耐基回答："是这样的，的确是忍不住，但这是违法的。"

警察反而为他开脱："像这样的小狗大概不会咬伤别人吧。"

卡耐基说："不，它可能会咬死松鼠。"

他告诉卡耐基："你大概把事情看得太严重了，我们这么办吧，你只要让它跑过小山，到我看不到的地方，这件事情也就算了。"

发生过这件事之后，卡耐基感叹地想，那位警察也是一个普通人，他要的是一种重要人物的感觉，因此当他责怪自己的时候，唯一能把他的自尊心增强的办法，就是以宽容的态度表现慈悲。在处理这件事情的时候，卡耐基所采用的方法是：不和他发生正面交锋，承认对方绝对没错，自己绝对错了，并爽快地、坦白地、诚恳地承认这点。这件事情就这样在一个和谐的气氛下得到了解决。

当一个人有被人指责的可能时，不妨以先发制人的方式先数落自己一番。但是，人们的心理是很特别的，当对方发觉你已承认错误时，便不好再多指责。一开始你就说："我说这些话可能有点鲁莽""我这可能是无理的要求"或"我说的话虽是过分点"。这个时候，即使你说的话确实令对方感到厌烦，对方也不会因为这些而当面指责你。如果反复使用，更能加强效果，使对方轻易地听完你的要求，并接受你的意见。

其实，也正是这样，当我们犯了错误的时候，我们需要试着去说服对方时，最好的办法就是自己先承认，别人不会继续责怪你，这和你不去承认错误，而与别人争论你没有错误相比，难道不是一个很好的找人办事的方法吗？

厚黑智慧

人是难免犯错误的，而犯了错误如何对待则又因人而异了。有的人争强好胜，自尊心强，非常看重自己的颜面，即使自己犯了错误，也不愿意公开承认。而厚黑学则认为，这种想法是自欺欺人，事与愿违。表面上看去，这种人脸皮很薄，其实很厚，因为他们想粉饰太平，掩盖错误，逃避责任。与其死要面子不承认错误，还不如"厚"着脸皮坦然承认，这样反而能真正显示出自己的脸皮薄。

人都有同情弱者的心理，看到别人承认错误，总会心软的，再冷酷无情的人也有被感化的时候。承认错误，贬低自己，也就无形中抬高了别人，当人被别人抬高时，就会多一分善意，少一分敌意，这时人们往往会为了谦虚和自尊的需要，对你表现出异常的大方，于是人际交往场合中出现的僵局就会随之改变，看来很难办的事情就会轻而易举地得到解决。

厚结人脉，关系多了好办事

本事大的人，他的吸引力大，能够把他前后左右几个人吸引来成为一个团体，成为团体以后，由于合力作用，其吸引力更大，又向外面吸引，越吸引越大，其势力就遍于天下。

当我们在办事遇到不顺或者是四处碰壁的时候，常常萌生这样的想法："如果我能有足够多的朋友，他们一定会尽全力帮我顺利地办好这件事情的。""如果和那位关键人物能够牵扯上什么关系的话，我做起这件事情来也就不至于这么困难重重了。"俗话说：一个篱笆三个桩，一个好汉三个帮。行走社会，求人办事，仅靠一己之力，会显得孤掌难鸣、独力难支。

苏凭是个早年离开家乡出外闯荡的游子，现在异乡成家立业，家庭生活美满。但美中不足的是，苏凭一直为没回家乡而感到遗憾，哪怕在这里能碰上几个老乡也好，思乡之情可见一斑。

恰在这时，同在这个城市的另外几位老乡深感有必要成立一个老乡会，有个老乡会就可以定期聚会，加深感情，有什么事大家以后可多加照应。

苏凭一接到邀请就毫不犹豫地加入其中。他积极筹划、联络老乡，把这个同乡会当成了自己的"家"，并成为"家"中的领导之一。

经过两年的时间，同乡会发展到了有近500人的规模，苏凭也等于多认识了近500人。这些老乡来自各行各业，贫穷富贵，兼容并包，用苏凭自己的话来说："我现在办什么事非常方便，只需一个电话，或打声招呼，我的老乡都会为我帮忙……"

因为苏凭充分认识到了结交老乡的重要性，他才会有了这么大的一个关系网，做起事来才会有那么多的方便。所以，搞好老乡关系是非常重要的，不仅可以多交几个朋友，更重要的是会获得很多帮助，也许一辈子都会受益无穷。

清朝末代的大太监李莲英的发迹，可以说也是受益于人际关系的缘故。

李莲英出身贫苦，个子瘦小，若以当时清朝宫廷太监的标准来衡量，他是根本不够资格的。可一次偶然的机会，李莲英听说在宫廷中有一个太监是他的老乡，并且是同一个村的。于是李莲英大胆地去找了这个老乡。

李莲英当时很穷，没有钱买东西去送礼。他虽然知道这位老乡很重乡情，但怎样才能引起老乡的注意，这是个问题。

终于，他想出了一个办法。一天他瞅准了正当这位老乡出来当值时才去报名，然后用一口地道的家乡话说出了自己的姓名与籍贯。李莲英的这位老乡听了这声音，身体不由得抖了一下，遂抬头看了看眼前的这位小老乡，心里暗暗记了下来。

后来，在这位老乡的帮助下，李莲英做了慈禧太后梳头屋里的太监，以梳得一头好发型深得慈禧宠爱，最后成了慈禧太后面前的大红人。

李莲英只说了几句话，就博取了对方的注意与好感，但要注意的是，这几句话是家乡话、是乡音，而对方也恰巧是同乡人，且又同处异乡，在这种情况下，李莲英轻而易举地争到了一个名额就不足为奇了。

用家乡话做见面礼可以说是独树一帜的，它不需要物质上的东西。在这里，有一点相当重要：运用这种方法的场合最好是在异乡，因为在异乡才会有恋乡情绪，才会"爱乡及人"，这时再来个"他乡遇老乡"，哪有不欣喜之理。对方离乡越久、离乡越远，心中的那种情就越沉、越深。因此，越是这种情况，越要运用乡音这种技巧。熟练运用技巧，我们就会得到老乡所带给自己的种种好处。

人际关系是一种人生资源，有时人际关系决定了我们的一生。在办事中，我们充分利用关系，可以取得事半功倍的效果。

厚黑智慧

现代社会是个竞争的社会，就像一个没有硝烟的战场。在这个看不见硝烟的战场上，如果没有足够丰富的人际关系资源的话，那么你的成功就是很难的。厚黑人士无一不是善用人际关系的高手，他们认为要想自己在短暂的人生中实现心中的梦想，达到目标，就不能孤军奋战，靠个人单打独斗，而要善于借用他人之手为自己办事，为此要广交四海友、诚结八方客，只要对自己有利的人际关系，就尽可能利用，这样才能达到上通下达、左右逢源、呼风唤雨的人生境界，利用一切可以利用的力量帮助自己建功立业、扬名于世。

找准关键人物来办事

求官要钻营，这是众人知道的，但是定义很不容易下，有人说："贡字的定义是有孔必钻。"我说："这错了！只说对一半，有孔才钻，无孔的拿他怎么办？"我下的定义是："有孔必钻，无孔也要钻。有孔要扩而大之，无孔的，取出钻子，新开一孔。"

世上的路有千万条，求人办事，不能只限于当前的条件，而要积极寻找机会，创造条件。厚黑之人都是无孔不入之人，善于钻空子，见缝插针，在求人办事的过程中，不一定非得要找到当事人，而是要善于寻求其他方法，旁敲侧击，在不用自己亲自出面的情况下，让被求之人答应你的要求，达到办事的目的。

历史上，一些人为了实现自己飞黄腾达的野心、升官发财的梦想，行走后门之能事，想尽一切办法寻找各种机会，网罗人为自己办事。

在中国的政治舞台上，后宫是一股不可小视的政治力量，像吕后、武则天、慈禧等对朝廷政治的影响也是不可低估的。可以说，中国历史车轮或前或后的转动，或隐或显，总会发现那些女子的纤纤玉手，有时，她们会对宫廷之事横插一手。所以，有“心计”的厚黑之士，他们会走“夫人路线”，将目标放在这些关键人物——“夫人”们的身上，迂回接近目标，拉近目标，增进彼此间的感情；通过这种方式，既升了官，又发了财。因此，用点“心计”做事，才能将事情办得圆满。

唐朝玄宗时期著名奸相杨国忠，本是市井中一个无赖小混混，日日狂嫖乱赌，打架斗殴，没钱的时候就到处小偷小摸或者借钱赖账，显然是一个不成气候的败家之子，当时的杨家地位也很低，年满30岁的杨国忠在家乡无所事事，且仇怨不少，只得不远万里去投奔军伍，想在行伍中混出个名堂，结果两三年也是一无所获，到处漂泊浪迹，日子过得很狼狈。

杨国忠本名杨钊，“国忠”是唐玄宗赐给他的名字，杨国忠本人嫌“钊”字凶气太盛，有“金刀”之恶，易犯嫌疑，于是那位沉溺于女色的皇帝，也就是他的堂妹夫给他赐了一个动听的名字。杨国忠与这位自小分离的堂妹（“再从妹”）搭上关系，是从一个商人鲜于仲通开始的。杨国忠与日后因色相而大红大紫的杨太真（玉环）关系本很疏远，只是她父亲病死时，杨国忠前去帮助料理丧事，而就在伯父丧葬期间，杨国忠还与杨玉环的姐姐即后来的虢国夫人私通，从这件苟且之事上，就可看出，杨家姐妹的德性很不良淑。

鲜于仲通是个亦官亦商的人物，他很有识人的眼光，见杨国忠很是落魄，但人很精明，阅历广，而且诡计多端，或许是为日后多留一条路的缘故，鲜于仲通收留了他，并提拔他为扶风尉（县团级军官）。这时，鲜于仲通的上司剑南节度使章仇兼琼与当朝宰相李林甫闹了矛盾，章仇节度使很害怕，就要部属鲜于仲通想办法，鲜于仲通很快想到了杨国忠，因为这时杨的妹妹已由玄宗的儿媳变成了贵妃，走夫人路线肯定是条捷径，于是杨国忠就成为重要使者，带上价值万缗的宝物特产，前往京师打通关系。

到了长安，杨国忠很顺利就找到了杨氏姐妹，献上礼物，特别是旧日的情人、如今的虢国夫人刚刚新寡，杨国忠马上填上了空缺，两人很快如胶似漆起来。有这两位美人的帮助，迅速得到玄宗的宠信，不仅圆满完成了任务，章仇兼琼晋升为京官，当上了户部尚书兼御使大夫，而且自己还当上了金吾兵曹军，成为皇帝的近侍，杨国忠从此平步青云。

一个沦落蜀地的无赖、赌徒，不曾想因为一个远房的妹妹成了贵妃，而身价倍增，成为蜀地最高长官巴结的对象，而他自己也由此青云而上，一直进入最高权力的中心，成为皇帝的“左右”，而为更多的人所媚事。

许多求人者为了把一件事办成，并且保证十拿九稳，便多方奔走，求了这个，又求那个，见佛就拜，其实是犯了求人之忌。因为：第一，当你把事情拜托一个人后，再去求别人，等于是对前面的人不信任，最起码也是没有信心的表现。第二，人多嘴杂，多方神仙一旦碰头，说法不一，办事方法不一，容易出岔子，搞不好反倒会把事情搞砸。由此可见，对于同一件事，求人不能太多，不能东张西望，要认准一条路，抱准一棵树，坚持到底。

有一位退休师傅，儿子跟人吵架，一气之下动了手，把人打得挂了花，闯下了大祸，被关进了临时拘留所，等待着他的将是法律的制裁。老师傅就这么一个儿子，视同心肝宝贝，见儿子蹲了班房，又气又急，直拿脑袋撞墙，饭吃不下，觉睡不着，简直感到整个世界都崩塌了。加上老伴儿整天以泪洗面，更使他觉得没了活路。

这时，有人给老师傅出主意：别这么死心眼儿了。当今社会都是人求人，有关系，什么事都能通融。你这么成天闷在家里也不是办法，为儿子着想，得赶紧出去“活动活动”呀！老师傅听了眼前一亮，紧接着头又垂了下去。他这一辈子，老实巴交，小心谨慎过日子，奉公守法，兢兢业业，从来信奉“万事不求人”，也没有什么事值得去求人。除了老婆孩子，其他社会关系一个也没有。求谁呢？

邻居帮他分析情况，说他儿子的事弄不好得判刑，该提早到检察院

"活动"。另一个说，检察院管起诉，最后结果还得看法院如何判，所以该去法院"活动"。还有的说，判归判，只要关系硬，搞个假释，搞保外就医什么的还不是很容易。你们是大单位，领导有来头，面子大，求他出面作担保，把人保出来也行。

又有人说，市场上有个卖肉的某某，跟公安局某科长是连襟，可以求他高抬贵手，大事化小，小事化了，放人算了。甚至有人竟然出了这么个主意：牢房的滋味儿可不好受，听说某某的亲戚在看守所当管教，你得赶紧去他家打点打点，到时候省得儿子在里面遭罪……

邻居们七嘴八舌，主意出了一火车，把老师傅搞得晕头转向。人家都是一片好心，老师傅不能不听。于是，他横下一条心，豁出一张老脸，就求人这一回吧！与老伴儿商量了一整夜，第二天，开始马不停蹄地奔走，今天跑东家，明天串西家，每天累得东倒西歪地回来。

邻居们给他指的路子，他几乎都跑遍了，甚至街道办事处、居委会也走了不止一趟，逢人便递烟、流泪、送礼、诉说……人们听了案情，都觉得老师傅挺可怜，他儿子挺冤枉，一边陪他叹气，一边说愿意想办法帮忙。总共算起来，老师傅求人求了十几家，他一天天地"跑"，一天天地等。可儿子就是出不来。一转眼，半个月过去了。

有一天，儿子自己回家来了。一家人喜出望外，感谢老天爷开眼，热心人帮忙。可他们哪里想到，儿子的罪过根本没那么严重，属治安问题，行政拘留15天，赔些医药费，事情也就完了。痛定思痛，老师傅心中很不是滋味儿，一想到当初求人的情形，禁不住感慨万千。谁都不知道，为了求人说情，放儿子一马，他给人下跪了好几次呢！

知情人说，在这件事上，谁也没帮老师傅的忙。

在生活中，我们经常听到有人感叹道：办事难，事难办。这其中的关键就是没有充分了解事情的情况，没有找对办事的方法，没有找到办事的关键人物，而致使我们办事时步履蹒跚、有如登天。办事是人生智慧的一种体现，要想获得成功，就要摸清情况，四处钻营，见缝插针，寻找那些有助于解决事情的关键人物，想方设法让他们来帮你办事，如此你就能省去许多麻烦，减少许多周折，将自己无法办到的事办成，达到事半功倍的效果。

厚黑智慧

俗话说："朝中有人好做官"，这话虽然未免流于世俗，但也说明了要做大事办大事需要良好的人际关系作为支撑这样一个道理。有时正是因为你不知道从哪里找到可以解决问题的突破口，不知道找谁好，才造成"办事难"的局面。会办事，事半功倍；不会办事，事倍功半。你如果掌握了办事的技巧和方法，办起事来就会顺风顺水。厚黑学指出，在我们的人脉关系发展中，总会有那么一些"关键人物"能够帮助你解决燃眉之急，能够解决靠你自身的能力无法办到的事情。因此，你应该牢牢"盯准"这些关键人物，花费精力将他们作为重点攻克的对象，采用最灵活最巧妙的方法，有空必钻，无孔不入，见缝插针，果断出手，这样肯定就能把事情办好，而且往往会收到意想不到的效果。

最高境界：让别人来求你

威尔逊提出"民族自决"的主张，这与他本国的立场是矛盾的。日本人是精研厚黑学的，看穿威尔逊有这个弱点，就在和会上提出"人种平等"的提案，朝着他的弱点攻击，那意思分明是"你会唱高调，那我唱个高调比你更高"。

春秋时期的吕不韦就是一位善于利用手中所拥有的"王牌"的高手。

吕不韦是阳翟（今河南禹县）的大商人，靠来往贩卖货物成为富豪，他积累了上千金家产。

秦昭王四十年（公元前267年），太子死。四十二年（公元前265年），立秦昭王的次子安国君为太子。安国君有一位十分宠幸的姬妾，被立为正房，尊称为华阳夫人，但华阳夫人没有儿子。安国君有二十多个儿子。有一个排行居中的儿子，名叫子楚。子楚的生母叫夏姬，并不受宠。子楚被作为秦国的人质送往赵国。由于秦国多次进攻赵国，子楚也得不到赵国的尊重。

子楚在赵国的生活并不优越，车驾、费用都不富裕，生活处境困窘，颇不得意。

吕不韦在邯郸做生意时见到子楚，很可怜他，说："这是珍奇的货物，可以囤积起来以待高价。"于是，前去求见子楚，对他说："我能打开你的成功之门！"子楚笑着说道："你打开自己的门吧，却说什么打开我的成功之门！"

吕不韦说："你不知道，我的门之打开，有待于你的门打开。"子楚心中明白他说的意思，便拉他坐下来密谈。

吕不韦说："秦王老了，安国君被立为太子，听说安国君宠幸华阳夫人，华阳夫人无子，能立嫡出的继承人的，只有华阳夫人。现在你们兄弟二十多人，你排行居中，又不受宠爱，长期被派往诸侯作人质。即使大王薨了，安国君被立为王，你也没有希望与其他在国内的兄弟们争夺太子。"

子楚道："正是这样，可怎么办呢？"

吕不韦说："你很穷，客居于此地，没有什么东西拿出来献给亲友结交宾客，我虽不富裕，愿用千金帮助你西游秦国，侍奉安国君和华阳夫人，说服他们立你为继承人。"

子楚于是叩头道："果真像你策划的那样，愿意与君共享秦国。"

吕不韦于是将五百金给子楚作费用，让他结交宾客；再用五百金购买珍贵奇异的赏玩物品，自己带着它们入西秦，求见华阳夫人的姐姐，把赏玩之物全部献给了华阳夫人。趁机说子楚有德行才智，结交的诸侯宾客遍及全国，常说："我是以夫人为天（至高的尊称）的，日夜哭泣着思念太子和夫人。"华阳夫人听说有这么个孝子，非常高兴，吕不韦趁机叫她的姐姐劝夫人道："我听说，以姿色伺侍别人，容颜一旦减弱，宠幸也就减弱了。现在夫人受太子的宠爱，但没有儿子，不如早日决定，自诸子中选一贤孝的，举一人为嫡嗣，作为自己的养子，丈夫活着时受到尊重，丈夫死后，自己的养子为王，也不会失去权势。这就是所说的一言而获万事之利呀！不在盛年时立下根基，等容颜减弱，不受宠时，虽想说句话，办得到吗？现在子楚有德行，而自己排行居中，按次序不能立为嫡嗣，他生母又得不到宠幸，自愿依附于您，您如真的在这个时候举立子楚为嫡嗣，您便一生都宠于秦国了。”华阳夫人认为她说得很对，趁安国君闲暇时，慢慢提起被送往赵国作人质的儿子子楚颇有德行，来往的人都赞扬他，接着又流泪哭道：“我有幸得宠后宫，不幸无子，愿得子楚立为嫡嗣，以托庇妾身。”安国君答应了他的要求，就刻了一个玉符，以为凭证，立约以子楚为嫡嗣。安国君和华阳夫人馈赠子楚丰厚的财物，请吕不韦教导他。自此，子楚在诸侯国的声誉就大起来。

吕不韦又在邯郸选了一个美女和他同居，知道她已有身孕后，就请子楚来饮酒，子楚见了这个美女，一下子爱上了她，于是起身为吕不韦敬酒，要求将这个美女赏给他。吕不韦装出非常生气的样子，但最后还是忍痛割爱，把这个美女给了子楚，美女隐瞒了自己已有身孕的事实，后来生下一个男孩，这个男孩就是嬴政，也就是后来的秦始皇。

秦昭王五十六年（公元前251年），秦昭王死，太子安国君立为王，华阳夫人为王后，子楚为太子。赵国把子楚及其夫人和儿子送回秦国。

安国君只当了一年国王就死了，于是，太子子楚继承王位，华阳后被封为华阳太后，庄襄王元年（公元前249年），以吕不韦为丞相，封文信侯，受纳河南洛阳十万户的采邑。

吕不韦利用手中的奇货，使自己有了显赫的地位，得到了丰厚的回报。这是做人、做事的高明之举。利用奇货助自己一臂之力，成就辉煌的事情，在我们的邻国日本也发生过。

日本的伊那镇地处荒僻一角，风景平淡无奇，当地政府却希望它变成“奇货”。当地政府想让人们来到这个荒僻的地方旅游。首先，他们派了一队人马四处了解民风民俗。经过几个月的折腾，好不容易收集到了一个民间故事——古代一位侠客勘太郎的神奇经历。尽管这只是子虚乌有的神话，但主管部门却不管那么多，由这一点开始，他们做了大量的工作。

没过多久，伊那火车站广场上奇迹般树起了一座勘太郎的铜像；书店里突然冒出了许多描写勘太郎除强助弱、侠骨仁心的神奇传说的图书；卖旅游品的商店里关于勘太郎的木雕、勘太郎腰带、勘太郎兵器等新玩意儿层出不穷，甚至民间也开始到处传播赞颂勘太郎的歌曲。勘太郎一下子成了家喻户晓的大英雄。顺理成章，勘太郎的“诞生地”伊那镇自然成了英雄圣地，成了闻名遐迩的观光胜地。无中生有，点石成金，平淡无奇的地方却成了财源滚滚的风水宝地，成为当地政府的可居“奇货”。

当然这是比较冒险的，也许有一天被人发现受骗上当了，到最后可能偷鸡不成反蚀把米，所以你也可以加工一个真的“奇货”，也就是制造机会，去做一些抬高自己身价的事情，或掌握一些对方感兴趣的“资源”。

厚黑智慧

俗话说：打铁还要自身硬，自身条件过硬，别人可能有求于你，求人办事时就有了讨价还价的条件。厚黑学认为，求人办事时，你要想让对方答应你的请求，就得有吸引对方的地方，并以此作为交换的条件。也就是说，你的手中要有“王牌”，并且，这张“王牌”一定是对方手里没有的。

·第七章·

商战厚黑学，战场论英雄

在当今这个竞争日益激烈的市场经济时代，想要在商场上干出一番成就，在复杂的商战中永远立于不败之地，仅靠单打独斗是行不通的。俗话说："就算浑身是铁，又能打几颗钉？"商战厚黑学认为，要在商场中持久地立足发展下去，必须开动脑筋，打开思路，学会借力。"会借别人的手帮自己干活，就等于自己在干活"。无论是你的顾客，或是你的竞争对手，或是根本不曾相识的人，无论是事件、产品、故事、传说、影视作品、社会潮流等，只要你会"借"，能够使对方心甘情愿地帮你做事，能够使被借的事物产生影响，做到"毕其智为己所用"，"穷其物为己所用"，就一定能够创造出对自己有利的经营态势，心想事成，赚得盆满钵溢。

商场如战场，英豪须厚黑

刘邦天资已经很高，学历又深，把流俗的君臣、父子、兄弟、夫妇、朋友这五种人伦关系全部打破，又把礼义廉耻扫除干净，所以才能够荡平群雄，统一海内。

商场如战场，弱肉强食、强者为王是不变的法则。商场上兵家林立，诸侯割据，每天都在上演一场场弱肉强食的血腥战争。商业经营的一个前提是，利益第一。没有利益，商业经营也就失去了意义，难以继续进行下去，最终必然会走向失败。而要获取利益，就必须从市场这块大蛋糕中抢夺更大的份额。能否争得更大的份额，则要看你有没有这样的能力。能力不如别人强，就会在激烈的战斗中处于劣势，只能从大蛋糕中抢得较小的一块，甚至空手而归。因此，要想在商战中赢得胜利，就必须提高自己的竞争力，削弱竞争对手的力量，蚕食竞争对手的地盘，从市场上抢占更多的份额，为自己建立起强大的势力范围。

商场争霸，是一场没有硝烟、没有刀光剑影、没有枪林弹雨的战争，胜者为王，败者为寇。在商战中，有时需要当狠则狠的勇气，以厚制厚，以黑克黑，而不能存妇人之心，对对手讲仁义，行退让。如果你容忍对手的侵犯和进攻，对手一旦得逞，很容易得寸进尺，不断地向你进攻，最终置你于死地。因此你必须采取强硬措施，眼明手快，先人一步，才能化险为夷，克敌制胜。

比尔·盖茨和他所在的微软公司向来以残酷竞争而闻名于世。今天，在同行业中，盖茨仍以残酷无情和不择手段的竞争而出名。在无数次与小公司合作的过程中，只要发现他们的创意确实有价值，他就会把别人的成果改头换面为微软的产品。

早在20世纪80年代末，视窗1.0版的推出使盖茨长舒了一口气，但与IBM的合作关系产生了危机。当英特尔推出了80286芯片时，IBM便开始设计基于其上的PC/AT。盖茨希望IBM公司能够基于英特尔的下一代芯片80386来推出自己的新产品，但IBM置之不理。

此时，PC/AT虽仍以FAMS-DOS3.0版作运行环境，但IBM与微软公司双方一致同意开发DOS的扩展版本DOS/2。盖茨主张用不久后的80386芯片为运行基础，希望有更好的图形用户界面；但IBM强调新操作系统必须为80286芯片工作，OS/2必须适应这种注定要被淘汰的芯片。盖茨不愿与IBM撕破脸皮，不动声色地派出人员参与OS/2。1986年起，他开始暗中减少参与人员，而加强视窗2.0版的开发。

这时，康柏公司率先推出了80386微机，不久苹果推出麦金塔机，以其卓越的图形用户界面又对IBM当头棒喝。IBM这才意识盖茨的劝告多么重要。IBM负责人劳思对盖茨说，IBM也希望OS/2在386芯片上运行。这意味着MS-DOS要退出IBMPC领域，精明的盖茨竟答应了！

虽OS/2的推出将威胁到微软的系统软件市场，但未等OS/2来淘汰MS—DOS，盖茨自己将开发新东西来淘汰它。到1987年，OS/2项目的前景更加不妙，加之视窗1.0版市场反应一般，许多人认为视窗已死定了。盖茨坚持视窗第一、IMB第二的原则，于1987年10月推出视窗2.0版和视窗386版。

兼容机厂商康柏和惠普等公司因不满IBM，立即宣布支持微软视窗2.0版。尽管IBM的新操作系统并不逊色，但当它推出时，视窗已占有相当大的市场。OS/2的定价太高，又无足够的应用软件来支持，要驱逐DOS谈何容易。微软开发视窗的商业前景显而易见，DOS仍占据66%的市场，而视窗将在DOS下运行。商业利润如此之大，使盖茨敢于承担与IBM全面破裂的风险。盖茨把宝押在视窗3.0版上。1990年5月22日，视窗3.0版问世，从此IBM个人电脑及其兼容机开始进入一个新纪元。3.0版当年即被评为最佳软件。微软的巨大投入获得了巨大的回报。

商业竞争不相信眼泪，市场争斗不同情弱者。在这个竞争越来越激烈的世界里，也许昨天的你还在商界叱咤风云、风光无限，但是一步不慎就能让你在明天败走麦城、退居幕后。

曾经有一段时间，在伍达德的努力下，随着世界航空业的逐步复苏，波音迎来了新的发展高峰。然而，天有不测风云，在波音最灿烂的时候，欧洲四大工业化国家英国、法国、德国及西班牙共同组建了空中客车公司，该公司生产的A300系列空中客车占领了相当大的世界市场份额，对波音公司的霸主地位构成了巨大挑战。

1997年，波音公司与航空业的另一巨头麦道公司冲破了美国国内《反垄断法》和欧盟的阻挠，实现了航空业的“世纪合并”。理论上，新公司在全球飞机市场上所占份额达到了77%，这一空前的垄断优势使所有的人都认为，这艘新的航空巨舰将成为这一行业的“巨无霸”，稳坐头把交椅，甚至可能挤垮唯一的竞争对手——空中客车集团。然而，出乎人们的意料，一年后的波音公司手中的订单首次被其最大的竞争对手——欧洲空中客车集团超过。

根据1998年8月公布的年报，1997年财政年度波音出现了50年来的第一次赤字，亏损额高达1.78亿美元，1998年第一季度，利润额再次下降了90%。这种糟糕的状况在股市上的反映一览无余，波音公司的股票在一年中下跌了26%。要知道，无数专家指出，“航空业现在是传统工业中的最后一个增长行业”，在一片大好形势下，波音却像那号称“永不沉没的泰坦尼克号”，在首航中即遭遇冰山。

伍达德作为波音商用飞机集团的总裁，自然难辞其咎。但是客观分析原因，生产能力的不足、行业管理者出乎意料的要求等问题，并非一人之力就可扭转。

虽然很多行家包括伍达德都预测到世界飞机市场将繁荣起来，但谁也没料到高潮会到来得如此之快。波音的订单曾一度令人兴奋地由1994年的124架跃升到1996年创纪录的754架，但是，供不应求的欣喜，很快变成了苦恼。

在20世纪90年代初，美国经济和世界航空业萧条时期，波音削减了大量的员工和部分承包商，以减少中间环节，降低成本，提高竞争力。可是现在情况一下子变了，波音始料不及，熟练的员工被解雇了，再也招不回来。承包商也难以适应，缺乏零部件的飞机只能躺在生产线上干着急。而新征召的员工不仅工作速度慢，还极易出错。波音推出的“波音NG777S”很被市场看好，但生产质量有问题，1998年7月初，由于两架欧洲公司的此型号的客机在飞行中发生了发动机突然熄火的故障，美国联邦航空局命令美国航空公司更换这种飞机的动力系统；有的交付使用的飞机洗手间里忘了安装电灯。这给产量好不容易刚刚在六月份达到了历史最高纪录的波音当头泼了一盆凉水。

面对波音出现的种种情况，许多忠实的老客户纷纷另找在交货上更有保证的空中客车集团订货。英国航空公司刚刚与空中客车签订了一笔384亿美元的订单，而7月初，已经答应购买波音400架飞机的美国航空公司又退购30架。失去客户不说，波音仅赔偿延期的损失费就高达4.37亿美元。

成本也是波音的“瓶颈”。不景气的时候，波音为了与空中客车和当时的麦道争夺客户，不惜以低价格、高回扣打“价格战”。在1995年争夺斯堪的纳维亚航空公司55架飞机的角逐中，波音虽然赢了，也付出了高额代价。不仅付给对方高达38%的回扣，而且形成了一条不成文的规矩，只要是大宗订货，售价可低于标准价至少5%。这种竞争对波音来说就像明摆着前面是冰山，也只能眼睁睁地撞上去。

伍达德当然也了解目前的形势，他已经从降低成本入手，计划把制造成本降低25%。在对“波音777”宽体客机的设计过程中，波音全部采用了计算机，去掉了所有不必要的构图和大模型，并去掉了那些过多的配置选择。为了增加产量，消除内部生产管理结构的混乱，在1997年10月，波音甚至暂停了“波音747”和“波音737”的生产线近一个月。这进一步加剧了延期交货的情况，可是，不这么做又有什么更好的办法呢？

伍达德作为波音这艘巨轮的船长，对于眼前的惨淡局面，导航和驾驶的错误也是很明显的。

伍达德本身是个井然有序的人，他的办公桌一尘不染，喜欢的是巴赫和莫扎特合乎逻辑的音乐，他的谈吐中充满“接近理论上的完美”的工程科学语言。他确实相信世界是理性的，只要有足够多的工具、策划、计算和问题处理，就能克服困难。他看不起他的欧洲对手，认为空中客车不过是靠打折和拉关系取得成功。这使他错误地估计了形势的发展和对手的能力。

在与对手进行“价格战”的同时，他力主开发新产品，并尽可能地把这一切做得更完美，成为“以技术和服务占领市场的另一个成功典范”。但是世界航空业市场的迅速变化，使得他倡导的波音生产方式很不适应。波音赖以自豪的是世界最大的“波音747”客机，波音称之为“6000万个零件在飞机中融为一体的完美结合”。波音为客户们提供的是38种花样的仪表盘和109种白色机身诸如此类的设计，这样过分慷慨的设计耗费了波音大量的生产时间，费时费力，加大了成本，并且一点儿都不招买家喜欢。时间的丧失，就意味着机会和金钱的丧失。但伍达德强烈的自尊和过分的自信使他坚信，只要工人足够、加班加点、合理安排，应付眼前产量的问题不在话下。他虽然也采取措施增加产量，但主要着眼点还是在重新设计基本生产流程上，他试图以这种方法从根本上降低成本，加快制造速度，从而一劳永逸、赢得未来。这种想法，不可谓不对，但他还有足够的时间吗？直到1998年年初，他才充分意识到问题的严重性，转而全力投入增产，可是为时已晚。伍达德终于在他“治本”疗法还没奏效之前，就倒下了。

9月4日，波音集团董事会决定，撤销伍达德的波音商用飞机集团公司总裁的职务，伍达德黯然“下岗”。

商业竞争，弱肉强食，强者生存。商业竞争不同情弱者，不相信眼泪，在残酷而惨烈的竞争中，要想避免被对手打败吞并，就要去除妇人之仁，采取更残酷的手段，对于对手，该消灭的一定要消灭，尤其是在遇到强敌时，要坚决反击，否则后患无穷。

厚黑智慧

商场竞争就是一场非胜即负的利益争夺战，狭路相逢勇者胜，谁的力量大，谁就能战胜对手，成为胜利者；谁能技高一筹，谁就能占据先机，稳坐商场的钓鱼台。在强手如林的商场中，要不被对手打败，免被对手吞并，就要掌强一套克敌制胜的厚黑商战战术，抵抗对手的攻击，并不失时机地向对手发起进攻。如果你心慈手软，对弱者同情，疏于防范，就会贻误大好战机，致使对方羽翼丰满，成为你前进道路上的最大威胁。对对手的姑息和退让，就是对自己的残忍和戕害。先下手为强，后下手遭殃，商战厚黑学认为，在惨烈的商战中，要逢钱必赚，逢利必争，对于前进路上的拦路虎，就必须让自己的脸皮变得更厚一些，让自己的心肠变得更硬一些，对竞争对手痛下杀手，加以消灭和吞并，这样才能使自己在市场上处于强势地位。

厚结人缘，财源广进

老子说："道生一，一生二，二生三，三生万物。"

美国斯坦福研究中心发表的一份调查报告指出：一个人赚的钱，12.5%来自知识，87.5%来自关系。在商业经营中，人际关系在一个人的成就里扮演着重要的角色。商界也常言，"一流人才最注重人缘"，其实这句话的隐含意思是说：最注重人缘的人，才能成为一流的商业人才，才能拥有更多的机遇，创造更多的财富。

人缘是很微妙的东西。我们所生存的社会是一个人际交往的社会，人世间密密麻麻地结着人缘的网，我们每一个人都是这张人缘大网上的一个结，攀缘着网丝可以和许多人拉上关系。假如我们能和这么多人建立起良好的人际关系，使他们成为在自己事业上可以出力帮助的朋友，在生意上可以帮忙照顾你的顾客，那么你的财富之路一定会顺利许多。

俗话说，"广撒网才能多捕鱼"，商战厚黑学明白指出，你的人缘越好，你认识的人越多，你结的人脉网越宽、越广，你就越有赢得财富之神惠顾的机会。你拥有一个宽广而强大的人际关系网，就等于拥有一笔无形的巨大的财产，以此为资本，不论你在商业的哪个领域里经营，都将会开拓出一条康庄大道来。因此，在平时要厚结人缘，与各种各样的人“攀龙附凤”，为自己储存一张数额巨大的人脉存折，在必要的时候发挥其作用。

战国时的著名四公子之一的孟尝君，就是善结人缘的厚黑人际高手。

孟尝君是齐国的宗室大臣，性格豪爽，仗义疏财，“广交天下友，诚邀四海客”，招来许多游士以及犯罪逃亡之人，花费自己的钱财养活他们，在他家吃住的食客经常有几千人，号称“食客三千”，名誉天下。每个人都觉得孟尝君对自己很好，对他感激涕零，内心都想着如何回报他。

因为孟尝君的名气，楚王聘他为相。也不知做了几年，孟尝君又回到了齐国。秦王也听说了他的才能，非要聘请他为秦相，这时候大概齐国也感觉到人才流失的危机了，表示不同意。秦王决定派泾阳君去齐国作人质，换孟尝君到秦国为相。第二年，有人对秦王说孟尝君的坏话，说齐人相秦必定会先齐而后秦，这样是很危险的。于是秦王就把孟尝君抓了起来，任命楼缓为相。

这时候孟尝君养的那么多食客着急了，多年好吃好喝，到了该起作用的时候了！于是有人出了主意去找秦王最宠幸的女人，让她吹一下枕边风，应该管事。好不容易美女答应帮忙了，但是有个条件：要一件纯白的裘皮大衣。这大衣世间稀少，孟尝君倒是有一件，可是早就行贿给秦王了啊。这时候有一个善盗者出现了，也许这位老兄已经混吃混喝很多年了都没有显示身手的机会，不过现在机会是真的来了！这个末流食客终于神气地藐视了那些平时看不起他的人一眼，冒着生命危险去把这件可以救很多人命的大衣偷了出来。美女得到大衣很高兴，也没有食言，在床上枕边没少下功夫，这秦王也是毫无主见，先是听人说孟尝君有才能，就非要高薪聘请；请来了又不相信他把他抓起来；美女一说就同意释放；释放了以后马上就后悔了！于是又派人追赶孟尝君。

孟尝君一行人刚到了城关，还好那时候没有电话，守关人还不知道秦王已经派人追来了，但是天还没亮，按规定是鸡鸣以后才能开关，离天亮还早，追兵就快要来了！这可怎么办啊！于是食客中又有一个善于口技的先生，学了几声鸡叫，效果很好，野鸡家鸡都一起叫了起来，于是城关打开，顺利逃脱。

孟尝君平时广结人缘，在危难关头发挥了作用。所以说，我们在世间的一举一动，所接触的大人物或小人物都很可能变成日后成败的关键因素。在商业活动中，你所认识的每一个人也都有可能对你日后的经营产生重要的影响，因此在平时就要注重结交各色人等，一旦你遇到紧急之事，需要帮忙时，就可以借人之手解己之难了。

约翰是美国一个小镇上专门受理移民的各种事务和案件的律师。通过他的不懈努力，事业做得很成功。可是，天有不测风云，正当约翰的事业如日中天的时候，他错误地决定将所有的资产都投资于股票，并且在一夜之间几乎全部亏尽。更不巧的是，由于美国移民法的修改，职业移民额削减，他的律师事务所也生意惨淡，约翰破产了。

他一下子变得一无所有，正当他为自己的生计发愁的时候，他意外地收到了一位公司总裁寄来的信。信中说他旗下的两家公司随时都欢迎他做终身法人代表，并且愿意把公司30%的股份无偿赠送给他。

约翰无法相信自己的眼睛，天下哪有这样的好事？还是谁在和自己开玩笑？不管怎样，他决定弄个明白。他按照信封上的地址来到了一家装修气派的公司，接待他的是一位中年男人，想必他就是给他写信的那位总裁了。

约翰感到有些困惑，他确信自己并不认识这个总裁。总裁微笑地看着他说："约翰先生，你还认识我吗？"约翰摇摇头。只见总裁从硕大的办公桌抽屉中，拿出一张皱巴巴的5元钱汇票和一个写有约翰名字和地址的名片。约翰看了一眼，那是自己的名片和笔迹，但是他想不起来在什么时间和什么地方与这位先生见过面。

约翰说："很抱歉，先生，我真的记不起来了。"

那位总裁说："13年前我来到美国，准备用身上仅有的5美元去办理工卡。但到办事处之前，我并不知道工卡已经涨到了10美元。当轮到我的时候，办事处快下班了，但当天如果我没有办上工卡，那么我在公司的位置将会被别人顶上，而此时你从身后递过来5美元，当时我让你留下姓名、地址，以便日后把钱奉还，当时你留下了这张名片……”

听他这么一说，约翰似乎也有点印象，他问道：“后来呢？”

“后来？后来我在公司连续申请了两个专利，我就出去自己创办了一家公司，事业发达起来后，本来想加倍地把钱奉还给你，但我到美国之后的工作生活经历了许多的磨难和冷遇，是你这5美元改变了我对生活的态度，我怎么舍得把这5美元汇票轻易地丢掉呢？”

数年前付出的5美元，成了救自己于危难之际的资本。这就是对约翰在别人落难之时伸援手所做的回报。

一个人如果想在关键时刻得到别人的相助，就应在平时广结人缘，多烧香。人生虽然只有短短几十年，但是在这几十年中，人的境遇却是千变万化的，人们常说“三十年河东，三十年河西”，有时你没有意识到，你曾帮助过的人会因为境况变得更好了，日后反而成为你的贵人，给你一定的帮助，使你的命运出现新的转机。

那么，如何“烧香”才能结交到更多的财富路上的贵人呢？下面为你提供一些重要的广结人缘、拓展人脉的技巧。

1. 建立守信用的形象。台湾地区花旗银行商人银行处处长韩蔚廷认为“说到做到”是他最希望自己在别人眼中的样子，也是他一直以来奉行的信念。而也正因为他“绝不过度承诺”，不管是朋友、同事还是客户，都很信任他。

2. 增加自己被利用的价值。打铁还要自身硬，自己有优势，别人自然会向你靠拢，有求于你，这样你的周围就能够聚集一批与你关系不错的人，以此你就可以建立一个广大的人脉网络。

3. 乐于与别人分享。不管是信息、金钱利益或工作机会，懂得分享的人，最终往往可以获得更多。

4. 增加自己曝光的渠道。EMBA、旅游团、健身俱乐部等团体，都是把自己推销给别人的好渠道，也是可以建立自己形象的机会。

5. 自我推销。例如善用名片管理法，就是一个妙招。法国亿而富机油前总裁，每年总要立下志愿，与1000个人交换名片，跟其中的200人联络，并跟其中的50人成为朋友。

6．珍惜每一个帮助别人的机会。有人这么描述胡雪岩，“胡雪岩倒霉时，不会找朋友的麻烦；他得意了，一定会照应朋友”。“得道多助”虽然是老生常谈，但台湾地区花旗银行副总裁程耀辉却一直秉持这个信念，不管往来的人职位高低，他总是尽量帮助别人，所以大家总是知道：“有事找他就对了”，这就是程耀辉人脉竞争力突出的地方。

有道是，“千里难寻是朋友，朋友多了路好走”，“自己走百步，不如贵人扶一步”，现代社会是提倡合作的社会，完全靠个人单打单斗是很难取得成功的。常常有人抱怨，自己想创一番事业，却缺乏必要的资金力量，缺少成功需要的一切条件。其实，庞大的资源往往就在身边，那就是无数的“人”，只要善于打理、培植你的人缘，平时结交各方面的人物，就能聚集人气，拥有一笔无形的财富，有了这样的资源，何愁缺乏资金、技术、渠道，何愁大事不成？商界的巨擘富豪们，都是“厚黑”人脉大师，有些固然是天赋异禀可恃才傲物之辈，但更多的还是朋友遍天下、行走可借力的人。

厚黑智慧

商战厚黑学认为，你可以没有聪明的头脑，可以没有富爸爸，可以没有可减少奋斗二十年的终身伴侣，但你不能没有人缘，不懂得人情学。只要平时多烧几炷“香”，厚结人缘，聚拢人气，一样可以一飞冲天、一鸣惊人，借助人脉的力量撬起自己的财富人生。

诚信为本，厚道乃赚钱良方

厚黑二字，是从一“私”字生出来的，不能说它是好，也不能说它是坏，这就是我那个同学朋友谢绶青跋《厚黑学》所说的：“如利刃然，用以诛盗贼则善，用以屠良民则恶，善与恶何关于刃，故而用厚黑以为善则为善人，用厚黑以为恶，则为恶人……”

提起经商做生意，人们就会想起那句妇孺皆知的话：“无商不奸”，似乎做商人就得要奸诈些，精明些，而厚道为人则生意难做，无法赚钱。于是有众多商人尽其巧取豪夺、坑蒙拐骗之能事，大打招牌，抬高价格；偷梁换柱，以次充好；上屋抽梯，过河拆桥；拒绝认错，推卸责任，置信义道德于不顾，认为经商的目的就是赚钱，只要能赚钱，欺骗又何妨。

商战厚黑学指出，商业经营中采取一些必要的夸大其词的做法是正当的、无可非议的，但要有个底线，这个底线，对于顾客来说，就是不损害他们的利益；对于自身来说，就是不违背做人的道德；对于社会来说，就是不触犯法律制度。做生意第一要诀就是要诚实厚道，只有真诚待人，厚道经商，才能做成大生意，弄虚作假，只能是一锤子买卖，终究是要弄巧成拙、惨遭失败的。以诚相待，取信于人，是做人的根本，也是经商的保证。生意上，一言九鼎可换来商机无限，经营中，言出必践可赢得善财无限。所谓以心换心，以诚换诚，精诚所至金石为开，说的就是这个道理。

晋商中，有个大户叫李氏家族。李氏家族从第八代李永山开始继承祖先农耕传家遗风，以小手工业为主，连续几代艰难谋生艰苦创业，治家勤俭精于理财，奠定了经商的原始基础。1805年第十三代李文炳出生。1821年，16岁的李文炳就开始赶集会摆卖土布，开始了他的商业生涯。

1823年李文炳得到消息，陕北靠宁夏、内蒙古、甘肃一带的三边（靖边、安边、定边），因土地贫瘠气候寒冷，不能种植棉花，大多数人衣着破烂不堪，几口人合盖一床破棉被，对土布的需求量甚大，价钱比当地高出好几倍。李文炳决定用自己摆摊赚到的积蓄收购土布，组织马帮向“三边”跑去。由于李文炳为人厚道，经商中以诚信为本，所以经营土布顺利，手中便有不少积累。1827年，为了进一步扩大生意，李文炳带着弟弟李文蔚、李文阶开始在“三边”设立庄点，生意越干越大。1830年后，李文炳将生意同弟弟分开，好干的两个商店生意让给两位弟弟，难做的生意留给自己，并背负部分债务。李文炳因忙于家务偿还债务，生意从此不景气了。李文蔚、李文阶兄弟两人则如鱼得水，开始在阎景村成立了“敬信义”商号，从商贩转为坐商，以“信、义、诚、恭、谦、和”为经营理念。由于义字当先，用人得当，货真价实，童叟无欺，赢得了社会上的广泛赞誉。

1852年“敬信义”的分号逐步发展到西安、平凉、兰州。到1862年发展到西宁、银川一带，沿路都有店铺，经营的商品项目有食盐、酱菜、日杂百货、皮货、绸缎、京货、药材、布匹、茶叶、酒类、糕点、票号等等。“敬信义”商号规定每三年结算分红一次，在三年的总收入中扣除股金总额和“财神股”外，余额按股份多少分给股东和人力股。由于有人力股的出现，就提高了经营者的积极性，巩固了商业骨干的稳定性。

1865年前后，“敬信义”商号按三年一分红的规定，股东按一子一份，所分红利，又各自发展自己的商号。李文蔚的经商生意主要向解州、西安、平凉、兰州、银川、西宁一带发展，后又发展到上海、天津、武汉等地。天津有“敬盛永”商号，武汉、上海设常年庄点。银川有“敬义泰”商号，后发展为宁夏八大商号之首，资产达60余万元（银圆）。

从1862年到1937年的多半个世纪，是李氏家族经商的鼎盛时期，总资产达数百万元（银圆）。李文蔚、李文阶不仅在总号中入股经商，还各有自己的商号。李文蔚创建“敬义泰”，李文阶创建闫景村的“长寿东”以川广药材杂货为主，“公生明”“长恒东”“长丰东”以收购棉花为主，绛州钱庄以汇兑为主，襄汾的“恒记药店”和粮店在当时也享有盛名。

李氏家族经商生意之所以兴隆昌盛，其主要原因是宽厚诚实，信义为先。

经商做生意，就要与人打交道，与各种各样的人打交道。这些人，有你认识的，但大部分是你不认识的。不管是否认识，都要真诚相待，表现出自己负责的一面，这样才能发展良好的关系，关系有了，生意就好做了。

李嘉诚深受儒家道德思想的影响，注意培养自己真诚、负责、善良的品性。他说：“无论是作为一个人，还是作为一个商者，道德始终是第一位的。我能有今天的成绩，都是一种个人道德乃至社会道德规范的结果。”

年少的时候，李嘉诚曾经在茶楼里当伙计。有一次，他给客人倒水时，不小心洒到茶客的裤脚上。这可是一种严重的失职行为，李嘉诚吓坏了，木桩似的站在那里，不知所措。在那个时代，茶客是茶楼的衣食父母，是堂倌侍候的大爷，如果遇到挑剔的茶客，堂倌会有丢掉饭碗的危险。

关键时刻，老板跑了过来，他正准备责骂李嘉诚，却被这位茶客拦住了：“是我不小心碰了他，不能怪这位小师傅。”茶客一味给李嘉诚开脱，老板就不好意思批评李嘉诚了，于是不停地向茶客道歉。本来做好准备要接受责骂了，却得到了宽容，李嘉诚回想刚刚发生的事，有一种莫名的感动，不停地感念那位茶客的善心。

事后，老板对李嘉诚说：“我知道是你把水淋了客人的裤脚，以后做事千万要小心。万一有什么错失，要赶快向客人赔礼，说不准就能大事化了。今天这位客人心善，所以你才免了一劫。”

回到家里，李嘉诚把这件事告诉了母亲。母亲听完，语重心长地说：“菩萨保佑，客人和老板都是好人。你要记住，种瓜得瓜，种豆得豆，积善必有善报，作恶必有恶报。以后做任何事情，都要待人诚恳一些，心里多一些善念，会有好的回报。”

李嘉诚牢记母亲的教导，把那位茶客的善心和善举铭刻在心，一方面作为自己行动的榜样，另一方面梦想着有朝一日找到这位好心的茶客，为他养老送终。后来，李嘉诚步入商场，无论遭遇困难，还是生意发达，他都保持着心中那一份善念，在与人交往中真诚相待，遇到事情敢于负责。这样一来，别人都对李嘉诚另眼相看，愿意跟他交往、合作，甚至主动提供帮助。李嘉诚在商场上春风得意，生意越做越大，与这一点有很大关系。

可以说，诚信和道德是一个人经商的基石，信誉和形象是企业经营的根本。古今中外的知名企业家，无不强调信誉第一，忠诚为上，把“信”作为立身之本。只要答应过的事情，就要“言必信，行必果”，所谓“季布一诺”，就是因为他普遍赢得了人们的信任，这为他施展各种谋略奠定了基础。“以诚取信”，首先要取得广大消费者的信任。在买方市场形势下，一个企业要生存和发展，要争取广大消费者，赢得他们的信赖，就必须做到诚实守信。

战国时期，商鞅实行变法。为了取信于民，他先做了件立信的事。一天。他指着南门的一根三丈长的木杆说，谁能把它搬到北门，赏给十金。很多人不信，认为这根木头连小孩儿都扛得动，哪用得了十金？商鞅又说：有能扛去者，赏五十金。这时有人抱着试试看的心理，把木头扛到了北门。商鞅果然赏给此人五十金。这时老百姓才相信了，说：“商鞅是一个守信用的人。”这时他再推行变法，秦人皆信，变法很快推行开了。

综观现代商业市场，信誉之战已成为企业生存的关键，取信于民成为企业发展的重要手段，“凡是应承的，都要做到”。这是作为当代商人所必须做到的。

1968年，日本商人藤田田曾接受了美国油料公司订制餐具300万个刀与叉的合同。交货日期为9月1日，在芝加哥交货，要做到这一点就必须在8月1日从横滨出货。

藤田田组织了几家工厂生产这批刀叉，由于他们一再误工，预计到8月27日只能空运交货。藤田田就租用泛美航空公司的波音707货运机空运，交了3万美元（合日元1000万元）空运费，货物及时运到。虽然损失极大，但赢得了客户的信任，维持了良好的合作关系，并保证了信誉。

像藤田田这样的著名企业家，将信誉看成企业的唯一生命，为了维护信誉而自甘损失，这样的举动实在是令人感到钦佩。

有的企业为了眼前利益，大量制造、倾销低次产品，把自己很响的牌子砸了，这无异于杀鸡取卵，只有愚人才这样做。

厚黑智慧

虽然说商场如战场，精明、老练、会算计，才能获利，但是，这一切都是以诚实做人、厚道做事为前提的。“厚道”不是“呆头呆脑”，不是“僵化愚钝”，而是在明确各种利害关系后，能够与人为善，尊重顾客，从而广开财路。反之，认为自己比别人聪明，认为其他人都是智力障碍者，只能“聪明反被聪明误”，到头来一场空。

“民以食为天，商以信为本”，古往今来，“诚信”一向被中国人视为修身之本，是待人处世的道德规范。儒家思想强调“民无信不立”，宣扬“货真价实，童叟无欺”，要求商人要“笃实至诚”。商战厚黑学认为，商品经济越发达，商业精神越旺盛，就越是要恪守信用，“无商不奸”这句话并不能反映商业的本质，也不适应市场经济的根本要求。其实，商的本质是信，而不是奸。成功的企业家都清醒地认识到：唯诚与信，才会给自己、给企业带来较高的信誉和持久的利润。

瞒天过海，巧手转乾坤

比如商场：最初的商人，尽都是货真价实，忽然有一个卖假货的掺杂其间，这人必定大赚一笔。大家见了，争着互相效仿，全市都是假货，独有一家货真价实，那么购者云集，这个人又该大赚一笔钱。

商场上，有时为了达到自己的目的，商家常常要借助一些欺骗的手段，制造一些虚假的现象，来骗取对方的信任，来赚取更大的利益。瞒天过海就是其中用得最多的方法。瞒天过海本指光天化日之下不让天知道就过了大海，形容极大的欺骗和谎言，什么样的欺骗手段都使得出来。说白了，就是故意一而再、再而三地用伪装的手段迷惑、欺骗对方，使对方放松戒备，然后突然行动，从而达到取胜的目的。

历史上，一些军事将领就非常善于利用这一计谋来打败敌人，赢得战争的胜利。

三国末年，蜀吴势衰，魏国越来越强大。随着蜀国五虎将相继逝去，丞相诸葛亮操劳而终，一时间蜀中无大将的局面使得原本在三国中就很弱小的蜀更显得捉襟见肘。于是，魏国在发动兼并战争时的第一个牺牲品也就是蜀。

魏派钟会、邓艾为主将，卫瓘为监军兴兵伐蜀。面对魏军强大的攻势，蜀简直没有招架之力，很快，刘蜀败亡，蜀中落入曹魏之手。钟会和邓艾因此立下大功。但是两个人互相猜忌，都认为对方有抢功之嫌。最后，钟会向曹魏朝廷告发邓艾有占据蜀中自立为王的野心。钟会的谋士也劝他趁这个机会，扳倒邓艾，杀掉卫瓘，就可以安心地独占蜀中，成就一番乱世英雄的霸业。早就看邓艾很不顺眼的钟会，不禁心中蠢蠢欲动，开始紧锣密鼓地筹备反叛。

钟会盘算他如果向朝廷揭发，朝廷势必会暗中命令监军卫瓘进行调查。只要卫瓘杀了邓艾，他就可以再给卫瓘罗织罪名，直接除掉这个强大的对手。钟会知道卫瓘已经接到了朝廷密令，就跑来见卫瓘，话语中旁敲侧击告诉卫瓘：邓艾谋反早是事实，如果卫瓘一味偏袒，就是对司马大将军的不忠，理应和反贼同罪。这时，刚才还对朝廷密令用意十分疑惑的卫瓘立即明白了这一切只是钟会设下的局。对眼前局势心知肚明的卫瓘，虽然知道这时擒杀邓艾只会于己不利，但是，如果立刻拒绝钟会的要求，肯定会遭毒手。毕竟山高皇帝远，自己眼下只是一个没有太多兵权的监军，如果没有朝廷的指令，自己在这里什么都做不了。倒不如先答应下来捉拿邓艾，只要不引起邓艾手下将士的怀疑，要比拒绝钟会更安全些。只要能活着回到京师，就还有机会向司马大将军告发钟会的种种劣行。于是，卫瓘就表面上对钟会唯唯诺诺，表示会服从朝廷的命令，还和钟会约定第二天一早就捉拿邓艾父子，希望钟会出兵协助。钟会以为卫瓘不明就里已经上钩，不禁心里大喜。他连连应承，一面命人加强对卫瓘的监视，一面调动手下准备将邓艾一党一网打尽。

第二天凌晨，卫瓘以司马大将军手谕号令全军，说邓艾谋反，凡悬崖勒马站在官军一边的，就可以加官晋爵；要是执迷不悟仍要和邓艾为伍者，就与邓艾同罪，诛三族。这样，邓艾的将士纷纷离开邓艾的军营，与卫瓘合兵一处。而邓艾父子还在睡梦中就稀里糊涂地被抓了起来。钟会见邓艾父子已经被囚禁，就紧接着将他不信任的将领也全部关押起来，把兵权集中在自己手里。然后，他利刃相加，威逼卫罐下手杀了邓艾父子和那些不听话的将领。卫瓘知道，钟会是铁了心要举旗造反了，于是他一面假意应承，借口这几天为邓艾的事情操劳过度，身体很差，实在需要休养几天，等他身体稍好立即着手办理，一面想办法通知那些尚有实权的将军们钟会即将造反的实情。

但是，钟会对卫瓘监视严密，卫瓘根本没机会通知那些将军。为了放松钟会的警惕，卫瓘大喝盐水。吐得昏天黑地，他本来身体就虚弱，这样一来，更是精神涣散就像突发大病一样。钟会虽然疑心卫瓘只是在拖延时间，可是他派去的亲信和医生都认为卫瓘的确是身体不适，没发现丝毫的破绽。钟会终于相信卫瓘果然是病势严重了，就不那么顾忌卫瓘，而更加肆无忌惮起来。

卫瓘一见时机成熟，就赶紧联络诸军，告知钟会谋反的消息，要求各军将领于次日清晨发兵围攻钟会。就这样，钟会还在为自己即将成为蜀中之王沾沾自喜的时候，就被卫瓘带兵剿灭了。

卫瓘能够在钟会的威胁下全身而退，继而抓准时机将其一举歼灭，不能不说得益于他谋略和智慧的灵活运用。面对早已经谋划在心、杀机毕露的对手，他审时度势，随机而变，首先要做到的是思虑周详，保全自己，然后尽可能推延和对手过招的时间，转移对手的注意力，制造假象迷惑对手，争取到想出应对之策的时间，找出对手的疏漏，一击成功，彻底变被动为主动。

瞒天过海，以假乱真，也是精明商人所惯常使用的一种手段。在推销商品中，生意人也常以伪装或隐蔽的手法，制造假象，引诱顾客进入设置好的圈套，从而达到推销商品的目的。

日本有一家专门生产尿布的公司，开张之初，公司花费了大量精力去宣传产品的优点，但问津者依然寥寥无几，该公司经理多川博先生冥思苦想，终于想了一个“鬼点子”。

他派自己的人装成顾客，在门市部前排成长队，从而造成一种抢购商品的气氛，诱发了顾客的好奇心：“这里在卖什么？”结果购买者越来越多。随着产品的不断销售，人们逐渐认识到了该公司尿布的优越性，尿布的销路迅速打开。多川博先生在这里运用的是一种“瞒天过海”之计。

他让自己的人伪装成顾客，排队去购买公司的产品，从而造成一种假象。此为“瞒天”。顾客在这种假象的蒙蔽下，诱发了好奇心和购买欲，从而也去排长队购尿布，使多川博先生达到了“过海”的目的。

广告也是这一计策的直接或间接的运用。做广告的一个秘诀就是巧妙地夸大其词，借助一些特殊事件和人物来渲染产品的功能和用途，产生轰动效应，扩大产品的知名度和影响力，使产品深入消费者的心中，谋取消费者的信任，从而提高产品的销量。

黛安娜曾是英国的王妃。她的容貌和仪态楚楚动人，使绝大多数英国人为之仰慕倾倒。1981年，黛安娜与查尔斯王子举行婚礼，更成为英国和世界的新闻。这时伦敦有家濒临倒闭的珠宝店老板，认为抓住公众对盛典的专注心理，导演一出绝妙的广告剧，必定能摆脱危境，大发奇财。他千方百计地找到了酷似黛安娜的模特儿，对她从服饰、发型到神态、气质做了煞费苦心的模仿训练。

一天傍晚，这家珠宝店突然张灯结彩，老板衣冠楚楚在台阶上恭候嘉宾。不一会儿，一辆高级轿车在门前戛然而止。黛安娜缓缓地从小车里走了出来，她嫣然一笑，亲切地向行人点头致意。人们见此情景便蜂拥而上，争先恐后地想一睹王妃的风采，久久不愿离去。有的少年还大胆挤上前去吻了她的手。路边的警察急忙过来维持秩序，防止围观者影响王妃的正常活动。

老板笑容可掬，感谢王妃光临本店，随即引王妃向柜台走去。售货员拿出项链、钻石、耳环、胸针等最贵重的首饰任其挑选。黛安娜面露喜色，爱不释手，连声称好……

预先早有安排的电视录像机将此情景一一摄入镜头，第二天便在电视台广为播放。虽然自始至终没有一句解说词，更没有诱导广告，但珠宝店名、地址却是相当醒目的。这家珠宝店立即轰动了整个伦敦，那些好赶时髦的年轻人，那些“爱屋及乌”的黛安娜迷们，立即蜂拥而来，珠宝店立刻门前车水马龙，人们竞相抢购戴安娜王妃所赞赏的首饰。老板满面春风，亲临柜台，应接不暇，仅几天的营业额就超过开业以来的总营业额，而且生意一天更比一天好。

老板采用瞒天过海的方法，把珠宝店强行“嫁接”到黛安娜身上，借此来骗取消费者的好感和信任，从而赚取了大笔利润，获得巨大的成功。

瞒天过海，假戏真做，看似平凡，却是玄机奇谋之所在。在商战中，采用瞒天过海的战术，可以巧妙地利用对手的思维错误和认识上的盲点，以假隐真，以假乱真，以达到出其不意的目的。

厚黑智慧

“瞒天过海”这一计谋用于经营赚钱，其技巧和方法的基本思想是用“欺骗”的手段暗中行动，将你赚钱的企图隐藏在明显的事物中，以达到自己的目的。因为一般人对司空见惯的事物，往往不会怀疑，此计就是利用人们的这一错觉，来掩盖自己的真正意图达到自己的目的。“瞒天过海”之计，是商场中最常见的，也是厚黑商家用得最多的商战诡计，正因为如此，它很容易被人们忽视，从而使各商家在经营活动中容易实施，达到其推销产品、占领市场的真实目的。

声东击西，虚虚实实

孙子说：“作战总是用正兵挡敌，用奇兵取胜，作战的形式不过‘奇’和‘正’，可是‘奇’和‘正’的变化是无穷无尽的。”

商业对决，利益交锋，充满变化的杀机，如果按照惯常的方式进行各种经营活动，就会受制于人，处于被动状态。厚黑经营商家从不按常理出牌，而是采取虚虚实实、真真假假的手段，声东击西，迷惑对手，达到出奇制胜、打败对手的效果。

“声东击西”是三十六计中的第六计，原文是“敌志乱萃，不虞，坤下兑上之象。利其不自主而取之”。该计的含义是：敌人处于心迷神惑、行为紊乱、意志混沌的状况，不能提防突发事件，即出现萃卦所展示的水漫于地上的现象；利用他们的心智混乱无主张的机会，消灭他们。“声东击西”其实是对《孙子兵法》中“出其不意，攻其不备”思想的具体化运用，是古今中外战争中最为常用也最易成功的计谋之一。

公元前205年4月，汉王刘邦兵败彭城，退到荥阳、成皋一线与项羽相持。5月，原与刘邦结盟的魏王豹背汉降楚，派大将柏直、冯敬扼守黄河临晋渡口，企图阻挡汉军北进。8月，刘邦为了消除身后之患，任命韩信为左丞相，率曹参、灌婴二将，领兵伐魏。

韩信率领大军来到临晋渡口，遥见对岸魏军把守很严，不好强攻，于是就下令暂且安营扎寨。一面派人收集船只，与魏军隔河相距；一面派探马暗察上游地势。不久，探卒来报，说上游夏阳地方，魏军防守很松。韩信就带领曹参、灌婴二将前去察看地形，但到夏阳实地一看才明白为什么魏军不在此防守了，只见夏阳河段，水深滩险，汹涌澎湃，别说是行船就是羽毛只怕也很难浮起来，而且河中布满了礁石，船只根本无法通行。曹参、灌婴二将看后都摇头作难，韩信却皱眉苦思了好一阵。回到汉军营地，韩信仍然决定利用夏阳河段，采用声东击西之计，出其不意击败魏军。当即，传来曹、灌二将，命曹参领兵上山伐木，大小都行，越快越好；又令灌婴带人前往市场，购买数千瓦罂，每个瓦罂能容纳二石的物品。二人听后，都感到很意外，一齐问道：“将军要这些东西有什么用？”韩信说道：“二位不必多问，到时自知。”二人只得奉命退出，分头行事。

两天之后，曹参、灌婴二人将所需物品都办齐了，就向韩信复命。韩信又命令道：“你二人再将所备物品制成木罂，制法均在这封函中。制成后，立刻回报。”说完，将一封函信交到二人手中。二人受命出帐，马上指挥将士，按函中要求，用四木夹住一个瓦罂，捆绑牢固，然后再将木罂用绳连起，数十个连成一排，分别连成数十排。由于日夜赶制，几天后，木罂已制造完毕。

韩信见准备工作已经做好，等到黄昏，又招来曹、灌二将，命灌婴率领数千人马，守住前些天收集来的船只，命令士兵只准击鼓呐喊，不准擅自渡河，违令者斩。而他自己则与曹参统领大队人马，暗中搬运木罂，连夜赶到夏阳。然后指挥将士把木罂放入河中，每个木罂内载2—3人，用桨划水，缓缓向对岸渡去。因木罂体轻，浮力又大，四周都是木头，即使撞到河中礁石也不会破损，因此顺利渡过了这段险峻的河段。

与此同时，扼守临晋渡口的魏将柏直、冯敬，忽然听到对岸汉军鼓响如雷，喊声震天，只当韩信要强行渡河，急忙调动人马，严密注视对岸动静。他们哪里知道，对岸汉军只是虚张声势，而真正汉军主力，正在韩信指挥下，在他们认为滩险水急、难以行船的夏阳，用木罂徐徐渡过了黄河。

汉军过了河，魏军尚未发觉。韩信率领大军，以迅雷不及掩耳之势，下东张，拔安邑，直逼魏都平阳。魏王豹兵败后，逃到东垣，被汉军包围，魏豹走投无路，只得下马就擒。不到一个月，韩信就平定了魏地。

韩信伐魏首战成功就是运用声东击西这种战术。韩信在临晋渡口布置了一部分兵力，虚张声势，给敌人造成一种假象，目的正在于掩盖自己的真正意图，然后率领主力，从魏军意想不到的地方，用常人意想不到的工具——木罂，载军过河，将魏军打了个措手不及。

声东击西、虚张声势，也是商家常用的手段之一，这一方法在现代商业活动中发挥着神奇的效力，运用此计，商家们在与对手的角逐中往往得手，获得了商战的最后胜利。

1985年4月，娄维川在青岛与日方一株式会社进行引进先进的塑料编织袋生产线的谈判。在进行了一周的技术交流后，谈判进入了实质性阶段。对方的主要代表起立发言：“我们经销的生产线由日本最守信誉的3家公司生产，具有20世纪80年代先进水平，全套设备的总价是240万美元。”娄厂长微微一笑，从容地站起身，声音朗朗地说道：“据我们掌握的资料，你们的设备性能与贵国某某会社提供的产品完全一样。我省某某厂购买的该设备比贵方开价便宜一半。因此，我提议请你重新出示价格。”日方代表听罢，面面相觑。首次谈判宣告结束。

第二天，日本代表把各类设备的价格开出了详细清单，报出总价180万美元。经过激烈的争论，总价压到了140万美元，后压到130万美元。至此，日方表示价格无法再压。随后在持续长达9天的谈判中，双方共计谈崩了35次。双方互不妥协。

怎样才能让对方把价钱开到最低？娄维川苦苦思索。忽然他灵机一动，决定采用“示形于东而攻于西”的策略，和另一家西方公司作了洽谈联系。这一小小的动作立即被日商发现，总价立即降至120万美元。

这个价格可以说相当不错了。但娄维川了解到当时正有几家外商同时在青岛竞销自己的编织袋生产线。他觉得利用这个机会，价格还能再压低一些。在接下来的一次谈判中，娄维川有意把没拉上拉链的公文包甩在谈判桌上，露出了西方某公司的设备资料与照片。

日方代表经请示后再次作出反应，请中方暂不要和其他厂家谈判，表示正和各生产厂家协商，让几家一齐让价。终于，日方宣布了第5次压价。娄维川迅速反应，表示再降价5%即可成交。日方谈判代表经过再次请示，宣布最后开价再让3%，为110万美元，距离娄维川的要求，只差了3万多美元。娄维川看到这已经是最后价格，便慨然与日本代表握手成交。

一场谈判，两次成功地运用了“声东击西”之计，娄维川高超的谈判艺术与技巧着实令人佩服。在商业活动中，当自己处于无法直接与竞争对手正面交锋的不利局面时，可采用声东击西的策略，避开与对手的正面冲突，通过成功地策划与组织一些迷惑性的活动，让对手放松警惕，适时展开反击，能够一举取得成功。

香港一小地产商何某，准备拿自己名下唯一的一块地皮与一家实力雄厚的城建开发公司合作开发。这块地皮位于交通要道一侧，完全可作为商业用途，而城建开发公司也有意把这块地开发成一个大规模的商业广场，其设计部门甚至在谈判前已拿出了设计方案。

何某与开发公司的代表小心翼翼地接触、商谈，显出待价而沽的姿态；而开发公司也按捺住自己浓厚的兴趣，步步为营、寸土不让地讨价还价。开发公司代表坚持一条原则：何氏出地，公司投资，建成后铺租和售房收入按4：6分成，公司占60%。

商谈过程中，开发公司的情报人员发现何某与一阿拉伯富商接触频繁，并多次共餐，显得极为友好亲密。这一情况引起了开发公司决策者的高度重视，结合到近期阿拉伯商人插足香港地产界的迹象，他们怀疑何氏意欲与阿拉伯富商合作开发这块地皮。由于开发公司对这块地皮的前景十分看好，并把开发这块地作为今后三年的大战略目标，志在必得，连设计方案也先行做好了。为了避免何某把这块地让别人开发，公司只好在以后的谈判中节节退让。最后，虽然双方总算签订了合作开发的合同，但何某获得了较大的利益：不仅可以在建成后享受40%的收益，而且还可在合同签署后即获得一笔300万港元的补偿金。

何氏心中窃喜，只有他才知道，那阿拉伯富商是他一个酒会上偶然结识的，对方并无意投资房地产业，而自己与他故作亲密的举动，只是给谈判对手看的假戏而已。现在不仅可以获得远期的利益，还可以有300万港元到手！这便是运用虚张声势手段的好处了。

在经营活动中，运用声东击西的计策，给对方造成错觉，伪装自己的真正意图，往往会取得成功。在激烈的企业竞争环境下，一定要会运用奇谋妙计以克敌制胜，实际要怎样发展，反而要显示给竞争对手相反的情形，要不断地制造烟雾迷惑竞争对手，在竞争对手的思路与战略有些混乱的情况下发起突袭。若竞争对手实力非常强大，就不要和其正面交锋，要采用一切策略，使竞争对手内部发生错误直至混乱。要寻找竞争对手的空隙和薄弱环节，在其还没有意料时出奇制胜。

厚黑智慧

厚黑学认为，商业经营就是智力的角逐。在各种竞争中，谁的智谋高，谁就会占上风。在商业竞争中，“声东击西”就是要转移对方的注意力，一方面营造声势、故作姿态，把对方的注意力引到自己并不准备进攻的方向上，使其把精力全部投入到这一方面的防守中，然后在他们不注意、没有防备的时候，从另一方面进行袭击，从而出其不意地战胜对方。

厚黑经营者懂得在谈判中，把握好“厚”和“黑”的比例，过多地使用“厚”的策略，一味地笑脸相迎，一团和气，就会使人觉得你有求于他，有巴结之嫌，难以在谈判中占尽上风。必要的时候，给对方施加点颜色，用一些黑色的手段打击一下对方，更能起到意想不到的效果。商家在采用这一招的时候，如果能成功，固然可以一举战胜对手，但是必须注意的是，这一招有很大的冒险性，如果被对手识破意图的话则会导致满盘皆输。

示人以弱，后发制人

张良学的都是老子的一套，例如峣关一战，与秦联合了，但忽然乘秦军松懈来袭击他们；鸿沟的约定，与项羽讲和了，但忽然率领部队转过头来攻击项羽的军队。这就是从卑微、柔弱中爆发出来的力量，可怕！可怕！

先立于不失之地；先为不可胜，以待敌之可胜。

在社会中，弱者总会引起人们的同情心，得到人们的关心。在商业竞争中，有时一味地强攻并不利于自己的经营，反而会招来对方的猛烈反击，不仅不能取得胜利，还可能使自己遭受到不应有的损失。商战厚黑学认为，与其示人以强，不如示人以弱，放下调子，以弱小的姿态出现在竞争对手的面前，对手会感觉到你势力单薄，无足够的实力与他抗衡，从而不将你放在心上，丧失警惕，而你可以利用这一间隙为自己赢得宝贵的时间，积蓄力量，后发制人，打败对手。

长期以来，人们一直认为只有“抢占市场”“先发制人”才能在商战中立于不败之地。其实，在厚黑商经看来，这完全是认识上的一个误区。

世事如棋，风云变幻，市场发展更是变幻莫测，抢先占领市场自然是好，但匆忙上阵占领市场，必然暴露其不完美性和漏洞，从而容易被竞争对手控制，失去竞争的主动权，丧失制胜的时机和优势。所以，市场竞争中“后来者居上”的例子屡见不鲜。

昆明市拓东路是美容院分布最为集中的一条街道。在这条街道上的美容院几乎是门挨门、门对门，因此市场竞争相对也是最为激烈的。

刚刚进入2006年12月份，李双双美容院右边隔壁的晓晶美容院就已经开始展开了圣诞节与元旦节双节期间的促销活动宣传。在周边300米以内的美容院当中，能够与李双双美容院的规模、档次、服务水准相匹敌的只有晓晶美容院，其他的美容院都不足与之抗衡。李双双美容院原计划在12月10—15日才开始进行双节促销活动的宣传，可是现在，晓晶美容院却抢先一步，先入为主了，而且时间上领先。更可怕的是：晓晶美容院抢占了附近重要交通要道的路牌广告位及昆明两大主流报纸（《都市时报》和《生活新报》）的美容广告版块。而且，促销力度前所未有，销售高潮设计在两个时间段，小高潮在圣诞节之前，大高潮在元旦节前后。晓晶美容院的这种促销策略来势凶猛，受影响最大的美容院直接就是李双双美容院。从某种意义上说，晓晶美容院这次促销主要是针对李双双美容院的。

面对“大军压境”，面对即将开火的促销大战，李双双美容院应该怎么办？是按原计划进行，还是该怎样来调整？老板李双双束手无策，只好寻找外脑，请来专业促销策划人。策划人在进行了准确的市场调研，掌握了真实的市场竞争形势后，有针对性地提出了“后发制人”的促销策略。

第一步：按兵不动，静观其变。

既然竞争对手已经抢先出击，那么对于李双双美容院而言，与其盲目跟进，倒不如先按兵不动，静观其变：看一看晓晶美容院的宣传活动效果如何，消费者有什么反应；再看一看周边其他大多数的小美容院有什么反应，会采取什么行动。在这一阶段，李双双美容院的一项重要工作就是市场情报信息的搜集。李双双美容院通过情报信息搜集工作，不但掌握了同行竞争对手的每一步行动计划，而且更重要的是通过顾客对竞争对手促销内容、促销形式的反馈及喜好，可以更准确地了解掌握消费者的心理和需求，为下一步的促销方案的调整奠定了扎实的基础。

第二步：抓住时机，一招制敌。

根据市场信息的反馈，直接竞争对手晓晶美容院虽然一直在做宣传活动，但是前期的促销内容不是太吸引人，只是一点“小恩小惠”，吸引了一小部分贪小便宜的顾客。而周围其他的小美容院都是跟风制，以前都是跟着李双双美容院走，这次看李双双一直没有采取行动，按捺不住直接跟进晓晶美容院的前期小促销活动了。策划人指导李双双去做两件事情：第一，去昆明的另外两大主流媒体《春城晚报》和《云南信息报》订下来12月20日左右的美容版面；第二，去云南电视台订下来收视率最高的电视频道《都市新闻快报》的黄金时间段的字幕广告，并提出到时候不能有同行广告的要求。这样就做好了随时出击的准备工作，只要竞争对手亮了底牌，就随时出比其更大的牌。因为晓晶美容院一直在做宣传，必须在圣诞节前亮出底牌，否则就浪费了消费者的感情。所以，对方的底牌是不得不出。

到了2006年12月20日星期三，晓晶美容院终于将其底牌亮了出来，推出了其全部的大力度促销活动内容：迎双节温暖三重送！一是买380元送280元产品；二是买680元送480元套装；三是买980元送780元三件套。很显然，晓晶美容院运用了数字对比法来拉动消费者，抓住了人们一般都对数字比较敏感的心理特点，实际上则是一种数字游戏而已！如果单纯从数字上看，380送280，680送480，980送780，很有诱惑！

怎么办？对方已经亮牌了！这正是李双双美容院最想捕捉的信息，现在已经公布了！在策划人主持下，李双双美容院展开了比对手更有力度、更有诱惑力的促销战术。李双双美容院的促销战术就是“温暖好礼乐翻天完美圣诞嘉年华”：

购买任何产品即可参加新年礼品抽取三级跳：时尚MP3—品牌拉杆箱—凯盛家纺全棉家乐被。

购买满480元即赠价值380元格兰仕电磁炉。

购买满780元即赠25英寸名牌彩电一台。

购买1000元以上即赠格兰仕电磁炉+高级DVD。

这样一来，李双双美容院的促销比晓晶美容院的更有力度，门槛低，价值大，而且是实物，有使用价值。于是，在12月21日、22日、23日连续三天分别通过主流报纸美容版块和电视频道滚动字幕进行大力度宣传，让同行对手们措手不及。活动期限持续到元旦，使得刚开始关注晓晶美容院促销活动的顾客，通过两家活动对比后直接来李双双美容院里进行消费了！由于大部分顾客开始消费转移，晓晶美容院原计划的元旦促销活动自动取消。一场预谋已久的连环促销活动就这样被轻松化解了。

李双双美容院的促销活动，运用了“后发制人”的策略战术，利用竞争对手的宣传所达到的关注度，在对手亮出底牌推出了真正的促销活动后，及时进行跟进更加吸引消费者的优惠内容，成功截获顾客，获得了巨大成功。

鲍尔温交通公司总裁福克兰，在年轻的时候因巧妙处理一家公司的业务而青云直上。他当时是一个机车工厂普通工人。在他的建议下，公司买下了一块地皮，准备建造一座办公大楼。在这块土地上的100户居民，都得因此而迁移他方。

但是居民中有一位爱尔兰的老妇人，却首先跳出来与机车工厂作对。在她的带领下，许多人都拒绝搬走，而且这些人抱成一团，决心与机车工厂一拼到底。

福克兰对工厂领导说：“如果我们通过法律途径来解决问题，就费时费钱。我们更不能采用其他强硬的办法，以硬对硬，驱逐他们，这样我们将会增加更多仇人，即使建成大楼，我们也将不得安宁。这件事还是交给我来处理吧！”

这一天，他来到了老妇人家门前，看见她坐在石阶上。他便故意在这老妇人面前走来走去，做出忧心忡忡、欲哭无泪的样子，心里好像盘算着什么。这自然引起了她的注意。良久，她开口发问：“年轻人，有什么烦恼吗？说出来，我或许能帮助你。”

福克兰趁机走上前去，他没有直接回答她的问题，却说："您在这时无事可做，真是天大的浪费呀！我知道您有很强的领导能力，实在是应该抓紧时间干成一番大事业的。听说这里要建造新大楼，您是不是准备发挥你的超人才能，做一件连法官、总统都难以做成的事：劝您的邻居们，让他们找一个快乐的地方永久居住下去。这样，大家一定会记得您的好处的呀！"

从第二天开始，这个强硬顽固的爱尔兰老妇人便成了全费城最忙碌的妇人了。她到处寻觅房屋，指挥她的邻人搬走，并把一切办得稳稳妥妥。办公大楼很快便开始破土动工了。而工厂在住房搬迁过程中，不仅速度大大加快，而且所付的代价竟只有预算的一半。

福克兰装出一副无能的样子，满足了老妇人的心理，使她心甘情愿地为福克兰办成一件大事。

商场如战场，经济领域里的竞争与军事战争在某种意义上是谋略相同的，后发制人是一种"以劣胜优、以弱胜强、以慢制快"的商业竞争策略，如果策略运用得当，往往具有出奇制胜的功效，常可取得后发先至的成效。

运用后发制人策略，需要注意几点：

一是在市场需求迫切，竞争日趋激烈，自己实力能够承受的条件与情况下，应该义无反顾地选择"先发制人"策略，争取主动。

二是在市场需求不迫切，消费取向不明确，时机不够成熟，特别是企业自己尚不具备实力的情况下，贸然出击，盲目抢先，非但难以占先领先，十之八九必败无疑。此时就该选择"后发制人"策略。

厚黑智慧

商业竞争，讲究的是速度和时机，先人一步，往往可以占据获胜的先机。但是，任何事物都有其优点和弱点，先发制人，也可以暴露自己的不足之处和缺陷，给对手造成可乘之机。

所以一些精明的商家往往采取后发制人的策略。商战厚黑学指出，在企业经营中，当自己的市场未打开、脚跟未站稳的情况下，不宜采取积极的做法。应当韬光养晦，表面上佯作弱小，暂时避开市场的竞争热点，灵活机动地寻找市场空隙，寻找对手的弱处，不动声色地开发新产品，研制新项目，等待时机成熟之后再将产品推向市场，令实力强于自己的竞争对手防不胜防，陷于被动，最终被拖疲而露出破绽，然后乘虚而入，一举占领市场。

利益第一，其他无涉

吴的孙权、蜀的刘备，各以荆州为目的物，孙权把荆州向东拖，刘备把荆州向西拖，力线相反，故郎舅决裂、夫妇生离，关羽被杀，七百里的边营被烧，吴蜀两国，俨然成了不共戴天的仇敌。后来，诸葛亮提出以魏为目的物，约定共同伐魏，就成了方向相同的合力线，两国感情，立即融洽，合作到底，后来司马昭伐蜀，吴还起兵相救，听说刘禅降了，方才罢兵。

下过跳棋的人都知道，6个人各霸一方，互相是竞争队手，大家彼此都想先人一步，将自己的6颗玻璃球尽快移到预定地点。如你只讲求合作，放弃竞争，一味地为别人搭桥铺路，那别人会先到达目的地，而你则会落后于人，最终落得个失败的下场。相反，如果你只注意竞争，而忽视合作，一心只想拆别人的路，反而延误了自己的正事，你还是不会获胜的。

商场上，虽然奉行“没有永远的朋友，只有永远的对手”这一法则，商家们也为了使自己能够战胜对手，掌握经营活动中的主动权，想尽各种方法打败对手。但是厚黑学则认为，商场上“没有永远的朋友，也没有永远的敌人”，商业竞争也有其内在的规律，如果大家都想着置对方于死地，很可能最后落得个两败俱伤的结局，谁也得不到好处。

商场虽然如战场，但毕竟不是战场，同一领域的不同企业，竞争市场，结果不应是两败俱伤，也不应是一方吞掉另一方，而是一块蛋糕大家吃，双方都有好处沾。现代竞争，不再是“你死我活”。而是更高层次的竞争与合作，现代企业追求的不再是“单赢”，而是“双赢”和“多赢”。

作为历史上的一些奸臣，他们也大都知道这样一种利害关系，那就是双赢。

乾隆手下的和珅，就是一个懂得运用手中的权力与人交易获得双赢的人。围聚在和珅身边的人，大部分是趋炎附势、贪慕钱财的小人，要想把他们拉拢住，和珅必须能够让他们得到他们想要的东西。然后，这种建立在互相利用基础之上的关系才有可能长期地维持下去。

因为巴结和珅才当上兵部、户部、工部侍郎的苏凌阿，为人懦弱无能，只知爱财，在朝中早已声名狼藉，他不惜每年向和珅进献数十万两的白银，决不只是为了自己的权力欲，希望为官，而是他知道，手中的权力就意味着金钱，他向和珅进献的丰厚“礼金”，和珅的一句话，就可以为他十倍、几十倍地赚回来。

苏凌阿虽然身为兵部侍郎手握大权，却并不称心，因为在朝中为官远不像做个地方上的总督巡抚那样容易榨取钱财。他便又向和珅送了一份重礼，求和珅为他觅个总督的职位。和珅也果然没有令他失望，奏明了乾隆，说苏凌阿为官如何清廉，办事如何精明干练，足可担当一方大任。乾隆对和珅的话几乎是言听计从，心中还暗暗地赞许和珅为国家社稷操劳，时刻不忘荐贤举能，不久就委任年迈无能的苏凌阿为两江总督。苏凌阿心满意足地到了任上，当地的提督、学政、布政使、按察使等官员一齐前来拜见这位新任的总督，苏凌阿厚颜无耻，对每位前来拜见他的属下，见面第一句话就是：“皇上厚恩，命余觅棺材本来了。”当面向属下索要钱财。身为下属的官员们自然不敢怠慢，一封封的白银就这样流入了苏凌阿的腰包。

苏凌阿仍不知足，竟然为了钱财一手制造了一起特大冤案。

江浙一带地处沿海，自明中叶以来，就常有日本倭寇进犯，抢掠沿海渔民的财产，更有当地的海盗与倭寇勾结，鱼肉乡里，无恶不作，所以海盗之患一直令百姓们怨声载道。两江总督府偏将杨天相，为人耿介，一心为国为民除害，费尽九牛二虎之力，终于捕获了匪首李元龙，将他押解到总督府，交与苏凌阿惩处。李元龙狡诈多变，拒不承认自己是海盗，只说自己是安顺良民，因多有家产，为海盗觊觎良久，多次图谋不成，就勾结偏将杨天相欲置自己于死地。暗地里，李元龙命手下给苏凌阿送去了五千两白银、十几颗珍珠和一株罕见的珊瑚。视财如命的苏凌阿面对如此丰厚的贿赂，早已将是非黑白抛之脑后，一口认定杨天相勾结海盗、陷害良民、冒领军功，判杨天相通匪，判为大辟。公文驰报朝廷，朝野上下一片反对之声，唯有和珅力主苏凌阿原判，颁下命令。杨天相终于命丧黄泉，成为一大冤案，而匪首李元龙则继续逍遥法外，为非作歹。

在杨天相正法这天，人们愤愤不平，昭梿在他的《啸亭杂录》中说："六营合祭，哭声震天，几至激变。"书中还描述了苏凌阿后来被和珅举荐入内阁任大学士后，"龙钟目，至不能辨认戚友，举动赖人扶掖。瑶华主人弘尝笑谓余曰'此活傀儡戏也"'。就是这样一个人，后来竟在和珅的鼎力保举下做上了宰相。

一方面是因为和珅位高权重，只手遮天；另一方面就是因为他谨守投之以桃报之以李的原则。向和珅行贿，只要能让他满意，行贿的人大多可以实现自己的目的。所以，很多大大小小的官员都巴望着能找个机会，向和珅表明自己的诚意。每到节庆的时候，和珅门前，手执礼单翘首而望的人总是排成了长队，各地送来的礼物，应有尽有，令人目不暇接。除了白花花的银两，更多的是奇珍异宝，珍稀古玩，以致嘉庆帝查抄和珅家产的时候，查出的许多物品竟然比皇宫所藏还要罕见。即使是这样，还是有人一有机会向和珅大献殷勤。当和珅的夫人冯氏为他生下第二个儿子的时候，各地官员闻风而动，送礼的车队从四面八方涌向京城。

和珅一族，人丁不旺，弟弟和琳只生得一子，而他的儿子丰绅殷德与公主成亲之后，多年竟未有子嗣，和珅常盼着能再有一个儿子，便可以继承自己的万贯家财。天遂人愿，和珅在年逾不惑之时，夫人冯氏又产下一子。和珅沉浸在无比欢乐之中，为这个小儿子举行了盛大的满月庆典，王公大臣及在外督府县大小官员都送来贺礼。衣服、饰物、金元宝、银元宝等源源不断地送来。大小官员都能料知和珅在45岁时又喜得一子的兴奋，如果能在这件事上讨好和珅，一定是事半功倍。果然，和绅的小儿子百日之后，朝廷上下，从宫内到地方的官员就来了一次大调动。

和珅通过权力交易与人分享财富，达到双赢的目的，而商人则可以通过与人分离利益来达到双赢的目的。个人的力量有时难以达到最完满的成功，这时不要吝惜自己已得到的东西。与别人结盟并不是让别人拿走你的所得，而是让你得到更多。

马克斯—斯宾塞公司是英国最大的销售服装和食品的零售商业公司，它在英国各地开设的商店达260多家，每周接待顾客1400万人次，年盈利达2.4亿英镑。这家产业的主人，当初正是靠联手创业发迹，最终成为雄踞世界著名工商企业之列的大公司的。

马克斯—斯宾塞公司，从名字可以看出该公司的创始人是两个人，一个叫马克斯，另一个叫斯宾塞。

出生在波兰一个贫苦家庭的马克斯，是犹太人。他的母亲因难产过早地离开了人间，马克斯是由他的姐姐抚养长大的。19岁时，他已成为一名强壮的青年。强烈的责任感使他感到自己不能再依靠家人生活了，于是，1884年，他只身闯入英国碰运气。

当他到英格兰北部里兹市时，已经身无分文，加之语言不通，其艰辛可想而知。但值得庆幸的是，里兹市聚集了很多犹太人，他们很乐意接济新的本族人。该市的犹太富商杜赫斯特，专做批发百货的生意，他觉得马克斯为人忠厚，却因不懂英语，很难找到工作，便主动借给他5个英镑，要他做点小买卖维持生活。

要知道，5英镑在当时可不是小数字。当马克斯得到这笔“巨款”后欣喜若狂，决定用这笔钱大干一番。由于语言不通，马克斯在售货时不好讨价还价，所以，他出售的货物清一色标价1便士，并打出招牌“不必问价，每件1便士”，以此招揽顾客。果然，很多顾客来光顾这个设在露天的摊位。他的售货原则与别人不同：别人总希望早点把货物卖掉，而他却总是收集各种好货物放在摊位上，尔后用同样的价钱出售，用开架式的陈列方式，让顾客任意挑选。

功夫不负有心人，两年后，马克斯的生意有了一定的发展。马克斯没有陶醉，而是立即抓住机会，把“便士市集”开到约克郡和兰开夏，并聘请一批女孩子当售货员，他自己则奔跑于各地。由于业务发展太快，马克斯越来越感到资金与能力均不足以应付目前的形势。经过冷静思考后，马克斯当机立断，决定要求批发商杜赫斯特与自己合股，以进一步扩大业务。这时，马克斯所欠的5英镑早已还清了，所以对方也就不是债权人了。但杜赫斯特却无意去做零售商，于是他把自己的理账员斯宾塞介绍给马克斯。斯宾塞投入500英镑，注入“便士市集”，从而成为其合股人。

斯宾塞是土生土长的英国人，有经营头脑。在他的策划下，“便士市集”发展得更快了。到1930年，“便士市集”已发展到36家，商店打出的“马克斯—斯宾塞”的招牌也已小有名气，并在伦敦开设了一家百货商店。

此后经过一番波折，马克斯的独生儿子西蒙成为“马克斯—斯宾塞”公司的董事局主席。1926年，公司再次面临起步时的难题：当西蒙从美国考察归来后，准备大展宏图，计划通过集资的办法开设新店并扩大伦敦总店的铺面时，其他董事一致表示反对，理由是不宜发展过急。西蒙对此感到孤立无援，一筹莫展。

恰好在这时，西蒙的妹夫伊斯利加入董事局任董事，原来一直协助父亲经商的他非常同情西蒙的处境。为了朋友的利益和家族的利益，表示愿意辞去自己原来的工作，到伦敦与西蒙联手发展。西蒙自然喜出望外，当即决定委任妹夫为董事局副主席兼总经理。两人同在一间办公室里办公。两人合作后，伊斯利大力支持西蒙的扩张计划，一口气增设了三家分店。此后“马克斯—斯宾塞”公司更是一发不可收。特别是在1956年至1966午10年间，公司的年销售额从1956年的1.19亿英镑跃升至1966年的2.38亿英镑。

可以看出，“马克斯—斯宾塞”公司的两次飞跃，均得益于及时与别人“联手”，通过与别人联手，使公司的力量不断壮大。

在经商中，通过与别人合作，可以达到互惠互利、共生共荣的效果。李嘉诚就非常提倡这一做法。他认为，当贸易的双方都遵守互惠原则时，就会演变成自由贸易的关系；反之若有一方不遵守互惠原则，就会形成保护主义。向对方敞开大门，既有利于吸收对方的有利方面，也有利于发挥自己的优势，可以说，这是一个十分有效的商业原则。李嘉诚认为，商业合作应该有助于竞争。联合以后，竞争力自然增强了，对付相同的竞争对手则更加容易获得胜利。

同时，李嘉诚还认为，与人合作还要有能够吃亏的精神，先吃亏才能后赚钱。有人问小巨人李泽楷："你父亲教了你一些怎样成功赚钱的秘诀吗？"李泽楷回答说，赚钱的方法他父亲什么也没有教，只教了他一些为人的道理。李嘉诚曾经对李泽楷说，他和别人合作，假如他拿7分合理，8分也可以，那么李家拿6分就可以了。

李嘉诚的意思是，他吃亏可以争取更多人愿意与他合作。你想想看，虽然他只拿了6分，但现在多了100个合作人，他现在能拿多少个6分？假如拿8分的话，100个人会变成5个人，结果是亏是赚可想而知。李嘉诚与很多人进行过或长期或短期的合作，分手结束的时候，他总是愿意自己少分一点钱。如果生意做得不理想，他就什么也不要了，愿意自己吃亏。这是一种风度，一种气量，也正是这种风度和气量才有人乐于与他合作，他也就越做越大。所以李嘉诚的成功更得力于他的恰到好处的处世交友经验。

厚黑智慧

商业竞争虽然是一场互相抑制、互相拆台的战斗，但是竞争不排斥合作。现代竞争，不再是你死我活，而是更高层次的竞争与合作，公司间的竞争手段在变化，从开始的"招招致命"，置对方于死地，到时下广为采用的强强联手，组成不同形式的战略联盟，形成竞争对手间的你中有我、我中有你的竞争新格局。为何？仅仅是为了避免两败俱伤或是制胜方也难免遍体鳞伤的结果，这仅仅只是一个方面，更重要的是这种新的竞争方式促使双方的利益都能得到进一步的扩大。

英国商界有句名言："如果你不能战胜对手，就加入到他们中间去。"商战厚黑学认为，通过与对手合作、分享来获取利益是一种聪明的竞争举动，特别是当你的势力较弱难以战胜对手时，应当采用厚黑战术，与对手联合经营，建立竞争统一战线。对于一个只图独享财富而不愿与他人分享的商人来说，他的路子只会越走越窄。要学会与人分享，这样你才能拓宽财路，财源滚滚。

借力生财是厚黑至境

譬如射箭，悬出一个箭垛，支支箭向同一个箭垛射去，这叫全力。

大家都知道，狼是一种狡猾的动物。狼要和猎物发起攻击时，是绝对不会贸然行事的，它们会想尽办法去借力以达到自己的目的。它们懂得这样一个道理：在自己没有力量时，要去借力，而且要善于借力。这一道理同样适用于商业经营中。

历史上，一些著名的军事家就善于借用对方的力量为己所用，从而达到战胜对手的目的。

诸葛亮在推动孙刘联盟的建立和运筹对曹军作战的方略中，所表现出的远见卓识和超人才智，使器量狭小的周瑜妒火中烧。为解除诸葛亮对他的威胁，周瑜又设下置诸葛亮于死地的圈套。

一天，周瑜请诸葛亮商议军事，说："我们就要跟曹军交战。水上交战，用什么兵器最好？"诸葛亮说："用弓箭最好。"周瑜说："对，先生跟我想的一样。现在军中缺箭，想请先生负责赶造十万支。这是公事，希望先生不要推却。"诸葛亮说："都督委托，当然照办。不知道这十万支箭什么时候用？"周瑜问："十天造得好吗？"诸葛亮说："既然就要交战，十天造好，必然误了大事。"周瑜问："先生预计几天可以造好？"诸葛亮说："只要三天。"周瑜说："军情紧急，可不能开玩笑。"诸葛亮说："怎么敢跟都督开玩笑。我愿意立下军令状，三天造不好，甘受惩罚。"周瑜很高兴，叫诸葛亮当面立下军令状，又摆了酒席招待他。诸葛亮说："今天来不及了。从明天起，到第三天，请派五百个军士到江边来搬箭。"诸葛亮喝了几杯酒就走了。

鲁肃对周瑜说："十万支箭，三天怎么造得成呢？诸葛亮说的是假话吧？”周瑜说：“是他自己说的，我可没逼他。我得吩咐军匠们，叫他们故意迟延，造箭用的材料，不给他准备齐全。到时候造不成，定他的罪，他就没话可说了。你去探听探听，看他怎么打算，回来报告我。”

鲁肃见了诸葛亮。诸葛亮说：“三天之内要遣十万支箭，得请你帮帮我的忙。”鲁肃说：“都是你自己找的，我怎么帮得了你的忙？”诸葛亮说：“你借给我二十条船，每条船上要三十名军士。船用青布幔子遮起来，还要一千多个草人，排在船的两边。我自有妙用。第三天管保有十万支箭。不过不能让都督知道。他要是知道了，我的计划就完了。”

鲁肃答应了。他不知道诸葛亮借了船有什么用，回来报告周瑜，果然不提借船的事，只说诸葛亮不用竹子、翎毛、胶漆这些材料。周瑜疑惑起来，说：“到了第三天，看他怎么办！”

鲁肃私自拔了二十条快船，每条船上配三十名军士，照诸葛亮说的，布置好青布幔子和草人，等诸葛亮调度。第一天，不见诸葛亮有什么动静；第二天，仍然不见诸葛亮有什么动静；直到第三天四更时候，诸葛亮秘密地把鲁肃请到船里。鲁肃问他：“你叫我来做什么？”诸葛亮说：“请你一起去取箭。”鲁肃问：“哪里去取？”诸葛亮说：“不用问，去了就知道。”诸葛亮吩咐把二十条船用绳索连接起来，朝北岸开去。

这时候大雾漫天，江上连面对面都看不清。天还没亮，船已经靠近曹军的水寨。诸葛亮下令把船尾朝东，一字儿摆开，又叫船上的军士一边擂鼓，一边大声呐喊。鲁肃吃惊地说：“如果曹兵出来，怎么办？”诸葛亮笑着说：“雾这样大，曹操一定不敢派兵出来。我们只管饮酒取乐，天亮了就回去。”

曹操听到鼓声和呐喊声，就下令说：“江上雾很大，敌人忽然来攻，我们看不清虚实，不要轻易出动。只叫弓弩手朝他们射箭，不让他们近前。”他派人去旱寨调来六千名弓弩手，到江边支援水军。一万多名弓弩手一齐朝江中放箭，箭好像下雨一样。诸葛亮又下令把船掉过来，船头朝东，船尾朝西，仍旧擂鼓呐喊，逼近曹军水寨去受箭。

天渐渐亮了，雾还没有散。这时候，船两边的草人上都插满了箭。诸葛亮吩咐军士们齐声高喊："谢谢曹丞相的箭"，接着叫二十条船驶回南岸。曹操知道上了当，可是这边的船顺风顺水，已经飞一样地驶出二十多里，要追也来不及了。

二十条船靠岸的时候，周瑜派来的五百个军士正好来到江边搬箭。每条船大约有五六千支箭，二十条船总共有十万多支。鲁肃见了周瑜，告诉他借箭的经过。周瑜长叹一声，说："诸葛亮神机妙算，我真比不上他！"

诸葛亮运用智慧借来了曹操的十万多支箭，巧妙地破了周瑜设下的计策，化险为夷，摆脱了困境。在现代商战中，许多商家也懂得这一计谋的作用，将其运用到自己的经营活动中，借人拳头打天下。

20世纪50年代，美国产品在世界市场上，处于领先位置，各国的产品进军世界市场，首先就要在美国市场站稳脚跟，而要进入美国市场其道路之难，有如上青天。日本的佳能公司为了挤占美国的市场，所运用的就是借人之力的计谋。1995年，佳能在美国成立了分公司，它和美国一家富有销售经验的贝尔·哈威尔公司合作，向美国当局注册，以"贝哈·佳能"的商标，在美国市场上出售照相机。

几年以后，佳能利用已取得的影响，开始展现身手。佳能将其首创的带光敏"电眼"的电动电子曝光照相机投放美国市场，在喜爱新奇的消费者中，引起了轰动。佳能公司立即抓住这个机会，依据信誉建立了独立的销售网点，在美国取得了法人的资格。

时机成熟了，佳能美国分公司便不再继续和贝尔·哈威尔公司合作了，把贝尔公司丢在一边，正式以"佳能"的名牌商标，在美国市场上独往独来，大大打击了贝尔公司的利益。

佳能公司在美国站稳后，又紧逼瑞士的日内瓦，不久就取得了法人资格。现在佳能照相机已在美国和德国生产。佳能公司1983年共生产高级照相机540万架，占全日本产量的1/3，并有70%的产品销往世界各地。在我国的照相机市场上，佳能也占有重要一席。

佳能利用了当地的品牌之后，立刻抓紧机会站稳脚跟，扩大地盘。

借用外力，有计谋的商家闯天下，明白并不需要自己如何勇猛，可以借天下之力、取天下之才为己所用。商场上白手起家的人很多，正所谓有脑袋就有钱袋。

2000年8月1日，世界著名食品零售商巨头肯德基，与南昌百货大楼联营办了一家分店。开业以来，创造了亚太地区同类城市同样经营面积连锁分店的三项纪录。一是日均销售额12万元的业绩；二是从开门营业到关门停业，均有消费者排队等候的火爆场面；三是单天销售额突破15万元的最高纪录。令人惊喜的是，肯德基不仅自己的经济效益可观，还为其合作者带来大量人流和资金流，南昌百货大楼生意也快速增长，这说明，相互依靠，相互借力，可以互利双赢。

南昌百货大楼是一家老牌大型商业零售企业，多年来已形成稳定的人流物流，但缺乏新的消费热点拉动。肯德基名气大，但在南昌没有根基。他们选择联营的方式，南昌百货大楼腾出处于黄金地段的部分副楼，作为肯德基的营业场所，两楼相互联通，来往十分方便，到百货大楼购物可以顺路去看看肯德基，肯德基一开业，生意立即就能火爆；肯德基名气很大，在南昌又是新鲜事，在肯德基饱餐一顿后，顺便逛逛百货大楼，又给百货大楼带来了新的客源。两家相得益彰，生意都做得甚是红火。

这一成功的案例恰恰印证了这么一句古话，“好风凭借力，送我上青云”。企业如果学会“借”，积极“借”，努力“借”，既省力又借力，企业的发展一定会插上腾飞的翅膀。

厚黑智慧

商战厚黑学认为，面对复杂浩渺、竞争残酷的商业世界，个人的力量永远是有限的。若要取得成功、赢得财富，就非得借用外力不可，要不惜擦破脸皮，厚着脸皮去借他人之力为己所用、助己成功。凡是能够借到的，就要千方百计甚至不择手段地去借，目的只有一个，就是壮大自己、打败对手，使自己成为商战中的大赢家。借用外力生财，是一种四两拨千斤的创造财富的好办法。有一句俗话叫“好风凭借力，送我上青云”，说的就是这个道理。

·第八章·

管理厚黑学，抱团打天下

中国古代有句名言："欲擒先纵，欲急故缓，待其懈而击之，无不胜者。"这段话的意思是，要想使自己处于主动地位，就必须多用心计，巧妙处理得与失、大与小、里与外、出与入、先与后的关系，先放弃眼前和既得的利益，让对手放松警惕，然后有智谋、有步骤地行动，就像俗话所说的："舍出孩子套住狼。"厚黑学商战经指出，在对方强己方弱的前提下，要想赢得胜利，就要比对方多一个"轻敌"的思想，多一个"纵敌"的心眼，就是说要暂时先满足对方的骄傲自满、急于取胜的心理，故意露出破绽，骄其志气，在对方忘乎所以之时，出其不意地出击，巧取其利。

厚黑管理，从我做起

绷就是俗语所说的绷劲，是恭字的反义词，对下属及老百姓而言分两种：一种是仪表上赫赫然大人物，凛然不可侵犯；二是言谈上，俨然腹有经纶，卓卓大才。

美国全国疾病研究中心教授L.杜嘉说："你的下属一看你的行动，便明白你对他们的要求。要让别人跟着你转，你就要能吸引人家而且比别人要转得更快。企业领导敢为人先、身先士卒才能激发下属的活力；反之，畏首畏尾，踯躅不前，则会严重地影响企业组织的活力和表现。管理就是领导。领导就是领着员工走、导着员工行的那个人。管理是以身作则，带领下属工作的。不能以身作则，这样的管理徒有虚名。"

管理是一种由上而下的过程，这种过程，既是指制度和策略由上而下贯彻执行的过程，也是指从高层领导到基层员工的自上而下的自我管理过程。俗话说："上梁不正下梁歪"，管理者只有严格要求自己，发挥表率作用，才能严格要求下属，下属才能心悦诚服地听从其指挥，其制定的制度才有说服力，其布置的工作和任务才能得到下属的支持和执行。在企业中，作为管理者，其行为必定受到整个部门的关注。如果管理者认为那些挂在墙上的规章制度只是为被管理者量身定制，与己无关的话，其结果只能导致企业工作效率大大降低，人心涣散。

管理厚黑学认为，己不正焉能正人？要严格要求别人，先得严格要求自己；要厚脸待人，先要厚脸待己；要管理好下属，先要管理好自己。作为一名管理者，就该拥有这样的气魄，勇敢地站在团队的排头，作为制度的制定者，更是制度的严格遵守者，以身作则，身先士卒，用自身的魅力激励下属，影响所在团队的发展进步。

曹操领兵打仗，所向披靡。这除了他会计谋、善用人等原因外，还有一个原因就是军纪严明。不管对士兵，还是对将领，要求都极其严格，就是对自己也不例外。

有一次，曹操的部队行军，要经过一大片农田。当时曹操认为：治国平天下，主要靠强兵足食。因而他在许都地区搞了募民屯田，经济效益显著，这片农田在老百姓的精耕细作下，庄稼长得茂盛，绿油油的麦苗一望无际。

曹操走在田间，望着麦田，担心行军的队伍会踩坏庄稼，便传下口令："行军途中，不准毁坏麦苗。违令者斩！"

部队将士小心翼翼地择道而行。骑马的人也都下马行走。忽然，田中一群鸠鸟被行军的人群惊吓飞起，扑打翅膀的声响吓得曹操所骑的那匹战马惊了起来，猛地跑进了旁边的麦地中，践踏了一大片麦苗。曹操立即叫来负责文书的主簿，当着全体将士的面，让主簿给自己定罪。

主簿说："《春秋》中曾经说过，对尊王是不能加罪处罚的。"因此，他不主张责罚。

曹操说："我制定了法令，而自己的马却跑进了麦田。既然我已经触犯了法令，就应该受到处罚，做大家的表率。如果违反法令而不受处罚，如何让我的下级心服口服？"

主簿一下子无言以对，说："可是您是军队的元帅，军队不可一日无帅啊！"

曹操思考了片刻，然后说："既然我现在身为军队的元帅，有责任领兵打仗，将功补过。死罪可免，活罪难逃。就请允许我自己对自己用刑吧！"

说完，曹操不顾大家的阻拦，拔出宝剑，割下自己的头发，扔在地上。然后请主簿发一文，传到全军："丞相践踏麦田，本应当斩首示众，今割发以代。"

三军将士听到这个消息，人人悚然，从此之后，做事更加小心谨慎，不敢藐视和违反军令。

曹操割发代首，与刘备摔阿斗一样，向来被看成收买人心的举动。其实未必这样。曹操深知，如一边谈以法治国、以法治军，一边却行着“刑不上大夫”那一套，那么法就无法执行，尤其是在战乱时代，自己作为三军主帅，不能严格要求自己，士兵就会上行下效，纪律松散，无法形成坚强的战斗力，最后必败无疑。

俗话说：“正人先正己，严人先严己。”说明做将帅的要为人表率，严于律己，才能取得军事的成功。治军如此，管理更是如此。只有敢于拿自己“开刀”，才配对自己的部下发号施令。

联想在柳传志的带领下，由一个只有20万元资金的企业发展为今天有上百个亿的大企业，成为中国电子工业的龙头老大，而柳传志也被人们看作民族英雄，成为一个具有崇高威望的企业领导人。的确，联想能有今天，与柳传志的人格魅力和高尚的品格是分不开的。

在联想发展过程中，曾经有这样一件事：联想有一条制度，开二十几个人以上的会迟到要罚站一分钟。这一分钟是很严肃的一分钟，不这样的话，会没法开。一个被罚的人是柳传志原来的老领导，罚站的时候他本人紧张得不得了，一身是汗，柳传志本人也一身是汗。柳传志跟他的老领导说，你先在这儿站一分钟，今天晚上我到你家里给你站一分钟。柳传志本人也被罚过三次，其中有一次他被困在电梯里，电梯坏了，咚咚敲门，叫别人去给他请假，没找到人，结果还是被罚了站。

就做人而言，柳传志有一段很有名的话：“首先，做人要正。虽然是老生常谈，但确确实实极为重要。一个组织里面，人怎么用呢？我们是这么看的，人和人相当于一个个阿拉伯数字。比如说0000，前面的是有效数字，带一个零就是0，带两个0就是00……其实极其关键。很多企业请了很多有水平的大学生、研究生，甚至国外的人才，依然做得不好，是因为前面的有效控制不行，他也是个零。作为‘1’的你一定要正。”柳传志是这么说，也是这么做的，比如在联想的“天条”里，就有一条是“不能有亲有疏”，即领导的子女不能进公司，柳传志的儿子是北京邮电学院计算机专业毕业的，但是柳传志不让他到公司来，因为他怕子女们进了公司，互相再一结婚，互相联合起来，将来想管也管不了。

正是柳传志的以身作则，联想的其他领导人都以他为榜样，自觉地遵守着各种有益于公司发展的“天条”。使得联想的事业蒸蒸日上。

律人先律己，自己能够以身作则，做好表率，下属就能跟随你。作为企业的领导者，做到以身作则，就能以德服人、以力御人，才能取得他人的信赖和认可。好的领导人要求下级和员工做到的事，自己首先会做到。

振臂一呼、应者云集的领导能力绝不是一个领导职位就能赋予的，没有追随者的领导剩下的只是职权威慑的空壳，也就是说，是追随者成就了领导者。领导者总是员工目光的焦点，因此，领导者必须以身作则，养成良好的工作习惯和道德修养，因为员工往往会模仿上司的工作习惯和修养。

那么，领导人如何做到以身作则呢?

1. 领导者必须要有影响力。领导者的影响力从哪里来呢？一方面来自于权，也就是管理者所处的职位本身具有的权力，如奖赏权、惩罚权，在这种情况下，员工的执行更多的是按部就班的行动；另一方面来自威，即管理者的个人能力，如人格魅力、丰富的经验、卓越的工作能力、良好的人际关系。

2. 勇挑重担。领导不畏风险、勇挑重担，就会带动下属，起到表率作用，激发下属的活力。员工观察和评价上司常常是先看领导做什么，而不是先看领导说什么。

3. 自强、自制、自励。任何一个企业组织都像一面镜子，它会准确地反映领导者的观点、力量、信心、品格、愿望、忧虑、长处和缺点。为下属树立一个标准，树立一个榜样，是任何一个领导者不可推卸和逃避的义务。作为领导者，你要在你的专业知识、工作态度、精神和肉体的忍耐力、情绪控制、处世技巧等方面都要为下属树立榜样。

4. 保持乐观向上的面貌。情绪是会在人际互动中传染的。如果领导者是充满激情，昂扬向上，那么也会感染员工充满激情，昂扬向上；反之，如果领导者充满悲观，垂头丧气，那么也会影响员工充满悲观，垂头丧气。因此，领导者要树立自己的积极、正面的形象，时刻保持乐观向上的精神状态，始终对工作充满热情。

5．善于处理冲突和矛盾。领导者在处理下属和员工的冲突时，要有一种置身事外进行仲裁的艺术。最忌的是偏听偏信，信口雌黄，意气用事，妄下论断。你的理性的工作态度和处理事情的技巧也必将影响到你的下属。

6．以礼待人。领导者必须做到沉着冷静、言行一致。做任何事都做得比下属和员工更成熟老练，更有礼貌，更能始终保持自己的风度和尊严。在不触犯任何人尊严和利益的前提下，适时地把话说得圆满、把事情做得得体。成熟、有礼、大度的领导才会得到下属和员工的喜欢和拥护。

总之，作为领导者，要具有榜样和示范的作用，要能够吸引人，激励人。调查结果表明，在各家公司阶梯最高级的成功人士中，大多是那些能吸引最能干的人才，并激励他们做出出色业绩的人。有一家咨询机构做了一个调查，让员工们描绘一个他们认识的特别成功的领导。结果发现，员工们描绘的经理人中将近90%的人关心下属的职业，就像关心自己的职业一样，甚至比关心自己还多。此外，只有4%的经理人被认为只关心自己的职业。调查清楚地显示：成功的领导需要的不仅仅是领导者个人的成功，更多的是要成为组织里面的榜样和舵手。

厚黑智慧

《论语》中讲道："其身正，不令而行；其身不正，虽令不从。"一名领导者要想领导好下属，就必须先领导好自己，以身作则，做出榜样和表率。一些人学了各种管理技巧、方法，却仍然组织、管理不好，原因在于自己不能以身作则，嘴上说向左，行动却向右，这样做就会在被领导者的心目中产生不良的印象，下属不听从命令和调遣也就在情理之中了。

管理厚黑学认为，管理的本质是对人的管理，是对人的欲望进行管理，管理者必须首先管理好自己的欲望，然后才能管理他人的欲望，换句话说就是要以身作则。优秀的管理者不仅仅在管理方面有着自己独特的方式，更应该具备"领头雁"的精神与行为。员工就是一个雁队，他们的眼光都紧盯着"头雁"，"头雁"飞向哪里，雁队就飞向哪里。所以，管理者时时刻刻都要严格地要求自己，起好带头表率作用，才能率领雁队飞行。连自己都管不好，就别想管理好别人了，所谓“己欲立而立人，己欲达而达人”，只有自己能够做到的事情，才能要求别人也去做到。

念好权经，把好权关

要防小孩抢夺食物，不得不用专制手段，因此墨索里尼统治意大利、希特勒统治德意志，与商鞅统治秦相像，而都收到了同样的效果。

领导者在公司里可谓“一人之下、万人之上”，手中掌握发号施令的大权。领导者所在的位置决定了他每天要处理大量的事务，可谓日理万机、忙碌不停，但是领导者的能力和精力都有限，不可能事无巨细全由自己一个人来处理，因此必须要将一部分事务交给下属来完成。这就涉及授权的问题。

但是授权不当，又会引发问题和隐患，授权过多，下属会擅作主张，不听调遣，难以指挥；授权过小，自己又应付不了繁杂的事务，而下属也不能发挥其主动性；授权给不合适的下属，又会造成用人不当，权力浪费，工作受阻；等等。

管理厚黑学指出，权力不能独揽，也不能全部放出，既要授权，也要留权；既要放权，也要收权；授权之后要控权，控权之中要松权；权要授给放心的人，授给能干的人。

对于管理者来说，特别是作为公司的高层管理者，必须集中一定的权力于自己手中，才能实行自上而下的管理。权力不足，则难以发挥自己所在职位的职能，难以调动下属，布置任务。所处的职位越高，承担的责任越大，拥有的权力也应越多。

宋太祖赵匡胤为了防止出现分裂割据的局面，加强中央集权统治，以高官厚禄为条件，解除将领们的兵权。

宋太祖即位后不出半年，就有两个节度使起兵反对宋朝。宋太祖亲自出征，费了很大的劲，才把他们平定。为了这件事，宋太祖心里总不大踏实。有一次，他单独找赵普谈话，问他说："自从唐朝末年以来，换了五个朝代，没完没了地打仗，不知道死了多少老百姓。这到底是什么道理？"赵普说："道理很简单。国家混乱，毛病就出在藩镇权力太大。如果把兵权集中到朝廷，天下自然太平无事了。"宋太祖连连点头，赞赏赵普说得好。

后来，赵普又对宋太祖说："禁军大将石守信、王审琦两人，兵权太大，还是把他们调离禁军为好。"宋太祖说："你放心，这两人是我的老朋友，不会反对我。"赵普说："我并不担心他们反叛。但是据我看，这两个人没有统帅的才能，管不住下面的将士。有朝一日，下面的人闹起事来，只怕他们也身不由己呀！"宋太祖敲敲自己的额角说："亏得你提醒一下。"

过了几天，宋太祖在宫里举行宴会，请石守信、王审琦等几位老将喝酒（此时是公元961年）。酒过几巡，宋太祖命令在旁侍候的太监退出。他拿起一杯酒，先和大家干了杯，说："我要不是有你们帮助，也不会有现在这个地位。但是你们哪儿知道，做皇帝也有很大难处，还不如做个节度使自在。不瞒各位说，这一年来，我就没有一夜睡过安稳觉。"

石守信等人听了十分惊奇，连忙问这是什么缘故。宋太祖说："这还不明白？皇帝这个位子，谁不眼红呀？"石守信等听出话音来了。大家着了慌，跪在地上说："陛下为什么说这样的话？现在天下已经安定了，谁还敢对陛下三心二意？"

宋太祖摇摇头说："对你们几位我还信不过？只怕你们的部下将士当中，有人贪图富贵，把黄袍披在你们身上。你们想不干，能行吗？"石守信等听到这里，感到大祸临头，连连磕头，含着眼泪说："我们都是粗人，没想到这一点，请陛下指引一条出路。"

宋太祖说："我替你们着想，你们不如把兵权交出来，到地方上去做个闲官，买点田产房屋，给子孙留点家业，快快活活度个晚年。我和你们结为亲家，彼此毫无猜疑，不是更好吗？”石守信等齐声说：“陛下给我们想得太周到啦！”

酒席一散，大家各自回家。第二天上朝，每人都递上一份奏章，说自己年老多病，请求辞职。宋太祖马上照准，收回他们的兵权，赏给他们一大笔财物，打发他们到各地去做禁军职务。

历史上把这件事称为“杯酒释兵权”。此后，宋太祖又用类似的方法收回了其他地方将领的兵权。宋太祖通过这种方法，建立了新的军事制度，从地方军队挑选出精兵，编成禁军，由皇帝直接控制，各地行政长官也由朝廷委派。通过这些措施，新建立的北宋王朝开始稳定下来。

权力是领导者开展工作的后盾，没有权力则谈不上管理团队、领导下属、开展工作，因此，领导者拥有权力、将权力集中在自己手中是必要的，也是必需的。

太平天国后期，在湘、淮军的夹击下，太平军处境日益艰难。为了挽回败局，天王洪秀全采取了一种并不高明的策略，那就是大封诸王借以鼓舞士气。据统计，洪秀全先后分封了两千七百多个王，大小文臣武将、亲朋故友都如愿以偿当上了“王爷”。

然而，时间一长，这一招就不那么灵了，太容易得到的东西往往不令人珍惜，不但没有达到齐心协力挽回败局的目的，反而导致了太平天国内部秩序的严重混乱，大家都是“王”，谁也不服谁，彼此离心离德，客观上加速了太平天国的灭亡。

用权就要授权，授权必须得当。如果授权不当，授权过度，授给不合适的人，就会造成管理上的混乱，下属各自为政，不听调遣，工作无法进行。洪秀全分散授权是一种决策上的失误，造成人心涣散，指挥失控，从而直接加速了太平天国的灭亡进程。

领导者在授权中易犯两种不正确的倾向：授权不足与授权过度。授权不足，下属就不能充分发挥自己的才能，丧失热情和主动性；授权过度，又会造成管理上的混乱，工作效率低下。如何才能正确有效地授权呢？

授权要把握以下几个原则。

1．责权利一致。授权要充分交代，让下级真正明白属于他的责、权、利。避免下级推卸责任。责、权、利的一致，表现在保证下属在其位、谋其政、行其权、尽其责、得其利、罚其过。

2．授权有度。授权有度是指领导者授什么权、授多大的权必须有一定的限度，超出这个限度，授出的权要么无效，要么达不到授权的目的。能力高者，承担的责任大些，授予的权限也应大些；能力低者，限定其权限，不可盲目机械地硬性授权。

3．充分信任。既然授之以权，就要充分信任。下级不必事事请示，处处汇报，以便积极主动地在职权范围内完成目标。但这一原则不排斥上级对下级的指导和监督之权，也不否定下级有汇报工作之责。

4．保留主要权力。能够影响全局的权力不能分权，否则授权过度会造成权力分散和系统内部的不协调。所谓主要权力，即事关组织生存与发展、带有全局性问题的决策权、监督权等。作为领导者，只有而且必须掌握解决重大问题的决定权。其他问题的决定权则可以充分地交给下属。

5．有效控权。授权与控权是矛盾的两个方面，既相互联系又相互制约。授而不控，就是弃权，控而不授，就是专断。领导者在依据下属职权范围充分授权的同时，必须对所授之权实施有效的控制和监督，控制权力的途径有：第一，指明下属行使权力的范围；第二，监督下属行使权力的方向；第三，检查下属行使权力的结果；第四，保留收回权力的权力。

在实际工作中，明确授权的误区与掌握授权的艺术同样重要。因为它能使企业领导者避免陷入困境，从而有效地克服和防止授权的失败。

领导者要做到合理使用权力、安排任务、指挥下属，就必须全面掌握授权艺术，才能充分调动下属的工作热情，发挥其工作效率，搞好各项工作，实现轻松而有效的领导，最大限度地实现企业的经济效益。

厚黑智慧

权力是领导事务中敏感的话题，作为领导者，贵在能够掌握授权的艺术。善于授权，能够使领导者从纷繁复杂、千头万绪的事务中解放出来，居高临下，举重若轻，把握全局。同时，也让下属感到受重视和信任，发挥下属的积极性，提高工作效能。授权，必须把握好一个“度”。不能太小地授权，太小地授权就代表没有授权；更不能太大的授权，太大的授权，会造成权力失控，管理混乱，害人害己害企业；适中的、合适的授权才是最佳的选择。授权，必须能放、又能收，收放自如，才是真正的“授权”。说到底，厚黑管理学的智慧，就是保持授权和控权的微妙平衡。

号令严明，领导得脸黑

当首领的人，只要意志坚强，就可指挥如意，史称“李光弼入军，号令一施，旌旗变色”，俗话说“强将手下无弱兵”，就是这个道理。

管理是一个自上而下的过程，管理者制定的制度和策略只有通过下属的执行才能生效，发挥作用。因此，下属的执行力至关重要。在公司中，并不是所有的员工都能够自觉遵守公司的制度和纪律，保质保量地完成领导交代的任务，这就会影响到整个公司的工作进程，导致管理混乱，效率低下。因此，管理者要想使自己的意图得到顺利的执行，就必须采取严格的管理措施，严明纪律，赏罚分明。

厚黑学指出，在意见纷纭、工作受到阻挠的时候，为使步骤划一，法令贯彻执行，该黑脸时就得黑脸，该实施严厉手段时就要实施，必要时还要采取“杀鸡儆猴”的做法，严厉惩处那些视纪律为儿戏、对工作敷衍了事的害群之马之类的员工，此所谓“不以霹雳手段，怎显菩萨心肠”的厚黑领导学。

自古以来，政令的推行要靠强硬的手段来推广，严惩触犯纪律的作乱者是为官者树立权威的重要方法。古代著名将领无一不是靠惩处违法乱纪的人而立军威的。

春秋时，齐国人孙武，带着他的《孙子兵法》到了吴国，呈给吴王。吴王细细阅读后对伍子胥说："孙武的这十三篇兵法好极了，他真是个奇才！"于是命伍子胥去请孙武来王宫相见。

见面之后，吴王说及本国兵微将寡，问孙武怎样才可以扩军强国。孙武将当前形势分析后，便说："我的十三篇兵法，不但可施于军旅，还可以动员妇人女子，驱而用之！"吴王大笑起来，说："我从来未曾听说过可以训练女人上战场杀敌的！"

孙武说："不相信可以当面试试，如不成功，甘当欺君之罪！""真的吗？"吴王说，"好，且看看你的本领！"于是就在后宫选出180名宫女，交给孙武接受训练。

孙武将她们分为两队，命吴王的两个宠姬担任两队队长，又令所有宫女，每人各执一支戟。孙武说："军旅之事，纪律森严，有赏有罚，号令必行。"孙武把宫女编成左右两队，右姬管右队，左姬管左队，各拿兵器，示以军法：一不许队伍混乱；二不许交谈喧哗；三不许私自行动。

第二天一早，全体齐集教场训练，吴王也坐在楼上观看。180名娘子军全副武装，右手握剑，左手拿盾，分站两旁。吴王看见心爱的宠姬威风凛凛，心里着实欢喜。孙武升帐，传令布阵，将黄旗两面，授给两位队长，令为前导，众女跟随队长之后，五人为伍，十人为总，要紧随相继，不得脱离。听鼓声进退，脚步不得混乱。传谕已毕，令队伍皆跪下听命。一会儿，孙武又下命令："鼓声一响，两队齐起；鼓声再响，左队向右转，右队向左转；鼓起三通，各挺剑互斗。锣声起后收兵！"将规矩讲得一清二楚。

号令一出，众女都掩口嬉笑起来。击鼓的军士禀告，第一次鼓已击过了，但她们有的起，有的站，参差不齐。孙武站起来非常严肃地说："规矩不明，号令不熟，是将领的罪过。可再申前令，解释清楚！"军吏奉命再大声告谕一次。鼓吏第二次击鼓，这些女子依旧嬉笑耳语，挨肩斜倚，乱成一片。

孙武忽然双目一瞪，大发虎威，喝问："执法吏何在？""有！"

“我已说过，规矩不明，号令不熟，是将领的罪过；今已约束再三，号令已明，却明知故犯，违反号令，就是军官和兵士之罪。”左右见孙武正发怒，不敢违抗，便将两姬捆绑起来。

吴王看见，要斩他的爱姬，大吃一惊，急命人持节驰救，令曰：“寡人已知将军的用兵能力了，但两姬乃寡人心爱之人，非此两人，食不甘味，睡不安寝，请看寡人面上，赦免一番！”孙武拒绝，说：“军中无戏言，臣已奉命为将，若听君命，赦免有罪，将何以服众？斩！”

不一会，两姬头颅挂起来，众宫女无不身体发抖，牙关发颤，诚惶诚恐地跪在帐下听令。

孙武又将副队长任命为队长。于是再击鼓发令，宫女们前、后、左、右、跪、起都符合规矩要求，没有一个敢出声的。自此之后，吴王深知孙武善于用兵，于是拜孙武为将军。孙武纵兵驰骋，西破强楚，北威齐晋，捷报频传，显名诸侯，使吴王阖闾称雄一方。

所谓“杀鸡儆猴”“杀一儆百”，就是威慑恫吓之意，这是权术，是驭众手段。步骤划一，法令贯彻执行，必须依靠严厉的手段。军队如果没有铁的纪律，就不能令行禁止，就不会有战斗力。同时纪律应该是无私的，罚不避亲，行不畏贵，法才有权威性，令才有号召力。

管理现代企业和机构，也同治军一样，要有严明的纪律和有令则行的作风。在执行纪律中，做到一视同仁，公开、公平、公正，不受个人因素影响，不可感情用事。以一警众，是为了维护企业和社会的秩序和纪律。

《史记·司马穰苴列传》记载，齐景公时（公元前547—前490年）晋军、燕军进攻齐国，齐军战败。晏婴向齐景公推荐田穰苴，景公召见穰苴，和他谈论军事，很赏识他，任命他为将军。不过以田穰苴的名望和身份，当时军队里很多人对他这个统帅都心有不服，于是他使了一个策略，他跟景公说：“我身份卑贱，您把我从乡里中提拔起来，位在大夫们之上，恐怕士卒不拥护，百姓不信任，所以我想请您选派一个亲近又在全国享有威信的人做我的监军，这样才好！”景公允许了，就派宠臣庄贾去担任监军。穰苴与庄贾约定第二天中午在营门相会。

第二天穰苴先赶到军营，安设好木表和滴漏，庄贾那边亲戚同僚为他送行的，喝了很多酒，到了中午庄贾还未到。穰苴就命令放倒木表，停掉“滴漏”，进入军营调度部署军队，申明军纪法令。一切规定完毕，黄昏时分庄贾才到。

穰苴叫来军法官问：“按军法误了规定时限而迟到的，该怎么处理？”军法官说：“应该斩首。”庄贾害怕了，急忙派人飞马急报齐景公。派去的人还未回来，穰苴就把庄贾斩了，在全军示众。全将军士都大为惊惧。过了一会儿，齐景公派的使者拿着符节来赦庄贾，其乘车直接驰入军营。穰苴说：“将帅在军中，君命有所不受。”又问军法官：“直闯军营的，该怎么处理？”军法官说：“应当斩首。”使者大为恐惧。穰苴说：“国君的使者不能杀。”就杀了他的随从，砍断了他乘车左边的辅木，又杀了左边的骖马，再次在全军示众。于是全军肃然。

部队出发后，穰苴对士卒们的休息、宿营、掘井、修灶、饮食、疾病、医药，都亲自过问和安抚，把供给将军的全部费用和粮食，都用以犒赏士卒，自己与士卒吃一样的伙食。对体弱士卒特别亲近，三天后部署调整军队时，病兵都要求同行，士卒都争着奋勇参战。晋军得知这个消息，就撤兵走了。燕军得知这个消息，也回渡黄河而取消了攻齐计划。齐军收复了全部失地，军威大震！

古人说，“要取信，罚不如赏，赏大不如赏小；要立威，赏不如罚，罚下不如罚上”，采用“杀鸡儆猴”的方法，抓住个别位高权重的坏典型，从严处理，就可以震慑全军。

在一个公司内，总是会存在这样一些员工，他们对于工作，只求合乎标准，不求创新或突破，永远跟着别人后面走，以为只要不太过落后，就算是好成绩。有些主管认为没有必要与下属过不去，也以为反正是为公司赚钱，自己没有额外利益，得过且过算了。下属最喜欢这种类型的上司，凡事只要合格就够了，不求更好，上司也含糊过去，压力就减至最低点。此举除了会影响你的声誉外，下属根本不会把你放在眼内。工作一旦发生错误，责任不好说清了。所以，该严厉时得严厉，该追究责任时就得追究责任，不能对下属的散漫行为置之不理，对下属所犯的错误姑息迁就。

一位领导者不能只做“老好人”，有时候你必须责备和惩罚。假若你不这么做，错误的事将接二连三地来。此外，你也等于告诉其他的人，不管工作成绩或做事态度如何，你都不会在乎。当然，你都不在乎，下面的人也会跟着你不在乎。

巴顿将军劝告别人，对犯错者应该立即责备；他自己的部下每当犯错，他也会立即让他知道。他曾经这样说过：“虽然在战斗训练中我不能杀人，但是我会让那些犯错的人因我发怒而情愿死去！”

畅销书《一分钟经理人》作者希兰查德和詹森也提出了类似的建议：“要在错误发生后立即加以责备。你要明白指出他们错在哪里；用坚定的口气告诉他们，你觉得他们错了。”

“当你必须作责备时，记住要立即行之。另外你应该记住，责备是批评的一种，因此你应像我们在书中前面所讨论过的，规过私室。有时候你想骂人，也许经过深谈以后，知道犯错者有不得已的苦衷。那你根本就用不着再责备了。由于你在私下责备人，对你自己或者别人都不会形成干扰。”

“假若你在盛怒的状况下，你可告诉对方你在生气，而且告诉他你为什么生气。生气是可以的，但千万不要气得失去控制。失去控制表示你已失去原来责备的目的。”

“当你要责备人时，你得谨记自己要达成的目标。你不是要伤害别人、引起别人反感或是恐惧，而是要别人知道错误，谋求改进。”

厚黑智慧

古人云：“治乱世，用重典；治乱军，用严刑。”古代作战行军打仗，讲究“军令如山倒”，一旦军事首领颁布军令，士兵就必须严格执行，非如此不能打胜仗。孔明于挥泪斩马谡之时说：“昔孙武所以能制胜天下者，用法明也，今四方纷争，兵交方始。若废法何以讨贼，不明正军律何以服众？”这就是平乱与治乱的权术，是杀鸡儆猴的妙用。人是有思想的动物，喜欢各有主张，各行其是，这原本无可非议。但是对于一个组织和公司来说，如果人人都按自己的主张行事，必将导致管理混乱，有令不行，有禁不止，整体精神涣散，工作效率低下。

管理厚黑学认为，当领导的威风是杀出来的，在下属面前不能做一个“亲善大使”，该板着面孔时就不要顾及脸皮，该黑脸时就得黑脸，号令严明，必要的时候“杀鸡儆猴”，树立做领导的威风。当然，做领导除威风八面之外，还要有具体的立威措施，把威严贯于管理之中才能威得久，威得大。

放下自我，三顾天下才

刘先主临终，嘱后主读六韬君书，谓其益人神智，可见他对于厚黑学，是有研究的。所以他三顾茅庐，绝不敢使出“眄视使人”一类态度，如果不懂厚黑学，怎能纡尊降礼，把一个“不求闻达”的孔明，罗致出来。

刘备这个人最大的特点，在于脸皮厚。他一生四处寄人篱下，浑然不觉得窝囊。脸皮之厚，可谓前无古人，后无来者。

作为一名管理者，其手下必须拥有一批精明强干、能力出众的人才，才能实现其建功立业的大志，即使是能力再强的领导，凭一己之力也难以实现愿望、成就一番事业。因此，明智的管理者都懂得人才在成就事业过程中的重要意义，为此想方设法寻求英才俊杰为己所用，即使是降低身份、丢失面子也不顾忌。这就是厚黑学中的“求贤学”。

夏朝的最后一位君主夏桀是历史上有名的暴君，他荒淫无度，穷奢极欲，昏庸残暴，惹得天怒人怨、众叛亲离。当时，商汤是夏朝的属国商国的国君，是一位非常有能力的领导者。商汤看到夏桀已失民心，便决心推翻夏桀的统治，并为此做了大量准备。商汤手下虽然有不少能征善战的大将，但还缺少一位足智多谋、运筹帷幄的栋梁之材辅佐。为此，商汤想尽办法来搜罗人才，结果成效甚微，使得他心急如焚。

当时，年逾古稀的姜子牙仍然未遇明主，听说周文王在招揽人才，便拿上钓鱼竿到渭水之滨，终日借垂钓来修养心志，磨炼毅力。姜子牙钓鱼从来不用鱼饵，且鱼钩是直的，正所谓“姜太公钓鱼，愿者上钩”。其实姜子牙并不是真的钓鱼，只是想看周文王是否识才，能否放下架子求才，进而决定是否为他效力。

有一天，周文王坐着车，带着他儿子和兵士到渭水北岸巡视。在渭水边，他看见一个老头儿在河岸上坐着钓鱼。大队人马过去，那个老头儿只当没看见，还是安安静静钓他的鱼。文王看了很奇怪，就下了车，走到老头儿跟前，跟他聊起来。

姜子牙说：“凡是河流源头源远者，河水必然奔流不息，于是才有鱼群栖息；树大根深者必定枝繁叶茂，于是才能果实丰硕。同样的道理，人与人之间唯有相互理解，心灵相通，才有发展伟大事业的前提。比如在溪边垂钓，小鱼总是盯着小饵，若有若无的钓线使它放松了警惕；稍大些的鱼儿总是看好块大味香的饵料，即使是钓线就在身边，为求得香甜的美食，它也会忘掉危险而冒险一搏。而要想钓到大鱼，就要安上大块饵料，钓线也要粗壮结实，否则就会失之交臂，鱼饵两空。鱼一旦吞下钓钩，钓线就牢牢地牵住它；用人也是如此，人才一旦接受了相应的待遇，便会为施恩者尽心竭力地服务。用网捕鱼，还会有漏网的；可用饵钓鱼，却可以把水中之鱼陆续钓尽。同样的道理，提供相应的待遇，就可以把天下的人才都招揽而来。悬纶垂钓与治国平天下，虽事有大小之别，目标也有高下之分，然而其中的道理却是相通的。钓鱼的三大要领无非是钓点判断、饵料设计和提竿溜鱼，而治国平天下也有三大法宝：提供优厚的待遇是为了让所用之人贡献聪明才智，提倡视死如归的精神是为了让士兵英勇善战，设立高官厚禄是为了让贤臣良将帮助君王成就大业。”

经过一番谈话，周文王知道他叫姜尚，是一个精通兵法的能人。文王非常高兴，说：“我祖父在世时曾经对我说过，将来会有个了不起的能人帮助我把周族兴盛起来。您正是这样的人。我盼望您已经很久了。”说罢，就请姜尚一起回宫。

姜子牙理了理胡子，就跟着文王上了车。后来，周文王去世，姜子牙就辅佐文王的儿子武王，充分发挥他的才干，率领三军历经大小无数的战斗，最终打败商纣王，平定天下，周朝也从此建立起来。

周文王求才若渴，并没有因为自己是一方诸侯而姜子牙是一位身份卑微的乡野老者就看不起他，而是屈尊降贵，以上宾之礼相待，委姜子牙以重任，终于成就一番帝业。他所用的求才用贤之法与厚黑“求贤学”是同出一衷、如出一辙的。

三国时期的刘备，也是一个求访贤才的厚黑高人。

汉朝末年，天下大乱，曹操坐据朝廷，孙权拥兵东吴，刘备势孤力单，依附于荆州刘表。虽然他有成就事业的大志，建功立业的雄心，但是屡遭失败，连个立足之地都没有。残酷的军事政治斗争，冷酷的现实，使他深刻认识到，要实现得天下的愿望，没有智能之士的帮助是不行的。因此，他思贤若渴，积极招贤纳士，到处网罗人才。

刘备听当时的隐士徐庶和司马徽说南阳的诸葛亮很有学识，又有才能，就和关羽、张飞带着礼物，到隆中（今河南南阳城西，一说为湖北襄阳城西南）卧龙岗去请诸葛亮出山辅佐他。恰巧诸葛亮这天出去了，刘备只得失望而回。不久，刘备又和关羽、张飞冒着大风雪第二次去请。不料诸葛亮又出外闲游去了。张飞本不愿意再来，见诸葛亮不在家，就催着要回去。刘备只得留下一封信，表达自己对诸葛亮的敬佩和请他出来帮助自己挽救国家危险局面的意思。过了一些时候，刘备吃了三天素，准备再去请诸葛亮。关羽说诸葛亮也许是徒有一个虚名，未必有真才实学，不用去了。张飞却主张由他一个人去叫，如他不来，就用绳子把他捆来。刘备把张飞责备了一顿，又和他俩第三次访诸葛亮。到时，诸葛亮正在睡觉。刘备不敢惊动他，一直站到诸葛亮自己醒来，才彼此坐下谈话。

诸葛亮见到刘备有志替国家做事，而且诚恳地请他帮助，就出来全力帮助刘备建立蜀汉皇朝。

刘备三次亲自请诸葛亮的这件事情，历史上叫作“三顾茅庐”。自古以来，得人才者得天下。刘备在以后的军事、政治生涯中，正是得益于诸葛亮的鼎力相助，才使他奠定了三分天下的基业，建立了蜀汉政权。

与刘备同一时期的曹操，也是一位网罗人才的厚黑大师。曹操在攻占冀州后曾说道：“吾任天下之智力，以道御之，无所不可。”为了让天下的谋士武将聚集在自己的帐下为其所用，曹操可谓无所不用其能，苦心钻营，百般笼络，终于寻得一批能人志士，成就一番功业。

汉末天下分崩，当时袁绍作为中原地区势力最大的军阀，执掌了联军首领的牛耳。曾几何时，袁绍官渡兵败，郁闷病死。冀州被曹军占领。曹操攻下冀城，来往袁墓设祭，且“再拜而哭甚哀”。他对众官说，当年和袁绍起兵，袁绍问他，“如果不成功，将依赖什么过活？”曹操说，“你的意思如何呢？”袁绍说，“我将南据黄河，北守燕、代之州，兼拥有沙漠腹地，南向以争天下。”曹操便答了上面的话。袁、曹各依地域、经济、军力和智力进行较量，而终究曹操胜了袁绍，掌握了北方。

袁绍拥有富源广阔的地盘和实力雄厚的军队，也拥有像田丰、沮授、陈琳、审配等杰出的文士。袁绍却只知“据河阻燕”，看重自己的实力，不把那些无价之宝的谋士放在心上。他还鸡肠小肚，容不得别人胜过自己，把田丰、沮授都杀了。曹操与他相反，懂得谋臣的价值，杨修投靠他时，他跣脚相迎，审配、陈琳被抓到时他仍劝降，表现了爱才惜才的一片真心。只是审配决意死节，才斩而厚葬。陈琳被刀斧手捉至，曹操说：“你为袁绍拟檄，数落我的恶行，是可以的，可为什么要侮辱我祖、我父呢？”陈琳说：“箭在弦上，不得不发。”左右都劝曹操杀了他，曹操惜其才，不但予以赦免，还给了从事的官给陈琳做。

曹操广纳天下名贤，“御智以取天下”，是一种“厚”到极致的用人策略。刘邦说过，他用兵不如韩信，谋算不如张良，治国不如萧何，但他能用他们之所长，而终成为君主。曹操的话与汉高祖有异曲同工之妙，所以他比袁绍高明，“御智”比“据地”显示了优势，他的厚黑用人御人术在他实现其政治抱负的过程中发挥了巨大的作用，四海之内的一大批能臣谋士为他的厚黑用人策略所征服，为其出谋划策，卖力效命，曹操也依靠着这些人的智慧和力量坐拥三分江山。

厚黑智慧

俗话说，“巧妇难为无米之炊”，作为一名管理者，手下如果没有一批见识出众、技术超群的优秀下属为其做事，工作就无法开展，难以取得成功。管理者最主要的作用，就是发掘最优秀的人才并设法将其才干充分发挥出来，按照自己的意图将工作做到位，把事情做完美。人才难得，好人才则更难得，因此，管理者要有礼贤下士的胸怀，有文王“出访求贤”的苦心、刘备“三顾茅庐”的诚心、曹操“唯才是举”的用心，放下身段，虚心求贤，网罗人才，以自己的诚心换取对方的忠心和智慧。只有摆出一副求贤若渴的姿态，让对方感到其受到了重视和尊重时方才会“感激涕零”“尽忠报图”，为你出力办事。那些能够成功的管理者，都懂得人才的重要，都是能够聚集人才并善于依靠别人才智的人，这样他们才能一呼百应，得到更多人的支持，实现自己的事业目标。

结人心，造团队，带队伍

孔老的兵，是拿来防御自己，是维持仁慈的工具。

人的内心都有被他人关心的期望。作为领导者，要善于把握下属的心理，留心下属工作和生活上的一些问题及困难，给予及时的关心和照顾，不论你是真心实意也好，虚情假意也罢，只要这样做了，下属就会感受到人与人之间的相互尊重、相互关心，认为你是一个值得亲近和信赖的领导，从而紧跟在你的身边，努力为你工作。

试想一下，如果你的上司在上下班时经常和你打招呼，如果你的上司在你犯错误时用和蔼的语气帮你认识错误，如果你的上司在你有烦恼的时候热心开导，如果你的上司在你生活有困难的时候给予支助，如果你的上司在你生病的时候亲自看望……这样的领导，谁会不对其工作尽心尽力呢？

利用人情账与下属打成一片，是领导用来笼络下属的手段，也是一个高明领导者必备的功夫。

春秋末年，晋国有个卿大夫叫赵简子，他有两头心爱的白骡。一天夜里，住在广门县的小官阳城胥渠的仆人来到赵简子的门前，敲门告诉说：“主人胥渠生病了，医生说，如果弄到白骡的肝吃了，病就能治好；如果弄不到的话，那就必死无疑。”

负责通报的人进去禀告赵简子。在一旁侍奉赵简子的家臣董安听后大怒：“胥渠这家伙，竟然算计起主人的白骡来了。请让我把他杀掉！”

赵简子说：“杀人为的是使牲畜活命，不是太不仁义了吗？而杀掉牲畜去救人活命，却是仁爱的表现。”于是吩咐厨师杀掉白骡，取出骡肝，送给胥渠。人们听说后非常感动，后来，赵简子攻打狄城。广门县的胥渠带领军队参战，左队七百人，右队七百人，争先登上了城头，赵简子大胜敌军。

作为领导者要关心和爱护下属。《孙子兵法》开宗明义，认为“道”是赢得战争的第一种因素。所谓“道”，就是让部属与领导者的价值观相一致，这样部属就会与领导者同生共死，不会畏惧什么困难和危险，表现出崇高的献身精神。

在这个竞争激烈的年代，企业越来越强烈地需要员工的献身精神，而员工的献身精神却稀罕得几乎成了神话。导致这种情况出现的原因，可能是由于管理者的唯利是图，严重伤害了人的价值自尊，献身精神甚至成了被嘲笑的对象。企业陷入了左支右绌的困境，可依然像一只“漏水桶”，总是无法实现理想的成本管理和赢利。作为一名管理者，你需要箍好这只水桶。

魏国名将吴起立了战功后，被任命为河西守将。他在职期间，与士兵同甘共苦，生死与共，深受将士们的爱戴和敬重。

一次，军中有一个士兵生了毒疮，红肿溃烂，疼痛难忍，恶臭熏人。

吴起得知后，立即亲自去替他吸吮脓血，裹伤敷药，像对待亲生骨肉一样关怀备至。那士兵在吴起的精心医治护理下，很快就痊愈了。

吴起爱兵如子的行为，使全军上上下下，无不深受感动。不久，这事传到那个士兵的家中，其母竟放声大哭起来。人们觉得很奇怪，便问她：“吴将军亲自为你儿子吸吮脓血，治好他的恶疮，你不但毫无感激之情，反而痛哭流涕，是何道理？”老妇人回答说：“诸位有所不知，当年我的丈夫也在吴将军的部下当兵，将军也为他吸吮过脓血，治好了毒疮。他为了报答将军的深情厚谊，作战时总是一往无前，视死如归，直到战死疆场。现在我的儿子怎能受恩不报呢？不知道他又将葬身何处了，这怎能不使我伤心落泪呢？”

吴起就这样培养了一支堪称父子之兵的队伍，并率领这支队伍与诸侯大战七十六次，其中有六十四次大获全胜，还从强秦手中夺得五座城池。

人们常用“爱兵如子”这句话赞扬将领对士兵的关怀与爱护，历来是把这种关怀与爱护当成美德来歌颂的。在现代社会，领导与下属的人际交往关系中更是如此。

《史记》中有句名言为“桃李不言，下自成蹊”，意思是说桃李虽然默默不语，但由于会开美丽的花、结可口的果，所以人们自然喜欢接近它们，而在树下形成小径。这是比喻一个人若能诚信待人，无须开口就会获得人们的帮助和支援。这句话是《史记》的作者司马迁用来歌颂李广将军的。

李广是西汉名将，勇猛善射，伐匈奴有功，武帝时任卫尉，后任右北平太守，使匈奴数年不敢南侵，因而被誉为“飞将军”。但李广似乎也时乖命蹇，由于受武帝及外戚军人卫青等的嫉视，虽然屡建奇功，却始终未封侯。李广的死也很悲惨。李广虽已近年迈，但仍鞭策衰躯，自愿随大将军卫青远征匈奴，在行军中却因受卫青排挤而迷了路，以致影响作战计划，最后引咎自刎而死。

李广虽是个以悲剧收场的将军，但就其对人心的收揽而言可说是非常成功的，部下对他无不心服。李广自刎而死的消息一传开，根据记栽："广之军士大夫，一军皆哭。"也就是说，非但其属下部将，连士卒都为李广的死而恸哭。不仅这样，连全国人民，不管是否直接认识他，也都为李广的死而流泪悲痛。

李广之所以如此广受部下爱戴、全国人民的仰慕，固然是因其具有与匈奴七十余栽皆胜的辉煌战果，但主要原因还是在于李广平时对待部下的态度。

李广一生淡泊名利，若有恩赏必将之悉数分配与部下，每天都与士兵吃相同的饭食。一生当中，虽有四十年以上期间为两千石的俸禄，但李广家中从无恒产，也从未有人听他发过一句牢骚。

行军中，全军兵马饥渴交迫时，好不容易发现可供饮用的水，李广从未抢先饮用，必定等到全军兵马喝足才饮；食物也一样，在部下还没有全部分配妥当以前，自己也从未先吃过。

有位同僚将军曾这样评价李广的军队："李广的军律未免太松懈了，若遭突袭则必然不堪一击。但是，士兵行动虽然松散，却都是随时乐意为李广效命的勇士！"由此可见，部下们都衷心仰慕李广，对李广的命令也都乐意服从。

爱兵如子是中国人推崇的带兵之道，不少文人墨客都曾宣扬这种"爱下属"的管人之道。领导者必须深切地了解这种管理之道。"爱下属"所产生的心理效应是巨大的，作为一个领导，如果能够在日常管理活动中尊重下属的意愿、体味下属的情感、维护下属的利益，那么在关键时刻，下属也就会更加积极、主动地投入工作，尽心尽力。

爱人者，人恒爱之；敬人者，人恒敬之，作为领导者，不能只是过问工作上的事情，对下属的个人心情和生活不闻不问，那样会把自己置于与下属对立的一面，不利于工作的开展。

厚黑智慧

管理厚黑学认为，领导者要放下架子，"厚"着脸皮经常深入"基层"，和下属打成一片，同时，当下属有困难的时候，要积极帮助其解决问题。这样既展示了领导解决问题的能力，也促进了领导和下属之间的关系，增加领导在下属心目中的地位和分量。

无论是谁，都愿意在一个富有人情味的团体里工作和生活，领导是否善解人意，是否体恤和关怀下属，成了其中的关键。领导一点儿小小的关心，会使下属几天几夜想着你的恩德。一些高明的领导者就非常善于使用“笼络人心”这一御人用人的手段，从情感、思想、工作、生活入手，通过各种方法笼络下属的心，激起下属工作的热情，达到自己的目的，“笼络人心”是他们攀上事业巅峰的一块垫脚石。

宽厚待人，爱护下属

凡人要想成功，第一要量大，才与德尚居其次。以楚汉而论，刘、项这两个人，德字都说不上，项羽的才能胜过刘邦，刘邦的度量却胜于项羽。韩信、陈平、黥布等，本来都是项羽方面的人，只因为项羽气量小，容纳不下这些人，才走到刘邦方面来。刘邦豁达大度，把这些人一齐容纳，汉兴楚败，势所必至。

能容忍下属所犯的错误，才能赢得下属的支持和配合，才能更好地开展工作。作为领导，首先要有一个宽广的胸怀、一颗宽容的心，能够正确对待并能容忍下属所犯的错误，这就是厚黑学中所说的领导“宽容术”。而有的领导对待下属总是以自我为中心，用高标准来要求下属，近乎苛刻，有时为一点无关紧要的小错对下属指手画脚、大声呵斥，甚至恶语相加，恨不得将下属扫地出门。

其实，与下属相处，大可不必这么“小气”，为一点小事大动干戈，如果试着用宽容的心对待下属所犯的错误，对他们报以微笑，善言相劝，相信将来他们会以另一种方式来回报你。

楚庄王是春秋时期楚国国君，春秋五霸之一，我国古代著名的政治家、军事家。历史上流传着许多关于他的传奇故事，比如“不鸣则已，一鸣惊人”“庄王葬马”等，“楚王断缨”也是一则千古传颂的历史故事。

有一次，楚庄王大宴群臣，使美人行酒。饮到傍晚，席间欢歌笑语之时，突然一阵风，吹熄了所有蜡烛。漆黑之际，楚王的爱妃许姬悄悄告诉楚王，刚才有人乘机摸了她的玉手，而她也扯断了此人的帽缨，要求庄王根据这个线索查出此人是谁，然后给予严惩。

不料楚王听了之后，小声呵斥她说：“怎么能因为妇人之节而辱士呢？”说完立即大声命令不要点蜡烛，还对众人说：“寡人今晚务要与诸位同醉，大家也都要尽兴才是，不断缨者不能归。”于是，群臣都拉断了帽子上的缨穗。这时，庄王才命令重新点燃蜡烛，与群臣尽欢而散。这便是有名的“绝缨会”。

后来楚与郑争霸，楚王伐郑，有一健将单独率数百人，为三军开路，斩将过关，直逼郑国首都，使楚王声威大震。而且他经常奋战在前，五次战斗五次全胜敌军，终使楚军大胜。后来有人问他如何能够如此勇猛，不惧怕牺牲，原来此人就是当年在欢宴上调戏许姬的人。

“明知故问”的人同那种“睚眦必报”的人比起来，自然不可同日而语。楚庄王对部下调戏自己爱妾的行为不予追究，还主动为那人解围，免得尴尬，这种豁达又细心的做法，无法使当事人不感动，无法使他不在以后的日子里拼死效命。古人有“骂如不闻，看如不见”的“柔弱”功夫，既能避免是非，又更利于成功，有时候面对下属所做的一些我们不愿看到的现象时，不妨作一下取舍，大度地放过，必能得到回报的。

作为领导者，如果属下的一点小小的过失都不能容忍，睚眦必报，就很难让下属产生感激之情，配合你开展工作，更不用说在关键时刻助你一臂之力了。能够容忍下属所犯的一点过错，不加追究，下属必然会尽自己的全力来报答你。原因在于你不记他的过错，给他以希望，他要报恩的感情存于胸中。

通用电气的杰克·韦尔奇认为：管理者过于关注员工的错误，就不会有人勇于尝试。而没有人勇于尝试比犯错误还可怕，它使员工故步自封，拘泥于现有的一切，不敢有丝毫的突破和逾越。所以评价员工重点不在于其职业生涯中是否保持不犯错误的完美记录，而在于是否勇于承担风险，并善于从错误中学习，获得教益。通用能表现出很强的企业活力，与韦尔奇的这种对待员工错误的方式有莫大的关系。

同样，西门子公司对员工的错误也很宽容。西门子（中国）有限公司人力资源总监说，我们允许下属犯错误，如果那个人在几次犯错误之后变得“茁壮”了，那对公司是很有价值的。犯了错误就能在个人发展的道路上不再犯相同的错误。在西门子有这样一句口号：员工是自己的企业家。这种氛围使西门子的员工有充分施展才华的机会，只要是有创造性的活动，失误了公司也不会怪罪。

对下属的错误能否保持足够的宽容态度，也体现了一个领导者的胸襟、气度、涵养的有无及其工作能力的高低。

玛丽·凯·阿什是个具有感染力的魅力领袖者，她创办了玛丽·凯化妆品公司，并担任总裁和董事长，在她的努力下玛丽·凯化妆品公司成为世界上最优秀的公司之一，她本人也因出色的能力成为奥戛评奖委员会董事会成员，1978年哈莱蒂奥·奥托奖获得者，以及“年度企业家”“年度事业女性”头衔获得者。

在她的管理信条里面有很重要的一条就是：人才是一个企业中最宝贵的财产，企业管理的关键是人才管理。在记者问到她会如何对待不合格或犯错误的员工的时候，她说，最重要的就是学会宽厚待人，我们应该学会换位思考，其实当做不好一项工作的时候，最难受的是员工。而作为管理者，我们应该帮助员工发现问题，改正问题。如果发现该员工确实不适合这个工作，我们也会尽自己最大的努力去帮助他寻找自己擅长的工作，完成角色的转变……

在她的公司，员工的满意度出奇地高，每个人都卖命地工作，因为他们欣赏玛丽·凯·阿什的个人魅力，更相信只要跟着她做事，他们会过上幸福的日子，即使被她批评，他们也一样会兴奋地说声谢谢。

玛丽·凯·阿什的管理经验值得我们认真地学习和实践。试想一下，一个处处为员工着想的公司怎么会留不住员工呢？一个处处为员工进步着想的管理者怎么会不受到员工的爱戴和尊敬呢？当一个员工犯了错误的时候，不是急着去批评他，而是和他站在一条战线上，帮助员工寻找工作没有做好的原因。如果他确实不适合做这个工作、就帮助他们完成角色的转变，征求一下他们的意见是不是需要换一份工作……这样，你的员工下次肯定会努力把工作做好。

当然，容忍下属的错误并不是说对下属的错误置之不理、不闻不问，甚至给人以纵容犯错的印象。那么，作为一名优秀的管理者，应当如何面对和处理下属所犯的错呢？

1. 和下属一起承担错误。面对下属犯的错误，很多管理者不懂得一起去承担错误这个很简单的道理，总是认为既然是下属犯的错误，他就应该承担责任，而作为管理者的自己却没有责任。面对下属犯的错首先在自己的身上找责任，检讨下属犯的错误是不是有自己疏忽的地方，自己是指导不到位还是监督不到位，认真地进行思考，只有这样的中层干部才会让下属佩服。

2. 体贴下属的心情。下属犯了错，内心也会感到不安和愧疚，害怕受到批评和责备。因此，管理者应当体贴下属的心情，不能不问青红皂白就将下属批评一通，应当首先给予赞扬，对下属的工作给予肯定，也就是对下属好的方面和闪光点给予赞扬，这样下属会从内心感激你。

3. 适当的批评。下属犯了错误，批评当然还是要有的，但是一定要适度，并且要讲究批评的技巧。下属有了错，有的领导一而再、再而三地加以批评，会使下属从内疚不安到不耐烦再到反感讨厌。因此，做管理者的应坚持对下属“犯一次错，只批评一次”。再次批评也不应简单地重复，而要换个角度、换种说法，这样下属才不会觉得同样的错误被“揪住不放”，厌烦心理会随之减低。另外，批评应尽量单独批评，不要在大庭广众之下。否则会让下属很没有面子，效果反而更不好。

厚黑智慧

总盯着下属的失误，是一个领导者的最大失误。当下属犯错时，如果对其严词批评，甚至将其骂得狗血淋头，如此一来不但不能起到杀一儆百的作用，还会使事情走向反面。过于关注下属的错误，尤其是一些非根本性的错误，会大大挫伤下属的积极性和创造性，甚至使下属产生对抗情绪。厚黑学认为，在管理中，领导者要学会宽容下属的错误，在批评的同时不忘肯定下属的功绩。懂得如何顾全下属面子的管理者不仅会使批评产生预期的效果，还能得到下属的大力拥戴。不能总是盯着下属的失误不放，要宽容下属的过错，并给予其改正的机会。

恩威并用，白脸黑脸

恐与捧字，是互相结合着用的。善恐者，捧之中有恐……善捧者，恐之中有捧。

作为领导者，有时会处于一种两难的境地：对下属要求过严，以铁腕手段管理下属，事事要求过高，下属的一点小错都不能容忍，就会使下属对自己敬而远之，甚至产生逆反心理，造成工作难以执行；对下属要求过宽，以怀柔政策管理下属，遇事睁一眼、闭一眼，下属犯了错误不予严惩，自己就会失去威信，下属对你的命令阳奉阴违、敷衍塞责，也会造成工作难以完成的局面。

孙子强调，为将者必须做到爱护士卒如同对待自己的儿子那样，只有这样，士卒才可以共赴危难。但是他又认为“慈不带兵”，关心爱护士卒又要掌握一定的度，必须赏罚严明，秋毫无犯。领导别人不是只拿着指挥棒对下属指指点点，耀武扬威、颐指气使，逼迫下属听从你的命令，更不是像个小媳妇似的哄求下属去做事。领导是一门艺术，一种智慧，需要辅以一些为人处世的经验和方法。对待下属，有时你既要唱白脸，又要唱黑脸，掌握了白脸黑脸术，当能屈能伸，能柔能刚，亦宽亦严，亦恩亦威。因此，对待下属既要有软的一手，也要有硬的一手，只有恩威并施，才能真正树立你的“官”威，统御下属。

清朝乾隆皇帝对知识分子使用的“棒子和胡萝卜”的政策堪称空前绝后。

乾隆在位期间，大兴文字狱，有案可查的竟有七十余次，远远超过他的先辈们。乾隆这一手也够厉害的了，只搞得文人仕士人人自危，几篇游戏之章，几句赏花吟月之词，也往往弄出个莫须有的罪名，乾隆就是使用这样无情的棒子巩固了自己的地位。

但乾隆并没忘了“送胡萝卜”的重要，对知识分子采用怀柔政策。他规定：见了大学士，皇族的老老少少们要行半跪礼，称“老先生”，如果这位大学士还兼着“师傅”，就称之为“老师”，自称“晚生”。同时，一方面大搞正规的科举活动，不断网罗文人仕士加入为朝廷服务的队伍；另一方面特开博学鸿词科，把那些自命遗老或高才、标榜孤忠或写些诗文发泄牢骚的文人，或不屑参加科举考试而隐居山林又有些威望的隐士，由地方官或巡游大臣推荐上来，皇帝直接面试。这种活动搞了三次，录用24人。录用者自己春风得意，自然也感激皇恩浩荡；落榜的百余人，也无面目自命遗老孤忠去讽刺朝政。

乾隆对被自己亲自面试的录用者关心备至，如其中有个叫顾栋高的人，录用时年岁就不小了，当时授予国子监司业之职，到年老辞官时，乾隆亲自书写了两首七言诗加以褒美。后来，乾隆下江南，又亲赐御书，越级封他为国子监的祭酒。

俗话说，“打一巴掌揉三揉”，乾隆对待知识分子的策略，可说是厚黑学理论的精髓体现。即要对下属的过错严惩不贷，又要让下属死心塌地地为自己卖命工作。精明的领导就需要懂得赏罚分明、宽严得体、恩威并施，尤其要软硬兼施，达到既要纠正其错误，又让其心存感激的目的。

美国一家公司有一位高级主管，由于工作严重失误给公司造成了1000万美元的巨额损失。为此，这位主管心里非常紧张。第二天，董事长把这位主管叫到办公室，通知他调任另一同等重要的新职，这位主管大吃一惊，他非常惊讶地问道："为什么没有把我开除、降职？"董事长平静地回答："若是那样做的话，岂不是在你身上白花了1000万美元的学费！"

这出人意料的一句激励话，使这位高级主管从心里产生了巨大动力。董事长的出发点是：如果给他继续工作的机会，他的进取心和才智有可能超过未受过挫折的常人。后来，这位高级主管果然以惊人的毅力和智慧，为该公司做出了卓著的贡献。

作为下属，当他出现失误后，肯定会有自责心理的，同时也在怀疑自己会不会因此而失去上司的信任。因为下属明白，上司对他失去信任将意味着什么。所以，在这个时候，上司在批评斥责之后，别忘了补上一两句安慰或鼓励的话。因为，任何人在遭受上司的批评之后，必会垂头丧气，对自己的信心丧失殆尽，心中难免会想：我在这个单位彻底完啦，再也上不去啦！结果必然使他更加自暴自弃。

但是这时假如作为上司的你能够既打又哄，适时地利用一两句温馨的话来鼓励他，或在事后私下对其他下属表示：我是看他有责任心，所以才严厉要求他。如此，当受到斥责的下属听了这话以后，必会深深体会到"爱之深，责之切"的道理，肯定会更加发奋努力。

经营管理大师松下幸之助就是这样一位个中高手。他认为："上司要建立起威严，才能让部属谨慎做事。当然，平常还应以温和、商讨的方式引导部属自动自发地做事。当部属犯错误的时候，则要立即给予严厉的纠正，并进一步地积极引导他走向正确的道路，绝不可敷衍了事。所以，一个上司如果对部属纵容过度，工作场所的秩序就无法维持，也培养不出好人才。换句话说，要形成让职工敬畏课长、课长敬畏主任、主任敬畏部长、部长敬畏社会大众的舆论。如此人人才能严以律己，才能建立完整的工作制度，工作也才能顺利进展。如果太照顾人情世故，反而会造成社会的缺陷。”

上司要赢得下属的心悦诚服，一定要恩威并施。

所谓恩，则不外乎亲切的话语及优厚的待遇，尤其是话语。要记住下属的姓名，每天早上打招呼时，如果亲切地呼唤出下属的名字再加上一个微笑，这名下属当天的工作效率一定会大大提高，他会感到，上司是看重我的，我要加油努力！对待下属，你还要关心他们的生活，聆听他们的忧虑，对他们的起居饮食都要考虑周全。

所谓威，就是必须有命令与批评。一定要令行禁止，不能始终客客气气，为维护自己平和谦虚的印象，而不好意思直斥其非。必然拿出做上司的威严来，让下属知道你的判断是正确的，必须不折不扣地执行。上司的威严还体现在对下属布置工作、交代任务上。一方面要敢于放手让下属去做，不要自己包打天下；一方面在交代任务时，要明确要求，什么时间完成，达到什么标准。布置了以后，还必须检验下属完成的情况。

宽严并重，恩威并施，如此你才能管理好下属，发挥他们的才能。

厚黑智慧

当领导的，感到最不好办而头痛的事情，应当就是如何对待下属所犯的错误，如果严加追究，会使下属失去自信，自我责备，心理压力增大，不再全力投入工作；而如果放松要求，下属则觉得领导好讲话，工作没有必要那么认真，于是也不全力对待工作。在这方面，就需要运用厚黑学里的策略，高调行事，低调待人；有紧有松，寓严于宽；“威”字当先，“恩”字相随，恩威并用。优秀的管理者，如何对待有过错的下属，无非是既打又哄，胡萝卜加大棒。具体说来，在“打”的时候心要黑，要真打，并且打在他的痛处；“哄”的时候脸要厚，让下属体会到你对他们发自内心的关心。对于部下，平日里关怀备至，错误时严加惩戒，宽严并施，如此才能成功统御。

知人善任，识人才能用人

汉高祖是厚黑名家，能使张良、陈平诸人尽其智，黥布、彭越诸人尽其力，上君中君，一身兼之，故能统一天下。

清代思想家魏源曾经说过：“不知人之短，不知人之长；不知人长中之短，不知人短中之长，则不可用人。”能否知人用人，是衡量现代一个领导是否称职的一个重要标准。一个领导者，要想使自己所管理的工作卓有成效地运转起来，就必须发挥每一位员工的才能，做到人尽其才，人尽其用，将合适的人才分配到合适的职位上去，这就要求领导具备知人善任、择人而用的能力。这也是厚黑“用人术”的一个重要方面。

知人就是要了解人，善任就是要用好人；知人是善任的前提，善任是知人的目的；通过知人以达到善任，又在善任中进一步知人识人。能否真正做到知人善任，既是对一个领导者的能力的检验，也直接关系到领导者的事业的成败。

历史上的一些玩弄厚黑之术的帝王，不仅重视搜罗人才，也懂得识别人才、慎用人才、善用人才的重要。刘邦谈到自己战胜比他强大的项羽的原因时说：“夫运筹帷幄之中，决胜千里之外，吾不如子房；镇国家，抚百姓，给饷馈，不绝粮道，吾不如萧何；连百万之众，战必胜，攻必取，吾不如韩信。三者皆人杰，吾能用之，此吾所以取天下者也。项羽有一范增而不能用，此所以为我擒也。”

春秋时，郑国的子产很有才干，精通政事，善于管理国家大事。子产手下有一个非常能干的官员，名叫伯石，平时交付他做的事总能让子产非常满意。然而伯石性格自私而虚伪，虽然非常能干，但其他人并不喜欢他，只有子产比较欣赏他的能力。

一次，有一件国事需要伯石去办，在交给他任务之前，熟悉伯石性格的子产先命人把他叫来，郑重地告诉伯石："这次吩咐你去完成的事情非常困难，你要做好充分的准备，但是如果你圆满地完成了这次任务，我就禀明陛下赏赐给你一座城邑。"经过努力，伯石最终完成了那项任务，于是子产就禀明郑国公给了他一座城邑作为封地。另一个官员对子产说："事情是国家的事情，国家是大家的国家。大家都为国家办事，为什么单单送给伯石东西？"子产说："人和人不一样，像伯石这样的人，让他没有个人欲望是困难的。满足他的欲望而让他成功地办成所办的事情，这不也是国家的成功吗？城邑有什么值得吝惜的，难道它还会被搬走不成？"

后来，伯石听到众人的议论，非常害怕，于是就找到子产要交回封地，但子产说："这次陛下赏你的封地是你功劳的体现，你受之无愧，以后只要你好好为国出力，赏赐还会更大！"还是坚持把城邑给了伯石。伯石以后在为国办事中，果然就如同子产所说的那样更加卖力。

用人，先要知人，知人越详，任用也就越恰当。知人就要了解人，了解人的长处与短处，这样，才能真正做到用其长，避其短。要做到这一点，必须出于公心，如此，才不怕别人说长道短，才能名副其实地做到人尽其才。

公元228年，诸葛亮为实现统一大业，发动了一场北伐曹魏的战争。他命令赵云、邓芝为疑军，占据箕谷，自己亲自率10万大军，突袭魏军据守的祁山，任命参军马谡为前锋，镇守战略要地街亭。临行前，诸葛亮再三嘱咐马谡："街亭虽小，关系重大。它是通往汉中的咽喉。如果失掉街亭，我军必败。"并具体指示让他"靠山近水安营扎寨，谨慎小心，不得有误"。

马谡到达街亭后，不按诸葛亮的指令依山傍水部署兵力，却骄傲轻敌，自作主张地想将大军部署在远离水源的街亭山上。当时，副将王平提出："街亭一无水源，二无粮道，若魏军围困街亭，切断水源，断绝粮道，蜀军则不战自溃。请主将遵令履法，依山傍水，巧布精兵。"马谡不但不听劝阻，反而自信地说："马谡通晓兵法，世人皆知，连丞相有时都得请教于我，而你王平生长戎旅，手不能书，知何兵法？”接着又扬扬自得地说：“居高临下，势如破竹，置之死地而后生，这是兵家常识，我将大军布于山上，使之绝无反顾，这正是制胜之秘诀。”王平再次谏阻：“如此布兵危险。”马谡见王平不服，便火冒三丈说：“丞相委任我为主将，部队指挥我负全责。如若兵败，我甘愿革职斩首，绝不怨怒于你。”王平再次义正词严：“我对主将负责，对丞相负责，对后主负责，对蜀国百姓负责。最后恳请你遵循丞相指令，依山傍水布兵。”马谡固执已见，将大军布于山上。

魏明帝曹睿得知蜀将马谡占领街亭，立即派骁勇善战，曾多次与蜀军交锋的大将军张郃领兵抗击，张郃进军街亭，侦察到马谡舍水上山，心中大喜，立即挥兵切断水源，掐断粮道，将马谡部围困于山上，然后纵火烧山。蜀军饥渴难忍，军心涣散，不战自乱。张郃命令乘势进攻，蜀军大败。马谡失守街亭，战局骤变，迫使诸葛亮退回汉中。

刘备在世的时候，看出马谡不大踏实，难以担当大任，他曾特地叮嘱诸葛亮说：“马谡这个人言过其实，不能派他干大事，还得好好考察一下。”但是诸葛亮没有把这番话放在心上，重用马谡，结果造成了这次失败。为了严肃军纪，他下令将马谡斩首示众。诸葛亮对将士们说：“这次出兵失败，固然是因为马谡违反军令。可是我用人不当，也应该负责。”他就上了一份奏章给刘禅，请求把他的官职降低三级。刘禅接到奏章，不知该怎么办才好。有个大臣说：“既然丞相有这个意见，就依着他吧。”刘禅就下诏把诸葛亮降级为右将军，仍旧办丞相的事。

街亭之败，马谡固然负有主要责任，但与诸葛亮的用人失误也有着直接的关系。假如诸葛亮将刘备的话放在心上，对马谡谨慎任用，就不会造成街亭失守、退回汉中的败局，而马谡也不会因此搭上了自己的性命。领导者能否知人善任，对工作的进程及结局是有很大影响的。“乱世之奸雄，治世之能臣”的曹操不愧是一代枭雄，他智慧过人，留下了许多智慧宝典，值得后人反复琢磨。

合肥自古就是兵家必争之地。建安二十年（公元215年），东吴十万大军围攻合肥，相对曹魏的七千兵力来说，占有巨大优势。而当时，魏军最大的困难，就是曹操北征汉中还没有回来。魏将张辽、李典、乐进诸部奉曹操之命镇守合肥。但是，张辽、李典、乐进三人平时意见不合，在孙权大军进攻合肥之际更是意见相左，应该退却还是继续前进，三人无法统一意见，合肥的形势异常危急。

就在此时，曹操突然派人送来了一个密封的盒子，上面写着“贼来乃发”四个大字。原来，在密匣的书信中，远在汉中的曹操已经对合肥的防御战事作出了具体安排，他指出，“如果孙权带兵来进攻合肥，由张、李二将军作战，乐将军守城”。三人看过之后，张辽提出由自己亲自出击，与敌人决一死战，但又担心李、乐将军不允许。李典起先沉默，但最终被张辽的行为所打动，慨然说道：“这是国家的事情，难道我们可以因为个人的矛盾而因私忘公吗？”李典还表示愿意放弃旧日冤仇，服从指挥，全力合作，保卫合肥。乐进本来就是守成稳重之人，这时也表示将尽全力守住城池。

于是，张辽亲自率领八百死士突袭孙权，抱着必死的决心，作战异常勇敢，吴军中没有谁可以阻拦这样的将士，他们一直杀入孙权大营。孙权突然见到了曹操的士兵，害怕万分，起初不敢交战，但是他看到张辽的兵力甚少，才指挥士兵集结部下来围攻张辽。张辽浴血奋战，率领数十人杀出了一条血路，突出了重围。但是也有一部分士兵未能突出孙权的包围圈，他们看着张辽，大声喊道：“难道将军要舍下我们吗？难道将军就这样逃离吗？”于是，张辽再次回马冲到吴军之中，救出了其余的部下，吴军没有人敢阻挡。

经此一战，吴军士气受挫，而曹军士气大涨，军心大振。魏军守城情绪高涨，孙权攻城十余日而没有结果，不能攻下合肥，为了不再无谓地消耗兵力，孙权只得引军退走。就这样，魏军取得了保卫合肥的胜利。吴军退出合肥，退到逍遥津时，突然受到张辽的袭击。大惊之下，吴军的作战能力大减，就连孙权也差点被张辽活捉，多亏有凌统、甘宁这样的将士拼死力战才得以逃脱。不在战场的曹操指挥自己的将士取得了战争的胜利，这不得不说是曹操大智慧的表现。

曹操智用三将的故事其实就是知人善任的典型实例。曹操深知张辽、李典、乐进三人的个性：张、李二人勇武，善于作战，而乐进稳重善于守城。其次，曹操使平素不和的三个人，在危难之计，不计前嫌，相互补充，共同御敌，充分发挥战斗力。

现实中，领导也需要像曹操一样熟悉属下的才能，用其所长，避其所短，充分发挥其才智，这样才能使自己的属下做出最好的成绩。

厚黑智慧

知人是用人的前提。一个领导最重要的才能是如何调动部下的积极性，清楚下属都有什么才能，他们的才能是哪些方面的，有什么性格，有什么特征，有什么长处，有什么短处，放在什么位置上最合适。领导不是说要自己亲自去做什么事，事必躬亲的领导绝非好领导，作为一个领导，要很好地掌握一批人才，把他们放在适当的位置上，让他们最大限度地、充分地发挥自己的积极性和作用，你的事业成功就指日可待了。

每个人优缺点并存，长短处同在，有的人内秀而外拙，才不外露，很难发现；有的人博学多智，却只会纸上谈兵，易见而难用；有的人才智过人，但性格古怪，难以相处。而要学会辨才，首先就要从信任出发，从了解入手，知其德才学识，明其优劣长短，并从发展的前景中把握。要准确地了解一个人，不能只看文凭和档案，也不能只靠感觉和印象，而需要深入调查，跟踪考察，全面分析，这样才能辨明其本质和能力，做到合理用人。

厚脸纳谏，从善如流

诸葛孔明，是法家一派，手写申韩以教后主，也是精研厚黑学的人，所以当了丞相，能够俯纳群言，集众思，广忠益，都表现出来，故出师北伐，司马懿不得不畏之如虎。

“人无完人，金无足赤”，一名领导者学识再渊博，能力再超群，也不可能把任何问题都看得一清二楚，将事事都办得完美无缺。领导只有发挥大家的特长，集合大家的优势，集思广益，群策群力，依靠众人的智慧和力量，才能顺利完成工作，达到目标。有的领导固执己见、刚愎自用、绝耳塞听，或者碍于身份和颜面，总是不习惯听从他人的劝告、接受令自己不悦的意见。一听到下属的不同意见，他就摇头拒绝，甚至加以驳斥，整个工作场所成了他的“一言堂”，以至于下属们离他远远的。

管理厚黑学指出，领导要有“厚脸纳谏”的气度，能够容纳下属的不同和反对意见，如果为了维护自己的自尊和地位，而对下属的提议置若罔闻、拒绝排斥，那才是真的脸皮厚了。要想把事情处理得顺顺当当、不出差错，就应当广开言路、勇于纳谏、虚心求教。历史上开明的君主帝王都善于纳谏，积极采纳臣下的建议，作为自己治理江山、整顿朝纲的借鉴。

在历代帝王中，李世民是个谦恭英明的仁君，他善于纳谏，没有历代帝王那种刚愎自用、一意孤行的痼疾。他刚继位时，就不计前嫌，屡次把政敌李建成的老师魏徵叫到自己的卧室内，虚心求教治国之道。魏徵得遇知己之主，竭尽所能，知无不言，先后进谏陈言二百余事。

唐太宗力求成为明君，魏徵说：“君之所以明者，兼听也；其所以暗者，偏信也。”他希望唐太宗能够“兼听纳下”，成为一个有道明君。君主兼听纳谏，则“贵臣不得壅蔽”“下情必得上通”，国家便能治理好。唐太宗很重视魏徵的意见，并在自己的行动中，尽可能兼听纳谏。

唐太宗与直言进谏的魏徵的关系，以及对魏徵进谏的态度，证明了他确实是个善于纳谏的君主。魏徵有“耻君不及尧、舜”的忠诚，在贞观年间，无论是国家政事，还是唐太宗的个人行为，只要他认为不妥的，便直言进谏，即使要冒犯唐太宗，也不退却。唐太宗也认为，魏徵“每犯颜切谏，不许我为非，我所以重之也”。魏徵进谏，唐太宗纳谏，成为封建社会君明臣贤的美谈，唐太宗被誉为“从谏如流”的明君，是与魏徵不断直谏密切相关的。唐太宗也从兼听纳谏中获得政治上极大的好处。唐太宗深深体会到“明主思短而益善，暗主护短而永愚”。他要求臣下“务尽忠谠，匡救朕恶”。他也以“终不以直言忤意，辄相责怒”相许。而且每次都和颜悦色听取批评意见。事实上，唐太宗对直言进谏的官员，不仅不加责备，而且给予奖励。如给事中张玄素谏修洛阳宫殿，赏绢200匹；孙伏伽谏刑赏不当，赏予价值百万钱的兰陵公主园；魏徵谏用人不当，赏绢500匹。这不仅表彰了进谏的臣下，而且也起到了引导进谏的作用。

贞观年间，在唐太宗的倡导下，进谏蔚然成风，不仅大臣进谏，连宫中的长孙皇后、徐贤妃也能进谏。当以直谏著名的魏徵去世时，唐太宗十分难受，他说：“夫以铜为镜，可以正衣冠；以古为镜，可以知兴替；以人为镜，可以明得失。朕常保此三镜，以防己过。今魏徵殂逝，遂亡一镜矣。”为此而悲泣久之。像唐太宗这样以身作则兼听纳谏的皇帝，在封建时代，确实是不多见的。

为了让子孙也能兼听纳谏，巩固唐朝的统治，唐太宗还对进谏、纳谏作了具体规定。他规定，三品以上官员入阁议事，要有谏官随同，有失便谏。贞观元年，唐太宗下诏“自是宰相入内平章国计，必使谀官随人，预闻政事，有所开说，必虚己纳之”。唐太宗还规定，五品以上京官，要轮流到宫中值宿，以便皇帝召见，询问外间事务、了解民间疾苦，以及政事得失，使下情多少得以上达。

知人善任、兼听纳谏是唐太宗政治上取得成功的两个重要的主观原因，也是他成为杰出封建政治家的重要的政治素质。可以说，唐太宗之所以能成为封建帝王的楷模，与他能够知人善任、兼听纳谏关系极大。唐朝的“贞观之治”之所以产生，其中一大原因就是李世民善于启用忠良之臣，更善于听取他们的建议。作为一个领导者，听不进忠告之言，你的事业又怎能兴旺发达呢？

作为领导人的一个重要美德就是要善于纳谏。但从古到今，能够真正做到的又有几人？进谏语多为忠言，忠言多是逆耳，逆耳的话与阿谀奉承之言相比，受谏之人，自然多不善于纳谏了。但忠言利于行，所以又不得不纳之。在这方面，明朝开国皇帝朱元璋做得就很不错。

朱元璋在位时，虽然推行严刑峻法，滥杀无辜，也很独断专行，但他还是比较能够接受谏言的。在朱元璋的各种文告之中，我们看到，他十分明确臣子的进谏对皇帝的统治是多么重要。

他自己也明白，那些能够在公开场合提出与君主不同意见的人，一定是君子，而那些从来不敢提出与皇帝相反观点的人，那些从来只知道吹捧皇帝英明正确的人，多数是小人。所以，对于那些上谏言的臣子，一定要以诚相待。而且，为了让臣子敢于在皇帝面前开口说话，皇帝就必须对臣子和颜悦色，这样，才能让臣下有话必说，说无不尽，说无不真。就是臣子的话不对，也必须允许他们说出来，只有如此，臣子才能做到勇于进谏。

朱元璋规定，只要是臣民进谏，说得对，就立即予以奖励，说得不对，也不治罪，而那些乘机进谗献谀的人，则决不宽待。

朱元璋还说，如果臣子不向君主进谏，那是臣子的失职；如果君主不能虚怀纳谏，那是君主不能以君道自处。

为了保证谏言能够直接到达自己手里，防止因为谏言涉及某些官员而被扣押，甚至报复，朱元璋还有特别规定。洪武二十八年，朱元璋钦定的《皇明祖训》中规定："今后大小官员及百工技艺之人，凡有可言之事，允许直到御前奏闻。其言合乎情理，立即交付相关衙门执行。各衙门不得阻滞，违者以奸邪论处。"

类似无论大臣小吏、还是平民百姓，都可以直接到御前言事的规定，朱元璋不止发布过一次两次。

朱元璋的鼓励，起到了相当大的作用。在他统治时期，出现了不少敢于冒犯龙颜，指陈时弊的耿直官员。

比如龙阳典吏青文胜，看到地方上长期遭受水灾，饥荒连年，但是朝廷不但没有根据灾情给予减免赋额，还变本加厉地派官吏来催要欠赋，使得当地百姓饿死无数。青文胜实在看不下去了，就接连两次来到京城，向朝廷奏明情况，要求减免。但是，都没有得到允许。

于是，耿直的青文胜把写好的谏书放在袖子里，来到登闻鼓前，使劲敲起来，然后，在鼓下自杀身死。他是决心用自己的死来替老百姓喊冤叫苦。朱元璋听到这件事，感慨唏嘘，马上命令减免龙阳的税粮，从原来一年3.7万多石减到2.427余石。

再比如监察御史周观政，他负责奉天门的监守之职。有一天，宦官奉朱元璋的命令，带着一些女乐，要进奉天门，由于是皇帝的命令，他们自然盛气凌人，但是遭到了周观政的阻止。宦官们夺门而入，还向朱元璋告他的状。

朱元璋一听，认为周观政是对的，他是在执行公务，按规定办事。于是，他叫宦官把女乐撤了，还让他们向周观政赔罪。可是，周观政并没有就此罢休，他说宦官的错误行为，是皇帝造成的，在这个事情上，皇帝有错。所以，他坚持要朱元璋出面，向自己承认错误。朱元璋觉得周观政的说法是对的，于是，亲自出宫，来向周观政承认错误，这事才最终了结。

另一个敢于直言进谏的是刑部主事茹太素。他在洪武八年（公元1375年）的时候，曾上万言谏书，内容是直接批评朱元璋监用刑法的事情，朱元璋命令他人阅读茹太素的谏言给他听，由于文章过于冗长，所以读到中间时，朱元璋已经不耐烦了，十分生气，于是把茹太素宣来，斥责一顿，再罚廷杖之刑。

第二天，朱元璋让人读剩下的内容，读完之后，朱元璋终于明白了茹太素的意思，说他的万言书，实际上事情是对的，但是文章太长，其实只要五百字就足够了。

这件事没有让茹太素退缩，他依旧直言犯颜，屡次向朱元璋进言。

有一次，朱元璋宴请茹太素，随口吟了两句诗："金杯同汝饮，白刃不相饶。"茹太素当然知道朱元璋的意思，赶紧表白自己的忠心："丹心图报国，不避圣心焦。"朱元璋听了，十分感慨。

而反观中国古代的许多昏暴之君，之所以败国亡家，也往往与其朝纲独断、拒谏饰非有重要关系。西周厉王暴虐奢侈以杀"弭谤"，对批评其过失者，格杀勿论，终使"国人莫敢言"，最后导致国人叛乱、国破家亡的局面。强秦之所以二世而亡，一个重要原因也是秦始皇和秦二世独断专横，骄恣拒谏，任用佞人，把秦朝拖向灭亡之路。隋炀帝不仅昏淫残暴，而且刚愎自用，“疾谏如仇”，公然宣称“我性不喜人谏”，于是撤废谏官谏议大夫，从制度上堵塞了大臣进言之路，但他也很快就自食其果，亲手断送了大隋江山，自己也做了亡国之君。这就说明统治者虚怀纳谏是盛世的序曲，而骄横拒谏则是亡国的前奏。

世人大都喜欢恭维赞美，喜欢听好听的话，喜欢别人按照自己的主张去行事，而对于他人提出的意见则不能坦然面对、自然接受，更不喜欢别人干涉自己的“内政”，指责自己的过错，认为这样自己的威信和尊严受到了威胁，学识和能力受到了怀疑，名誉扫地，颜面丢尽，于是视外界的“不祥”之音为洪水猛兽，唯恐避之不及，拒之于千里之外。对于个人来说，这样做的结果受害的可能只是个人，而对于领导者来说，这样做的结局则受害的不只是领导者一人了。

厚黑智慧

在厚黑学看来，个人的视野和能力总是有限的，领导者听不得下属的意见，就不能发现自身存在的缺点和错误，不能及时发现和解决工作中存在的问题，使事业之路越走越窄，结果是为了面子，反而没了面子。领导者要具有“纳谏”之心、“容谏”之德和以身作则所形成的从谏如流的氛围，广开言路，广纳良言，闻过则喜，知过则明，改过则兴，这样才能成就一番不世之功业。

趁火打劫，坐收渔利

置身局外，冷眼旁观，把真相看得很清楚，毫无成见，故所下判断最为正确。

“鹬蚌相争，渔翁得利”，这句成语几乎尽人皆知。该成语出自《战国策·燕策二》：蚌方出曝，而鹬啄其肉，蚌合而箝其喙。鹬曰：“今日不雨，明日不雨，即有死蚌！”蚌亦谓鹬曰：“今日不出，明日不出，即有死鹬！”两者不肯相舍。渔者得而并擒之。后来人们就用来比喻双方相持不下，结果两败俱伤，让第三者得利。

天下熙攘，皆为利来利往。人都有贪欲，当对方被利益迷住双眼时，往往会失去正确判断的理智。商战厚黑学指出，在激烈的竞争中，当双方为利益僵持不下、互不相让时，你可以采取作壁上观，静观其发展的态度，等到双方拼得筋疲力尽、两败俱伤之时，你迅速出击，收拾残局，可获得“鹬蚌相争，渔翁得利”的效果，假人之手打败对手，轻松取得竞争的胜利。

在风云跌宕、列国争霸的历史年代里，英雄豪杰、智者谋士常常运用“鹬蚌相争，渔翁得利”这一策略，达到不战而屈人之兵的目的。

曹操在白狼城大败冒顿兵团，袁熙、袁尚两兄弟率数千人逃向辽东投奔辽东太守公孙康。当时曹操的部下都摩拳擦掌要去追赶，企图一举歼灭平定袁氏集团。

但是曹操当时的行动出乎众人之料，不但没有派兵去追赶兵败而逃的袁氏兄弟，反而退兵易州，按兵不动。大家都猜不透曹操的心思。大将夏侯惇问曹操道：“辽东太守公孙康久不臣服我们，现在二袁又去投靠，这样岂不是如虎添翼？如果现在不去征讨他们，等到他们彻底结成一伙来对抗我们，必为后患，因此还不如现在趁他们立足未稳之际就去征讨。”曹操听了哈哈大笑，然后说道：“大家为国出力血战沙场，很是辛苦，这次就不用劳烦你们出征了，几天之后，公孙康一定会自动将二袁的脑袋送来。”众将依据公孙康以前对曹操的强硬态度都不相信公孙康会这么做，但是曹操的话又都不敢不听，只得按兵不动。出乎意料的是，过了不久，公孙康果然派人将袁熙、袁尚的首级送到曹营。众将很是吃惊，都称赞曹操料事如神。曹操仰天大笑：“果然不出郭嘉所预料的啊。”

曹操这才给众将解释自己退守益州按兵不动的原因。原来谋士郭嘉在征乌桓回军途中病倒，不欠因病去世，其临终时给曹操留下一封信授计道："公孙康一直担心被袁氏吞并，今袁熙、袁尚前去投奔，公孙康心中必然怀疑。如果我们派兵攻打，由于他们各自都不是我们的对手，因此他们势必并力迎击，急切中难以得手，反而可能会让我们损失惨重，如果我们暂缓出兵，公孙康与袁氏兄弟就会互相火并。"事情果然如郭嘉所料，公孙康听说袁熙、袁尚将要来投奔，当即与手下的人议定：若曹操前来征讨，便留下他们合力抗曹，否则，就将他们诱入城中杀掉，把他们的人头献给曹操。

曹操不愧为杰出的军事家，他善于利用各个集团之间的矛盾为自己服务。他利用公孙康担心袁氏集团吞并辽东之心和二袁想借机吞并辽东这二者之间的矛盾，隔岸观火，没有急切地去攻打他们，而是按兵不动以逸待劳，静候他们之间矛盾的恶化，让他们之间互相残杀，从而不费一兵一卒除掉二袁、收复辽东，坐收渔翁之利，这样的计谋确实是高人一筹。

厚黑学指出，在商战中灵活巧妙地运用"假人之手，从中渔利"的技巧，将会较顺利地实现交易目标。在竞争中，要学会以静制动，利用矛盾双方在一定条件下必然发生转化的规律来激化矛盾，战胜对手，为自己服务。

世界商战中，趁火打劫的谈判高手当首推美国华尔街大佬摩根。1873年，美国经济危机期间，几乎每小时都有宣布破产的消息。费城的著名投资银行杰伊库克公司也永远地关上了大门。库克因在南北战争中帮助政府出售国库券而名声大振，是投资银行家中最杰出的人物。他的破产在当时商业界不啻是一个晴天霹雳，引起了巨大的震动。后来事实证明，即便当时他能度过危机，但因其力量早已衰微，也难以应付日后约翰·皮尔庞特·摩根的挑战。摩根在国内外出售证券的能力举世无双。达布尼一摩根公司和在伦敦的摩根公司及巴林兄弟公司、费城的安东尼·德雷克塞尔、纽约的利瓦伊·莫顿以及纽约其他几位大银行家与摩根的联合，所形成的势力与能力使他得以在1871年从库克手中夺过价值2亿美元的国库券，并把其中的大部分出售给外国投资者；1873年的上半年，摩根及其合伙人又以同样理由赢得33亿国库券的一半，并且处理得可谓得心应手。而库克在出售他那部分国库券时却困难重重，这也是库克破产的因素之一。在这场危机中，德雷克塞尔—摩根公司成为美国实力最雄厚的投资银行，控制了美国政府的债券市场，同时继续向欧洲抛出优惠证券。

1884年的金融危机又进一步巩固了摩根的地位。从这时起一直到1913年摩根去世，他一直是美国投资银行业最有影响力的人物。自1884年11月以来，美国财政部的黄金开始大量外流，市场上掀起了抢购黄金的风潮。当时有个谣言很快传遍了华尔街，说美国政府不得不放弃以黄金支付货币的做法。格罗弗·克利夫兰总统担保这不是事实，但是用抛售美国证券换回黄金的做法仍在进行，致使国库告急，落到了几乎无力偿还债务的地步。

为了救济金库空虚带来的经济恐慌，就必须立即筹集到一笔巨额资金。按政府财政当局的估计至少要1亿美元。摩根已知在这股抢购黄金的风潮中，政府已到了无计可施的地步，于是他同贝尔蒙商定，由他们两家银行组成一个辛迪加，承办黄金公债，这样，他们既可解救财政部危机，又可获得高额利润。但因他们的苛刻条件美国国会并没有通过这个建议，总统也难以接受。当时的财政部长卡利史尔计划发行5000万美元的公债，其余半数委托美国国内银行存款。由于正值恐慌之际，任何市银行都自顾不暇，这位财政部部长的呼吁便被理所当然地束之高阁了。于是，他又使出苦肉计，以超出面额的117点公开募集5000万美元公债，这一招打破了投资金融界的惯例，也欺骗了投资银行，并重创和惹恼了摩根。由于摩根的操纵，当这位财政部部长匆匆忙忙赶赴纽约召集银行家寻求帮助时却遭到了白眼，这是因为他没有接受摩根提出的要么认购全部公债、要么完全拒绝认购，没有任何商量余地的谈判条件。出于无奈，摩根再次被总统召入白宫，互相摊牌。

当摩根深知国库存金只剩下900万美元时，更是固执己见，并进而胸有成竹地说："除了我和罗斯查尔组成辛迪加，使伦敦的黄金重新流入国内外，似乎没有第二种办法来解救陷于破产状况的国库了。现在，我手头就有一张1200万美元的支票没有兑现，若是今天将这张支票兑现了，一切就都完了，要不要我在这里拍电报，现在立刻汇到伦敦去呢？”在这种威胁下，克利夫兰总统不得不以去洗手间为名，每隔5分钟就去与正在另一室等候的财政部部长卡利史尔商量对策。摩根很清楚，若不使出硬的一手来，白宫不会轻易就范。因此，在同总统面谈时“单刀直入”、步步紧逼。结果总统在走投无路的情形下，不得不答应摩根提出的条件，白宫在华尔街面前甘拜下风。当夜摩根即取出大量美元交给财政部，帮助财政部渡过了难关。摩根在向政府承包的公债价格与市场差价中就净赚了1200万美元，并且还安排了一项国际协议，在公债发行结束前，不用美元兑换英镑，也不购买美国的黄金，这大大冲击了《夏尔反托拉斯法案》。

企业经营者离不开谈判，而谈判的特征之一是对抗性，谈判双方都希望赢得胜利，千方百计争夺利益。谈判者要想达到预期目的，须真正了解对方的情况，否则打的就是糊涂仗。摩根与总统谈判，探知国库存款甚少，陷入危机，便趁火打劫，逼得总统不得不答应他的苛刻条件，摩根获得谈判成功，并从中赚了大钱。

1980年奥运会在莫斯科举行。为了提高奥运会转播权售价，苏联人采取了巧妙和坐收渔利的策略，并大获全胜。

早在1976年蒙特利尔奥运会期间，苏联人就邀请美国三大广播网——ABC（美国广播公司）、NBC（美国全国广播公司）、CBS（美国哥伦比亚广播公司）负责人到停泊在圣罗伦河的亚历山大·普希金号船上，给予了盛情招待，并单独接见每一个广播网的负责人，分别向他们报出了莫斯科奥运会转播权的起点价是2100万美元，意在引起三家的激烈竞争。经过拉锯式的谈判，结果NBC报价7000万美元，CBS报价7100万美元，ABC为7300万美元。眼看ABC以其较高报价在竞争中取胜，不料CBS却雇用了德国谈判高手洛萨。在洛萨的努力下，1976年1月苏联谈判代表和CBS主席威廉·派利达成协议：CBS以高出ABC的价格购买转播权。

但到1976年12月，苏联又出人意料地将三家广播公司负责人请到莫斯科，宣布以前所谈的一切只不过是使他们每一家获得最后阶段谈判权资格，现在必须由三家重新出价。三家对此非常恼火，集体退出谈判而回国，以此来威胁苏联。谁知苏联又抬出沙特拉公司作为第四个谈判对手。这个公司在全世界毫无名气，把奥运会转播权交给这样一个公司等于是耻笑美国的三大公司。随后，苏联人又利用沙特拉公司说服洛萨，让他与NBC重新联系。在洛萨的多次劝说、交涉下，终于使NBC广播网以8700万美元买下了莫斯科奥运会的转播权，洛萨本人也从NBC公司获得约600万美元的酬金。

事实上，苏联对最初的2100万美元高额要价从来没有认真过，他们原本打算以6000万～7000万美元出售转播权。当NBC获知这一情况后，后悔莫及。

苏联人在这场谈判中取得了巨大胜利，其成功的原因是：其一，采用了强硬谈判态度。因为举办奥运会只有莫斯科一家，没有别的国家和它竞争。而且，广播公司深知取得奥运转播权会给他们带来巨大经济利益和社会效益，他们必然会争夺转播权。莫斯科恰恰利用了这一点，所以取得胜利。其二，有效地运用了制造竞争战术。当第一次莫斯科与CBS主席达成协议后，大致摸清了对方所能接受的价格，于是借故推翻协议，重新报价，成功地与几家周旋，进行讨价还价，迫使对方又做出新的让步。

“趁火打劫，坐收渔利”，永远是商业竞争中最有效的策略和技巧。当竞争的一方存在强劲对手时，其竞争的实力就大为减弱。因此，应该有意识地制造和保持对方的竞争局面。有时，对方实际上并没有竞争对手，但可以巧妙地制造假象来迷惑对方，以求逼迫对方让步，坐收渔利。

厚黑智慧

“隔岸观火，坐收渔利”，就是在诸多情况下，诸多先行者为争夺市场，而互相展开白刃格斗时，倘若你有意进入这一市场，那么你的最佳选择应该是“坐山观虎斗”待到他们众败俱伤时，你再来收拾残局，坐收渔利。这一策略运用要义有二：一是要真正做到“隔岸”“坐山”，在时机不到时，切勿“过岸”，以防被“大火”烧伤，你所要做的只是耐心“坐观”，并积极备战。二是要设法控制局势。要么推波助澜，让他们元气大伤；要么助弱攻强，削弱强者实力，为自己进入扫清障碍；要么助强攻弱，让弱者知难而退，只留下少量“受伤”的强者，使自己少一些竞争对手。

欲擒故纵，深藏不露

把脸皮变厚些，深藏不露，东倒也可西歪也可，但心中时刻想着自己想得到的利益。一旦时机成熟，就果断出手。

在动物界中，狼不是最强大的动物，但是它却能打败比它强的对手，就是因为它懂得运用一些能够置敌人于死地的计策。当它遇到的对手非常强大时，它就会用以退为进、欲擒故纵的计策打败对手，它们懂得要想战胜强大的敌人就要先迷惑对方，懂得使用一些招数让敌人消耗一定的能量，从而达到克敌制胜的目的。

厚黑学认为，在商场竞争中，一个经营者如果不懂得以退为进、欲擒故纵的谋略，该停止的时候不停止，就会让对手发现彼此竞争中的蛛丝马迹，在盲目前进中碰壁。反之，当你所经营的产品出现市场疲软，难以销售的时候，当你与竞争对手在实力对比上相差悬殊，难以战胜对手时候，不妨采用退一步的策略，以退求进，定能比盲目冒进取得更大的成效。欲擒故纵是现代商战争霸中的重要谋略。

中国古人作战，深知欲擒故纵的意义，成语“穷寇莫追”就说明了这一点。大意是说，把敌人逼急了，它就会集中全力，拼命反扑，与你拼个鱼死网破、两败俱伤。因此，不如采取欲擒故纵的方法，暂时放松一步，使敌人丧失警惕，斗志松懈，然后再伺机而动，歼灭敌人。诸葛亮七擒孟获，就是军事史上一个“欲擒故纵”的绝妙战例。

蜀汉建立之后，定下北伐大计。当时西南夷酋长孟获率十万大军侵犯蜀国。诸葛亮为了解决北伐的后顾之忧，决定亲自率兵先平孟获。蜀军主力到达泸水（今金沙江）附近，诱敌出战，事先在山谷中埋下伏兵，孟获被诱入伏击圈内，兵败被擒。

按说，擒拿敌军主帅的目的已经达到，敌军一时也不会有很强战斗力了，乘胜追击，自可大破敌军。但是诸葛亮考虑到孟获在西南夷中威望很高，影响很大，如果让他心悦诚服，主动请降，就能使南方真正稳定。不然的话，南方夷各个部落仍不会停止侵扰，后方难以安定。

诸葛亮决定时孟获采取“攻心”战，断然释放孟获。孟获表示下次定能击败你，诸葛亮笑而不答。孟获回营，拖走所有船只，据守泸水南岸，阻止蜀军渡河。诸葛亮乘敌不备，从敌人不设防的下游偷渡过河，并袭击了孟获的粮仓。孟获暴怒，要严惩将士，激起将士的反抗，于是相约投降，趁孟获不备，将孟获绑赴蜀营。诸葛亮见孟获仍不服，再次释放。以后孟获又施了许多计策，都被诸葛亮识破，四次被擒，四次被释放。最后，诸葛亮火烧孟获的藤甲兵，第七次生擒孟获，终于感动了孟获，他真诚地感谢诸葛亮七次不杀之恩，誓不再反。从此，蜀国西南安定，诸葛亮才得以举兵北伐。

诸葛亮七擒七纵孟获，绝非感情用事，他的最终目的是在政治上利用孟获的影响，稳住南方，在地盘上，乘机扩大疆土。在军事谋略上，有“变”“常”二字。释放敌人主帅，不属常例。通常情况下，抓住了敌人不可轻易放掉，以免后患。而诸葛亮审时度势，采用攻心之计，七擒七纵，主动权操在自已的手上，最后终于达到目的。

战争如此，商业竞争也是如此。有些竞争者急功近利，为了眼前利益，可以不择手段。但急功只能近小利，经商做生意必须立足现在，放眼未来，放长线钓大鱼。有时候欲先取之，必先失之，放鸭得凤，欲擒故纵，舍得孩子才能套住狼。这是商战中必胜之道。

美国钢铁公司是1901年由三家钢铁企业合并而成的巨型企业。20世纪50年代，该公司是世界上最大的钢铁公司。到了60年代，日本钢铁公司占了上风，夺走了美国钢铁公司在世界钢铁界的魁首地位，美国钢铁公司屈居第二位。

大卫·罗德里克出任美国钢铁公司董事长后，为了从困境中摆脱出来，他采取了以退为进的策略：首先缩小公司的规模，然后再谋求新的发展。从1980年开始，罗德里克总共关闭了150座工厂，减少了30%的炼钢生产能力，淘汰了54%的职员，裁减了10万工人。与此同时，他出售了公司的大片林地、水泥厂、煤矿和建筑材料供应厂等资产，获得了将近20亿美元的活动资金。随后，罗德里克与公司有关人员一起，对美国几家大企业进行研究，最后以50亿美元的价格收购了一家石油公司。虽然石油公司与钢铁公司的性质完全不同，然而，罗德里克此举的目的一是想扩大公司的业务范围，二是为公司拓展新的发展道路，以防不测。果然，当西方钢铁业最不景气的风暴袭击美国时，美国钢铁公司不仅没有受到一些钢铁企业纷纷破产倒闭浪潮的波及，而且由于公司开辟了石油业务，在面临困难环境的大背景下，公司还得到了发展。1985年一季度的营业额达45亿美元，仅石油及天然气的营业额就有25亿美元，从中获利3亿美元。美国钢铁公司又开始重振当年的雄风。

忍得一时，便峰回路转。美国的福特公司和英国的友尼利福公司都是临危不乱，平稳地渡过风浪，用冷静的头脑迎来了新的契机。

欲擒故纵的谋略要求，以表面或暂时的亏损或损失来换取实质上的盈利或占有未来的市场。一个有作为的经商者，应有战略眼光，为了赚取更多的利润，实施欲擒故纵的谋略，以便尽快地达到更高的目标。

20世纪30年代的旧上海有两家出租汽车公司，一家是实力雄厚的美商“云飞”公司，一家是势单力薄的中国老板周祥生办的“祥生”公司。

面对气势汹汹的“云飞”公司，周祥生深知万全之计只能智取，不能硬拼。于是他采取了迂回的谋略：在明处，他继续奔波于各大饭店、戏院兜揽生意；在暗处，他却在殚精竭虑地研究竞争的突破口。“云飞”公司起先对“祥生”公司拉生意的做法不屑一顾，直到看到满街跑的“祥生”汽车上醒目的“祥生电话40000号”广告词时，才发现不对头，但为时已晚，眼睁睁地看着“祥生”公司夺取了上海滩出租汽车市场的霸主地位。

企业采取各种手段迷惑和“愚弄”竞争对手，使竞争对手麻痹大意，放松防备心理，此时企业趁机出击，那么取得竞争胜利的概率非常大。

20世纪60年代初，美国的哈瑞尔公司开发了一种喷雾式清新剂“处方409”，迅速占领了市场，成为畅销货。这时，财大气粗、同行敬畏三分的波克特甘宝家庭用品公司发现“处方409”有赚头，准备推出新试制的同类产品“新奇”过来。

哈瑞尔公司得到情报后，采取了欲擒故纵战术，通知各地的连锁店停止销售“处方409”，完全撤出市场。这样给顾客带来不便，抱怨不已。这时“新奇”上市了，那些因买不到“处方409”而烦恼的顾客抱着应急的态度试试看，第一批“新奇”被抢购一空，还供不应求呢!

波克特甘宝公司被眼前的幻象迷住了，决定大批量生产“新奇”。哈瑞尔公司认为时机已到，决定反击。于是所有“处方409”经销店都贴了醒目的广告“特价优惠出售”大包装的“处方409”。因为包装大而且价格低廉，顾客一抢而空，足够他们用半年，也就是说哈瑞尔公司抢先垄断了半年市场，结果“新奇”购买者寥寥无几，货积如山，最终退出了消费市场。

商界中著名的可乐之战亦是如此。

1985年1月，可口可乐诞生一百周年前夕，可口可乐公司突然宣布改变沿用了99年的老配方。新配方的可口可乐上市后引起了市场轩然大波，遭到消费者示威抗议，公司每天收到抗议电话1500多次，还有无数抗议信件。

这一下可乐坏了百事可乐的老板，认为这是对手最大的失败。为了庆祝百事可乐公司的胜利，公司决定职工放假一天，几十年处于劣势的百事可乐，这次决定东山再起。他们精心作了个30秒钟的电视广告：一个妙龄女郎对消费者说：“谁能告诉我可口可乐为什么改变配方吗？”然后打开一瓶百事可乐，喝一口说：“嗯，我明白了。”

正当百事可乐公司乐不可支时，可口可乐公司突然宣布：为了尊重老顾客的意见，决定恢复老配方可口可乐的生产，改名为“古典可口可乐”。同时考虑消费者的新需要，新配方继续生产。消息传出，老顾客饮老牌可乐，新顾客喝新可乐，销售量上升了8%，又一次战胜了竞争对手。

现在企业应该学会欲擒故纵的办法来稳固企业在市场中的地位。在商战中，“欲擒故纵”是一种攻心术，多用于商业谈判。在谈判中，商家要“纵”敌，必须把握对方的心理，才能使其不失控于已。很多商家运用此计，从谈判对手那里获利。

19世纪末，美国就曾用此计取得了巴拿马运河的修建权。

当时，法国一家公司和哥伦比亚签订了一项合同：在哥伦比亚的巴拿马省（当时巴尚未独立）开凿一条连通大西洋和太平洋的运河。主持这项工程的总工程师是因开凿苏伊士运河而闻名世界的法国人雷赛布。凭着过去的成功经验，他认为完成这项任务不在话下。但工程一开始就遇到了麻烦，工程进展缓慢，公司资金短缺。为此，法国公司打算卖掉运河公司——这是专门为修建运河而成立的公司。

美国方面得知这一情况后很高兴，决定购买运河公司，拿到巴拿马运河的修建权。其实美国当初就有开凿巴拿马运河的意图，只因法国下手太快而作罢。法国公司代理人经告，证明在尼加拉瓜开运河更省钱。布里略一看报告十分着急：如果美国不在巴拿马开运河，法国不是一分钱也收不回来了吗？于是他马上表示，法国愿意降价出售，只要4000万就行。结果，美国以这个价格买下了运河公司，一下子就节省了6000万美元。

买下公司后，美国方面再次以在尼加拉瓜开运河为要挟，要求以低廉的价格“租借”巴拿马运河。果然，哥伦比亚政府也担心美国人不建运河给自己造成损失，马上指使其驻美大使和美国政府签订了一项协议：同意以1000万美元的代价把运河两岸各4.8公里的地区长期租给美国，美国每年另付给哥伦比亚10万美元。这项“租借”协议后来给美国带来了巨大的经济利益。

由于把握了对方的心理，在谈判中敢于欲擒故纵，形退实进，明弃暗夺，美国从法、哥两国身上捞足了好处。

厚黑智慧

现代企业的竞争如同军事战争，虽不见刀光剑影，却令人惊心动魄。企业家如同军事战略家，必须有勇有谋，才能克敌制胜。企业经营者的决策每走错一步，都可能被挤出竞争的行列，导致企业的衰败，甚至破产倒闭。所以，现代企业家应能审时度势，立足现实，预测未来，运筹决策，出奇制胜，这样才能使企业在激烈的竞争中，立于不败之地，不断发展，永续长存。而要做到这样，必须以科学的态度，认真地研究商场竞争的谋略。

竞争是实力和智慧的较量。越是高层次的领导者，越要靠智慧取胜。面临强敌环伺的国内外商场无情的竞争，经营者为了企业的生存和发展，就要施谋用智，在有限的条件下，发展出独特的企业战术。